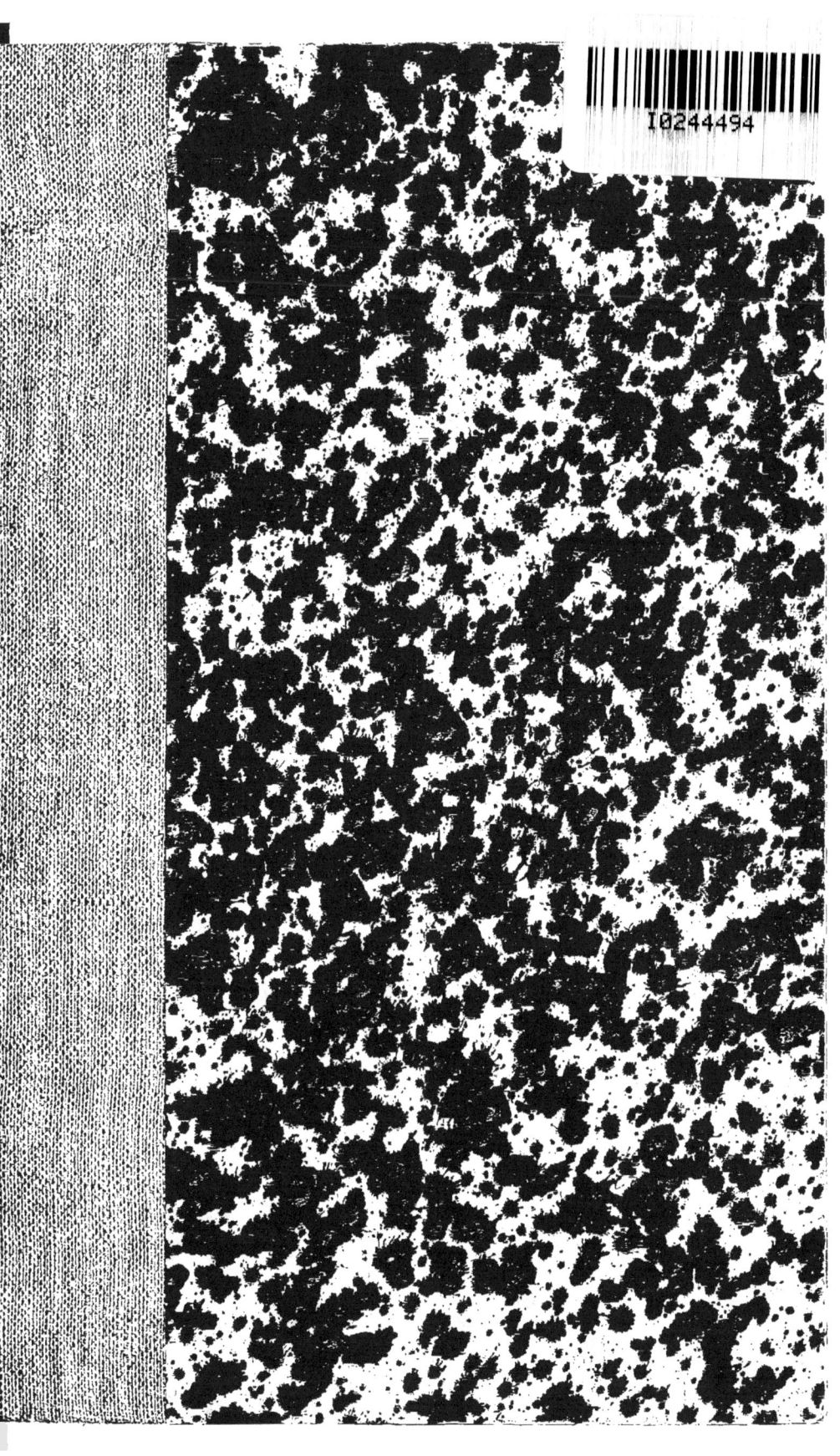

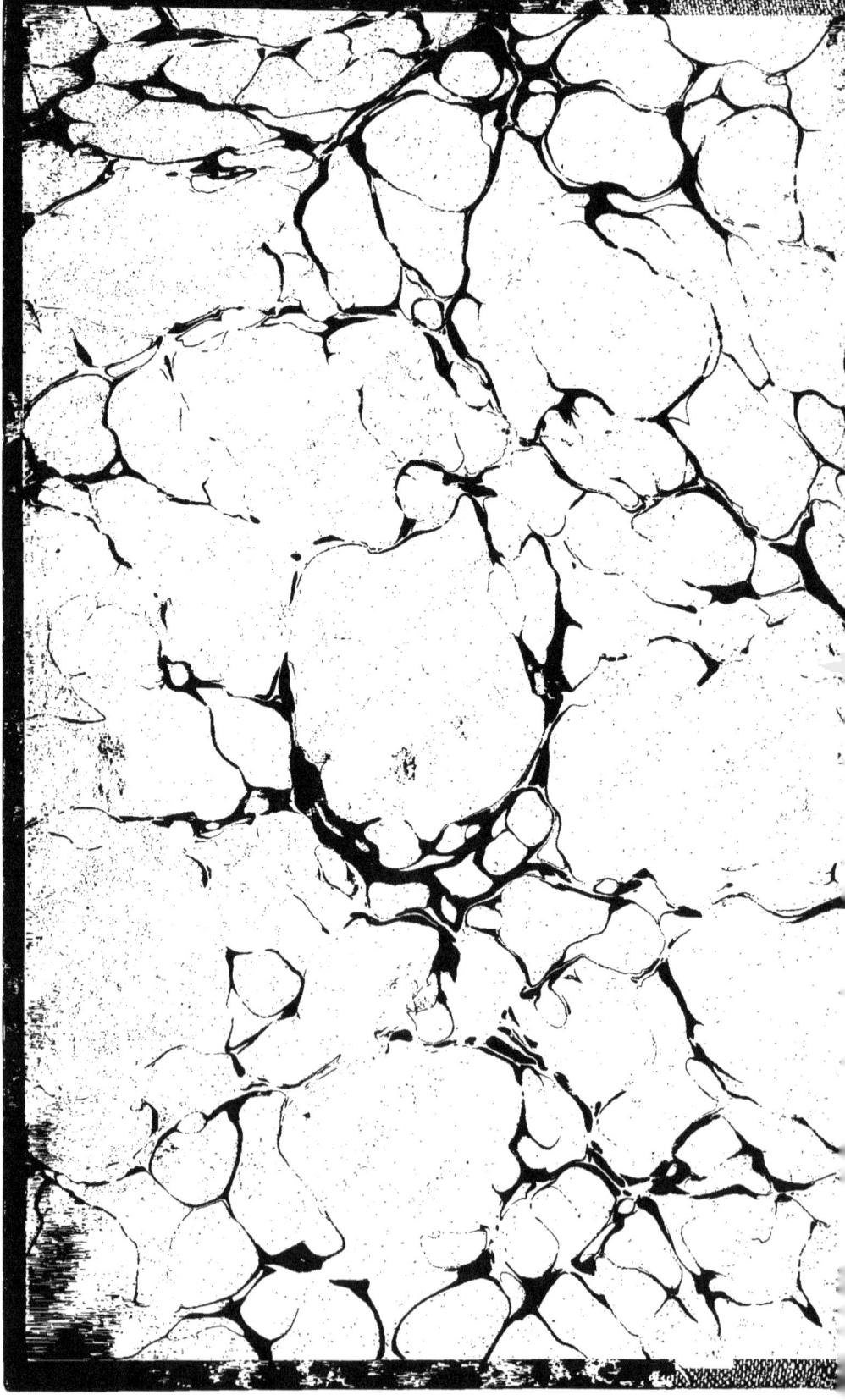

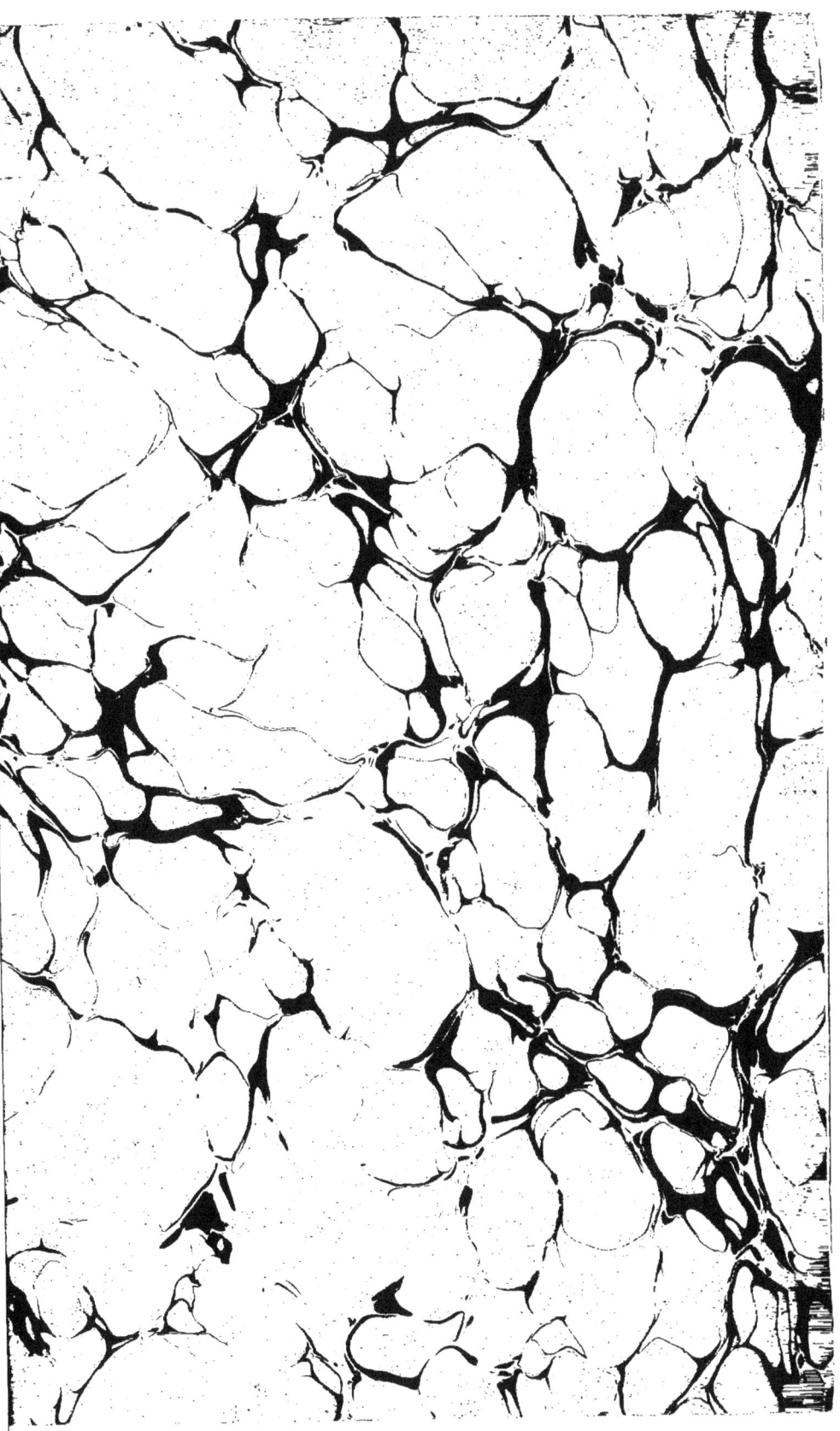

CATALOGUE

DE LA

BIBLIOTHÈQUE

DE LA

VILLE DE CETTE

PAR

Hilaire MOURET

Archiviste-Bibliothécaire

MONTPELLIER
TYPOGRAPHIE GROLLIER ET FILS
Boulevard du Peyrou, 7 et 9

1887

BIBLIOTHÈQUE

DE LA VILLE DE CETTE

CATALOGUE

DE LA

BIBLIOTHÈQUE

DE LA

VILLE DE CETTE

PAR

Hilaire MOURET

Archiviste-Bibliothécaire

MONTPELLIER
TYPOGRAPHIE GROLLIER ET FILS
Boulevard du Peyrou, 7 et 9
—
1887

OFFERT

Au nom du Conseil municipal de la Ville de Cette.

Le Maire.

COMITÉ D'INSPECTION

DE LA BIBLIOTHÈQUE DE CETTE.

MM. *Le Maire de Cette*, Peyret B., *Président de droit.*
    Olive Th., *1er adjoint.*
    Martel, *Conseiller municipal.*
    Vivarez J.-B.,   *id.*
    Calmette, *Principal du Collège.*
    Batard, *Ingénieur des Ponts-et-Chaussées.*
    Luc, *Directeur de l'École Arago.*
    H. Tichy, *Docteur-Médecin.*

INTRODUCTION.

Comment s'est formée la Bibliothèque municipale.

La Mairie de Cette possédait un fonds de 700 volumes environ, provenant de divers dons Ministériels et autres, tels que le don de M. J.-A. Recluz, et de diverses souscriptions. En 1873, par suite d'un legs de 800 volumes, fait par M. le docteur Roux à la Ville, le Conseil Municipal, décida dans l'intérêt de la population, la fondation de la Bibliothèque, et vota les fonds nécessaires pour l'appropriation de la Salle de lecture et le traitement du Bibliothécaire.

La Bibliothèque fut ouverte au public le 1er Janvier 1874.

A la fin de Décembre 1875, par suite d'un autre don de 200 volumes, fait par M. Bouillon-Figaret, de divers achats et de certains envois du Ministère, la Bibliothèque comptait 1950 volumes.

Le Conseil municipal avait voté dès le début la somme de 1000 fr. pour achats de livres; mais comme tous ces livres, sauf ceux provenant de la donation Roux, étaient brochés, on dut dépenser la majeure partie de ce crédit, durant les trois premières années, à la reliure et à l'abonnement aux Revues. Aussi, en 1877, le Conseil Municipal, reconnaissant l'insuffisance de cette somme, dut porter le crédit à 2000 fr.

C'est ainsi que, par ces achats et ces dons successifs, la Bibliothèque compte aujourd'hui 5.500 volumes, y compris les brochures, les ouvrages périodiques et les manuscrits.

Le nombre des lecteurs, qui ne s'élevait pas dans les premières années au-dessus de 1200 à 1500 par an, s'est accru successivement et s'est élevé, l'année dernière (1885) à 10.000.

H. MOURET.

TABLE DES DIVISIONS.

Nota. — Le Catalogue est divisé en 9 séries, comprenant chacune plusieurs sections.

Dans chaque section les livres sont classés par lettre alphabétique de noms d'auteur et de titres pour les ouvrages anonymes.

Une table alphabétique à la fin du Catalogue indique le numéro des ouvrages.

PREMIÈRE SÉRIE.

POLYGRAPHIE.

1re Section.	Encyclopédies..	1
2e	— Polygraphes...	2
3e	— Recueils et extraits d'ouvrages de différents auteurs...........	5

DEUXIÈME SÉRIE.

BELLES-LETTRES.

1re Section.	Polygraphie limitée aux belles-lettres........................	11
2e	— Linguistique..	18
3e	— Rhétorique..	22
4e	— Poésie..	24
5e	— Théâtre...	34
6e	— Romans..	46
7e	— Dialogues, Contes, Apologues..................................	70
8e	— Épistolaires..	73
9e	— Bibliographie...	76

TROISIÈME SÉRIE.

HISTOIRE ET GÉOGRAPHIE.

1re Section.	Polygraphie limitée à l'histoire et à la géographie...........	78
2e	—	Histoire...	81
3e	—	Biographie....	101
4e	—	Archéologie.....................................	107
5e	—	Géographie...	108
6e	—	Voyages..	112

QUATRIÈME SÉRIE.

SCIENCES MORALES ET POLITIQUES.

1re Section.	Polygraphie limitée aux sciences morales et politiques........	118
2e	—	Théologie...	122
3e	—	Philosophie...	125
4e	—	Morale..	134
5e	—	Éducation et Instruction.............................	136
6e	—	Politique..	137
7e	—	Économie politique.................................	139

CINQUIÈME SÉRIE.

JURISPRUDENCE.

1re Section.	Polygraphie limitée à la jurisprudence....................	143
2e	—	Droit naturel, droit des gens............................	145
3e	—	Droit positif...	146

SIXIÈME SÉRIE.

SCIENCES MATHÉMATIQUES, PHYSIQUES ET NATURELLES.

1re Section.	Polygraphie limitée aux sciences mathématiques, physiques et naturelles...	148
2e	—	Mathématiques..	149
3e	—	Physique et Météorologie...............................	152

4ᵉ Section. Chimie.. 154
5ᵉ   —   Astronomie et Géodésie................................ 155
6ᵉ   —   Histoire naturelle..................................... 157

SEPTIÈME SÉRIE.
SCIENCES MÉDICALES.

1ʳᵉ Section. Polygraphie limitée aux sciences médicales.................. 165
2ᵉ   —   Médecine et Chirurgie.................................. 166
3ᵉ   —   Pharmacie.. 181

HUITIÈME SÉRIE.
ARTS ET SCIENCES APPLIQUÉES.

1ʳᵉ Section. Polygraphie limitée aux arts et sciences appliquées......... 182
2ᵉ   —   Mécanique industrielle et machines..................... 184
3ᵉ   —   Sciences physiques appliquées.......................... 185
4ᵉ   —   Arts de construction. Travaux publics.................. 188
5ᵉ   —   Agriculture et Génie rural............................. 192
6ᵉ   —   Marine... 195
7ᵉ   —   Art militaire.. 198
8ᵉ   —   Divers. (Arts gymnastiques, Économie domestique, Arts alimentaires, Écriture, Sténographie, Sciences occultes, etc)...... 200

NEUVIÈME SÉRIE.
BEAUX-ARTS.

1ʳᵉ Section. Polygraphie limitée aux beaux-arts........................ 203
2ᵉ   —   Dessin, Peinture, Sculpture............................ 204
3ᵉ   —   Architecture... 205
4ᵉ   —   Musique.. 207

CATALOGUE

DE LA

BIBLIOTHÈQUE

DE LA VILLE DE CETTE.

PREMIÈRE SÉRIE.

POLYGRAPHIE.

PREMIÈRE SECTION.

ENCYCLOPÉDIES.

1. — ANNUAIRE ENCYCLOPÉDIQUE. Politique, économie sociale, statistique, administration, science, littérature, beaux-arts, agriculture, commerce, industrie; publié par les Directeurs de l'Encyclopédie du XIXe siècle. — 5 *vol. gr. in-8°. Paris*, 1869.

2. — CHEVIGNARD. Idée du monde, ou idées générales des choses dont un jeune homme doit être instruit. — 2 *vol. in-8°. Paris, Moutard, Impr.-libraire*, 1782.

3. — DELAVIGNE (A.). Manuel des aspirants au baccalauréat ès lettres. — 1 *vol. in-16. Paris, Crochard*, 1829.

4. — ENCYCLOPÉDIE DES JEUX FAMILIERS. — 2 *vol. in-12. Paris, Béchet, libraire,* 4e *édition*, 1824.

5. — LACHATRE. Dictionnaire universel, Panthéon littéraire et Encyclopédie illustrée, avec le concours de savants, d'artistes et d'hommes de lettres. — 2 vol. in-4°. *Paris*, 1853.

6. — LAROUSSE (P.). Grand Dictionnaire universel du XIX° siècle. — 16 vol. in-4°. *Paris, Larousse et Boyer*, 1866.

DEUXIÈME SECTION.

POLYGRAPHES.

—

7. — ALBERT (Paul). OEuvres. — 6 vol. in-8°. *Paris, Hachette*, 1880.

    I. La poésie. Études sur les chefs-d'œuvre des poètes de tous les temps et de tous les pays. — II. La prose. Étude sur les chefs-d'œuvre des prosateurs de tous les temps et de tous les pays. — III. La littéraure française, des origines à la fin du 16° siècle. — IV-V. La littérature française, à la fin du 17° et 18° siècle. — VI. Poètes et poésies.

8. — AMADOR Don José de los Rios. Études historiques et littéraires sur les Juifs d'Espagne ; traduites pour la première fois en français par Marquabal. — 1 vol. in-8°. *Paris, Dupont*, 1861.

* * — ARAGO (Fr.). OEuvres complètes. — 17 vol. in-8°. — (Voir N° 1392.)

9. — ARISTOPHANE. OEuvres, traduites par C. Poyard avec une introduction et des notes. — 1 vol. in-18. *Paris, Hachette*, 1875.

10. — ARISTOPHANE. Scènes traduites en vers français par E. Fallex. — 1 vol. in-18. *Paris, Durand*, 1859.

11. — AUGIER (Émile). Théâtre complet et œuvres diverses. — 7 vol. in-18. *Paris, Calmann-Lévy*, 1881.

    I. La Ligue, un Homme de bien, l'Aventurière, l'Habit vert, Gabrielle, le Joueur de flûte. — II. Diane, Philiberte, le Gendre de M. Poirier, Ceinture dorée. — III. La Pierre de touche, le Mariage d'Olympe, la Jeunesse, Sapho. — IV. Les Lionnes pauvres, un beau Mariage, les Effrontés. — Le Fils de Giboyer, Maitre Guérin, la Contagion. — VI. Paul Forestier, le Post-Scriptum, Lions et Renards, Jean de Thomeray, Madame Caverlet. — VII. OEuvres diverses.

—AUGIER (E.). Le Fils de Giboyer. — *1 vol. in-8°*.

12. — CICÉRON. Entretiens sur les vrais biens et sur les vrais maux. — *1 vol. in-12. Paris, J. Musier,* 1721.

13. — CICÉRON. De la Vieillesse, de l'Amitié, les Paradoxes, le Songe de Scipion, lettre politique à Quintus ; traduction nouvelle avec latin, sur les textes les plus corrects, par de BARRETT. — *1 vol. in-12. Paris, Delalain,* 1809.

14. — CICÉRON. Entretiens de Cicéron sur la nature des Dieux ; traduit par d'OLIVET, avec le texte latin. — *2 volumes in-12. Paris, Barbou frères,* 1743.

15. — CICÉRON. Académiques, avec le texte latin de Cambridge, suivies du commentaire latin de P^{re} Valence, par de CASTILLON. — *1 vol. 12. Paris, Barbou, impr.,* 1796.

16. — COURIER (PAUL-LOUIS). OEuvres complètes et inédites, avec une notice par Armand Carrel. — *1 vol. gr. in-8°. Paris, Didot,* 1874.

17. — DACIER. Rapport historique sur les progrès de l'histoire et de la littérature ancienne depuis 1789 et sur leur état actuel. — *1 vol. in-8°. Paris, Impr. royale,* 1810.

18. — DÉCEMBRE-ALONNIER. Dictionnaire de la Révolution française. — *2 vol. in-4°*.

19. — DESBORDES-VALMORE (Mme) et autres. La Couronne de Flore, ou mélange de poésie et de prose. — *1 vol. in-12. Paris, Fleury, édit.,* 1837.

20. — DICTIONNAIRE NÉOLOGIQUE à l'usage des beaux esprits du siècle, avec l'éloge historique de Pantalon Pœbus, par un avocat de province. — *1 vol. in-12. Amsterdam,* 1748.

21. — DOMENY et RIENZI. Dictionnaire usuel et géographique. *1 vol. in-8°. Paris, Langlois.*

22. — L'EXPLORATEUR. Journal géographique et commercial

hebdomadaire, avec illustrations, cartes et planches. — *3 vol. in-4°*, 1875.

23. — L'EXPORTATION. Journal des conquêtes de la civilisation sur tous les points du Globe, avec illustrations et cartes hors texte, sous la direction de M. Ch. HERTZ. — *6 vol. in-8°. Paris.*

24. — EXPOSITION UNIVERSELLE à Paris en 1878. Notice sur les modèles, cartes et dessins relatifs aux travaux des ponts et chaussées, réunis par les soins du ministère des travaux publics. — *2 vol. in-8°. Paris, Imprimerie nationale,* 1878.

25. — FRÉDÉRIC II. Résumé des œuvres de Frédéric II. — *1 vol. in-12. Paris, Dumaine, libr.-édit.*

26. — LUCIEN DE SAMOSATE. OEuvres complètes ; traduites par TOLBOT. — *2 vol. in-18. Paris, Hachette.*

27. — MERCURE DE FRANCE, journal. — *35 volumes in-12.*

28. — RICHELIEU. Résumé de ses principaux écrits. — *1 vol.*

29. — VALLERY-RADOT. Journal d'un volontaire d'un an au 10ᵉ de ligne. — *1 vol. in-18. Paris. Hetzel et Comp., éditeur.*

30. — VILLEMAIN. OEuvres complètes. — *17 volumes in-8°. Paris, Didier, libr.-édit.*, 1874.

<blockquote>
I-II. Histoire de Grégoire VII. — III-IV. Souvenirs contemporains d'histoire et de littérature. — V. La République de Cicéron. — VI. Choix d'études sur la littérature contemporaine. — VII-XII. Cours de littérature française. — XIII. Éloquence chrétienne au VIᵉ siècle. — XIV. Discours et mélanges littéraires. — XV. Études de littérature ancienne et étrangère. — XVI. Études d'histoire moderne. — XVII. Essai sur le génie de Pindare et la poésie lyrique.
</blockquote>

31. — VILLEMAIN. Cours de littérature française. — *4 vol. in-12. Paris, Didier, libr.-édit., nouv. édit.*, 1868.

32. — VILLEMAIN. Cours de littérature française. Tableau de la littérature au XVIIIᵉ siècle. — *4 vol. in-12. Paris, Didier, libr.-édit.*, 1846.

33. — VILLEMAIN. Cours de littérature française, tableau de la littérature du Moyen-Age. — *2 vol. in-12. Paris, Didier, libr.-édit.*, 1846.

34. — VILLEMAIN. Études de littérature. — *1 vol. in-12. Paris. Didier, libr.-édit.*, 1846.

35. — VIVAREL P.-F. Dialogue : L'ombre du curé Arnal et son bedeau Thomas, dédié à MM. les Fabriciens de l'église de Servian, et poesios bitéroùesos, per diverses autous. — *1 vol. in-8°. Béziers, Domairon, libr.*, 1840.

36. — VOLTAIRE. OEuvres choisies : édition du Centenaire, 30 mai 1878. — *1 vol. in-12. Paris, bureau du Comité central.*

TROISIÈME SECTION.

RECUEILS ET EXTRAITS D'OUVRAGES
DE DIFFÉRENTS AUTEURS.

** — ALLETS. Les ornements de la mémoire. — *1 vol. in-22.* — (Voir. N° 193.)

37. — ANTHOLOGIE des poètes français et des prosateurs français. — *2 vol. in-16. Paris, Lemerre, édit.*

38. — BIBIOTHÈQUE LATINE, avec la traduction française, publiée sous la direction de M. Désiré Nisard, membre de l'Académie française. — *27 vol. gr. in-8° à 2 colonnes. Paris, Didot fils et Comp., libr.*, 1869.

 I. Ammien Marcellin, Histoire romaine, trad. par M. Th. Savalète. — Jornandes, Histoire des Goths, par M. G. Fournier de Moujan. — Frontin, Des Stratagèmes, par Th. Baudemont. — Modestus, Précis des termes de la milice, par le même. — Végèce, Traité de l'art militaire, par Bougars.

 II. Caton l'Ancien, Economie rurale, trad. par Antoine. — Varron, De l'Agriculture, par Wolff. — Columelle, de l'Agriculture, par Sabouroux. — Palladius, de l'Agriculture, par le même.

 III. Celse. De la Médecine, par le Docteur des Etangs. — Vitruve, De l'Architecture, par Perrault. — Frontin, Des Aqueducs de Rome, par Rondelet. — Censorin, Aqueducs, par Baudemont.

 IV-VIII. Cicéron, OEuvres complètes, par divers.

 Tome 1. Vie de Cicéron, par Baudemont. — Tableau des événements qui se rattachent à la vie de Cicéron. Rhétorique, de l'Orateur, des meilleurs genres d'Éloquence, etc. — Tome 2. Plaidoyers et discours. — Tome 3. Plaidoyers et discours (suite). OEuvres philosophiques. — Tome 4. OEuvres philosophiques, lois, fragments des ouvrages en prose et en vers. De la demande du Consulat. — Tome 5. Lettres.

IX. CORNELIUS NEPOS, Biographies, par Kermoysan. — QUINTE-CURCE, Histoire des conquêtes d'Alexandre, par de Vaugelas. — JUSTIN, Histoires, Philippiques, par Ch. Nisard. — VALÈRE MAXIME, Histoire générale, par Th. Baudemont. — JULIUS OBSEQUENS, des Prodiges, par le même.

X. HORACE. Odes, Épodes, Chant séculaire, par M. Cherrieu ; Satires, par Génin ; Épîtres, par Guyard ; Art poétique, par Aug. Nisard. — JUVÉNAL, Satires, par Courtaud Diverneresse. — PERSE, Satires, par le même. — SULPICIA, Satires, par le même. — TURNUS, Satires, par le même. — CATULLE, Poésies, par Collet. — PROPERCE, Elégies, par Denne-Baron. — GALLUS, Poésies, par L. Puget. — MAXIMIEN, Elégies par L. Puget. — TIBULLE, Elégies, par Th. Baudemont. — PHÈDRE, Fables, par Fleutelot. — PUBLIUS SYRUS, Sentences, par Baudemont.

XI. LUCAIN, La Pharsale, par Haureau. — SILIUS ITALICUS, Guerres Puniques, par Kermoysan. — CLAUDIEN, Poèmes, par Delatour et Gerusez.

XII. MACROBE, Commentaire du Songe de Scipion ; Traité sur la différence et la concordance des verbes grecs et latins ; les Saturnales, par Mabul. — VARRON, De la Langue latine, par Huot.

XIII. OVIDE, Les Héroïdes, par Baudemont ; les Amours, l'Art d'aimer, etc. ; les Métamorphoses, par Guyard, Chevriau et Fouquier. — Les Fastes, par Fleutelot. — Les Tristes, par Ch. Nisard. — Les Pontiques, par le même. — Poésies diverses.

XIV. PÉTRONE, le Satyricon, par Baillard. — APULÉE, les Florides, De la doctrine de Platon, Du Monde, Apologie, la Métamorphose, par Aulard et Th. Savalète. — AULU-GELLE, les Nuits attiques, par Jacquinet et Favre.

XV. PLAUTE, Amphitryon, l'Asinaire, les Captifs, le Câble, par Andrieux ; les autres pièces par M. A. François : l'Aululaire, Casina, les Bacchis, la Corbeille, le Curculion, Epidicus, le Soldat fanfaron, le Trésor, le Rustre, le Revenant, Stichus, le Persan, le petit Carthaginois, Pseudolus, le Marchand, les Menechmes. — TÉRENCE, par Alfred Magin : l'Andrienne, l'Eunuque, Heaulonlimorumenos, les Adelphes, l'Hecyre, le Phormion. — SÉNÈQUE le tragique, Hercule furieux, Thyeste, par Savalète ; les autres pièces par Desforges : les Phéniciennes, Hippolyte, OEdipe, les Troyennes, Médée, Agamemnon, Hercule sur l'Æta, Octavie.

XVI-XVII. PLINE L'ANCIEN, Histoire naturelle, par Littré.

XVIII. QUINTILIEN, De l'Institution oratoire, par Louis Baudet. — PLINE LE JEUNE, les Lettres, traduction revue par de Sacy ; le Panégyrique de Trajan, par Burnouf.

XIX. Salluste. Conjuration de Catilina, par Damas Hinard ; Guerre de Jugurtha, par Bélèze ; Fragments, par Damas Hinard ; Lettres à César sur le Gouvernement de la République. — Jules César, Commentaires, par Th. Baudemont. — C. Velleius Paterculus, par Herbet. — Florus, Histoire romaine, par Baudemont.

XX. Sénèque le philosophe, par Elias Regnault, Haureau et Baillard.

XXI. Stace, les Sylves, par Guiard ; la Thébaïde, par Arnould : l'Achilléïde, par Wartel. — Martial, par Ch. Nisard. — Manilius, par Pingré. — Lucilius Junior. — Rutilius. — Gratius Faliscus, par Jacquot. — Némésien. — Calpurnius, par L. Puget.

XXII. Suétone. Histoire des douze Césars, par Th. Baudemont. — Les Ecrivains de l'histoire auguste. — Eutrope et Rufus, par le même.

XXIII. Tacite. Annales et histoires, par Durcan de la Halle ; Germanie, par Désiré Nisard : Vie d'Agricola, par A. François.

XXIV. Tertullien : Apologétique, par Louis Bondet. — Saint Augustin, Cité de Dieu, par le même.

XXV-XXVI. Tite-Live, Histoire romaine, par Le Bas. Ch. Nisard, Kermoysan. Th. Baudemont, Bouteville, Magin, Varet, Leprévost, Loudière, Capelle et Bellaguet ; Notes par Le Bas.

XXVII. Lucrèce. De la Nature des choses, par Chamol. — Virgile, les Bucoliques, l'Enéide, Poésies diverses, par Désiré Nisard. — Valerius Flaccus, les Argonautiques, par Ch. Nisard.

39. — EGGER. Latini Sermonis vetustioris reliquiæ selectæ. — *1 vol. in-8°. Paris, Hachette,* 1843.

40. — FOURNIER E.. L'esprit des autres, recueilli et raconté par Fournier. — *1 vol. in-12. Paris, E. Dentu., libr.-édit.,* 1885.

41. — FOURNIER E.. L'esprit dans l'histoire, recherches et curiosités sur les mots historiques : 2ᵉ édit., r., c., augm. — *1 vol. in-18. Paris, E. Dentu, libr.-édit.,* 1860.

42. — FRANÇAIS PEINTS PAR EUX-MÊMES (Les). — *9 vol. in-4°. Paris, L. Curmer, édit.,* 1840.

43. — GABORIAU E.. L'ancien Figaro : études satiriques, bigarrures, coups de lancette, nouvelles à la main, extraits du Figaro de la Restauration. — *1 vol. in-18. Paris, E. Dentu, édit.,* 1861.

44. — LARCHEY LORÉDAN. Les Joueurs de mots. Compilation

faite par Lorédan Larchey pour servir à l'histoire de l'esprit français. — *1 vol. in-18. Paris*, 1867.

45. — LEROUX DE LINCY. Recueil de chants historiques français depuis le XIIe siècle jusqu'au XVIIIe, avec des notices et une introduction. — *2 vol. in-12. Paris, Paulin, libr.-édit.*, 1849.

46. — LEROUX DE LINCY. Livre des Proverbes français, précédé d'un essai sur la philosophie de Sancho Pança, par Ferdinand DENIS. — *2 vol. in-12. Paris, Paulin, édit.*, 1842.

47. — LIVRE MIGNARD (le), ou fleur des fabliaux. — *1 vol. in-18. Paris, Janet, libr.*

48. — MACROBE. OEuvres, traduites par ROSAY. — *2 vol. in-8°. Paris, Didot, libr.*, 1827.

49. — MARTINET-LARCHER (L.). Les femmes jugées par les méchantes langues dans tous les temps et dans tous les pays. — *1 vol. in-18. Paris, Magnin et Comp.*, 1858.

50. — MEMENTO DU BACCALAURÉAT, conforme aux programmes de 1860. — *6 vol. in-18, Hachette*, 1882.

51. — MORALISTES FRANÇAIS. Pensées de Blaise PASCAL ; Réflexions et Maximes de LA ROCHEFOUCAULD, suivies d'une réfutation par Aimé Martin ; Caractères de LA BRUYÈRE ; OEuvres complètes de VAUVENARGUES ; Considérations sur les mœurs de ce siècle, par DUCLOS. — *1 vol. gr. in-8°. Paris, Didot*, 1874.

52. — NOUVELLE REVUE. *26 vol. in-8°.*

52 *bis*. — PARIS-GUIDE, par les principaux écrivains et artistes de la France. — *2 vol. in-8°. Paris*, 1867.

53. — RECUEIL des ouvrages présentés à l'Académie des Jeux floraux, années 1758 à 1867. — *2 vol. in-12. Toulouse, Bernard-Vigon.*

54. — REVUE LITTÉRAIRE ET POLITIQUE. — *38 vol. in-4°.*

55. — REVUE D'ANTHROPOLOGIE CATHOLIQUE, dirigée par un prêtre et un docteur en médecine. — *1 vol. in-8°. Paris, Sagnier, libr.-édit.*, 1847.

56. — REVUE DES LANGUES ROMANES, publiée par la Société pour l'étude des langues romanes. — *6 vol. en 8 tomes (de 5 à 12). Montpellier, Bureau des publications,* 1872.

57. — REVUE PITTORESQUE, musée littéraire illustré par les premiers artistes. — *1 vol. in-4°. Paris,* 1843.

58. — REVUE DE TOULOUSE. — *2 vol. in-8°.*

59. — REVUE DE BORDEAUX. — *2 vol. in-8°.*

60. — REVUE DE MONTPELLIER. — *1 vol. in-8°.*

61. — REVUE DU MIDI. — *4 vol. in-8°.*

62. — REVUE DES DEUX-MONDES. — *66 vol. in-8°.*

63. — SOCIÉTÉ DES BIBLIOPHILES LANGUEDOCIENS. Collection des Cent quinze. — Les Gouverneurs du Languedoc. — L'entrée de la duchesse de Montmorency à Montpellier. — Projet gigantesque en Languedoc. — Maguelone suppliante. — Requête des enfants à naître. — Facétie, publiée par Fraisse. — Discours de la gloire de la France, par Gariel. — *(Ces brochures sont reliées en 1 vol. in-folio). Montpellier, Coulet, libr.-édit.,* 1873.

* * — STACE. Œuvres. — (Voir BIBLIOTHÈQUE LATINE, N° 38.)

* * — SUÉTONE. Œuvres. — (Voir BIBLIOTHÈQUE LATINE, N° 38.)

* * — TERTULLIEN. Apologétique. — (Voir BIBLIOTHÈQUE LATINE, N° 38.)

64. — THÉATRE ALLEMAND, ou Recueil des meilleures pièces dramatiques tant anciennes que modernes qui ont paru en langue allemande ; traduites en français. — *4 vol. in-12. Paris, Durand, libr.,* 1785.

    I. Nios Sara Sampson. Les Juifs. La Fidélité éprouvée. — II. L'Esprit fort. Le billet de Loterie. Le Trésor. — III. L'esprit fort. Nima de Barnhelm. Le Misogyne. — IV. Thamos. Roméo et Julie. Codrus.

65. — THÉATRE ALLEMAND, ou Recueil de diverses pièces ; traduites de l'allemand en prose ou en vers, avec des remarques. — *1 vol. in-12. Amsterdam, Nages, libr.,* 1769.

66. — THÉATRE ESPAGNOL ; traduction française. — *4 vol. in-12. Paris, De Hansy, libr.,* 1770.

    I. Le percepteur supposé. Les vapeurs ou la fille délicate. Il y a du mieux. — II. Le viol puni. La cloison, se défier des apparences. La journée difficile. — III. On ne badine point avec l'amour. La chasse impossible. La ressemblance. L'occasion fait le larron. — IV. Le sage dans sa retraite. La fidélité difficile. Le fou incommode. Intermèdes : Des melons et de la femme têtue. Des beignets. Du malade imaginaire. De la relique. De l'écolier magicien.

67. — THÉATRE FRANÇAIS, ou Recueil des tragédies et comédies restées au théâtre depuis Rotrou, pour faire suite aux éditions in-8° de Corneille, Molière, Racine, Regnard. Crébillon, et au théâtre de Voltaire. — 25 vol. in-8°, dont le 25° renferme la table des auteurs et des pièces contenues dans la collection. Paris, Foucault, 1817.

68. — THÉATRE DE MADAME (du répertoire). — 5 vol. in-22. Paris, Baudouin, libr.-édit., 1828.

I. Simple histoire, Rodolphe. Le coiffeur et le perruquier. La quarantaine. L'ambassadeur. La belle-mère. — II. La marraine. Les grisettes. Le médecin des dames. Les femmes romantiques. La haine d'une femme. La maîtresse au logis. — III. La mansarde des artistes. L'intérieur d'un bureau. Le baiser au porteur. Le diplôme. L'auberge. Une visite à Bedlam. — IV. Les inséparables. Les manteaux. La charge à payer. Le bal champêtre. L'orpheline Russe. La pension bourgeoise. — V. La loge du portier. Le confident. Les premières amours. Le secrétaire et le cuisinier. Un dernier jour de fortune. Vatel.

** — VIVAREL (P.-F.). Dialogue : L'ombre du Curé Arnal et son bedeau Thomas. (Voir N° 35.)

DEUXIÈME SÉRIE.

BELLES-LETTRES.

PREMIÈRE SECTION.

POLYGRAPHIE LIMITÉE AUX BELLES-LETTRES.

* * — ALBERT Paul. OEuvres. — *6 vol. in-18. Paris, Hachette,* 1880. — Ier vol. La Poésie ; IIe vol. la Prose ; IIIe vol. la Littérature française ; IVe-V^e vol. la Littérature française à la fin du 17e siècle ; VIe vol. Poètes et Poésies. (Voir N° 7.)

69. — ALEXANDRE et PLANCHE. Dictionnaire français-grec. Ouvrage autorisé par le Conseil de l'Instruction publique. — *1 vol. in-4°. Paris, Hachette et C°,* 1879.

70. — ARNAULT (A.-V.). OEuvres. — *8 vol. in-8°. Paris, Bossange,* édit., 1824.

    I. Théâtre : Marius à Minturne ; Lucrèce ; Quintus Cincinatus ; Oscar, fils d'Ossian ; Scipion, consul ; Fragments de Zénobie. — II. Blanche et Montcassin ; Don Pèdre ; Germanicus ; les Gens à deux visages. — III. Guillaume de Nassau ; la Rançon de Du Guesclin ; Phrosine et Mélidore ; Horatius Coclès ; Couronnement de Junon ; Damon et Pythias ; Poésies lyriques. — IV. Fables. — V. Mélanges. — VI-VII. Critiques. (Le 1er vol. des critiques manque.)

71. — BELLENGER (W.). Nouvelles conversations françaises-anglaises ; 18e édition. — *1 vol. in-24. Paris, Baudry,* 1834.

72. — BERBRUGGER. Nouveau dictionnaire de poche espagnol-français et français-espagnol. — *2 vol. in-32. Paris, Baudouin.* 1829.

73. — BONNEL (A.). Du Langage de l'imagination. Nouveau traité de littérature. — *1 vol. in-12. Lyon, Palud, libr.,* 1865.

74. — BOUGEAULT (A.). Histoire des littératures étrangères. — *3 vol. in-8°. Paris, E. Plon, impr.-édit.,* 1876.

I. Littérature allemande, scandinave, finnoise et hongroise. — II. Littérature anglaise, des Pays-Bas, Slaves (Russie, Pologne, Bohême, Servie). — III. Littérature espagnole, portugaise, grecque moderne.

75. — BRICCOLINI. Nouveau Dictionnaire de poche français-italien. — *1 vol. in-24. Thieriot*, 1835.

76. — CALEPINI (A.). Dictionarium undecim linguarum. Respondent autem latinis vocabulis; Hebraico, Græca, Italica, Gallica, Germanica, Belgica, Hispanica, Polonica, Ungarica, Anglica; onosmaticum vero ; hoc est : propriorum nominum regionum, gentium, urbium, montium, promontoriorum, marium, stagnorum, etc., catalogum. — *1 vol. in-fol. Basileæ (Bale), per Sebastianum Henric Petri, anno salutis nostræ recuperatæ* 1616.

77. — CHALANDON (Georges). Essai sur la Vie et les OEuvres de P. de Ronsard. — *1 vol. in-8°. Paris, S. Bacon et C°*, 1875.

78. — CHAMPFLEURY. Le Réalisme. — *1 vol. in-18. Paris, Michel Lévy frères, libr.-édit.*, 1857.

79. — CHASSANG (A.). Nouveau Dictionnaire grec-français. — *1 vol. in-4°. Paris, Garnier frères*, 1879.

80. — CHATEAUBRIAND. Essai sur la littérature anglaise. — *1 vol. in-8°. Paris, Ch. Gosselin, édit.*, 1839.

81. — CHÉNIER (M. J. de). Tableau historique de l'état et des progrès de la littérature depuis 1789; nouv. édit. — *1 vol. in-22. Paris, Baudouin frères*, 1721.

82. — CHERBULIEZ. Etudes de littérature. — *1 vol. in-18. Paris, Hachette*, 1878.

82 *bis*. — CLÉMENT DE RIS (L.). Portraits à la plume. — *1 vol. in-12. Paris*.

83. — CUVILLER FLEURY. Nouvelles études critiques et littéraires. — *1 vol. in-18. Paris, Lévy frères. libr.-édit.*, 1855.

* * — DACIER. Rapport historique sur le progrès de l'histoire et de la littérature ancienne depuis 1789 et sur leur état actuel. — *1 vol. in-8°. Paris, Imprim. Roy.*, 1810. — (Voir N° 17.)

* * — DAMAS HINARD. Lafontaine et Buffon. — *1 vol. in-8°.* — (V^r N° 680.)

84. — DANTE. Les Pénalités de l'enfer de Dante, suivies d'une étude sur Brunetto et Latini apprécié comme le maître de Dante, par ORTOLAN. — 1 vol. in-8°. Paris, Plon, édit., 1873.

85. — DESCHANEL (E.). Physiologie des écrivains et des artistes, ou essai de critique naturelle. — 1 vol. in-18. Paris, Hachette, 1864.

86. — DICTIONNAIRE DE LA CONVERSATION et de la lecture ; Inventaire raisonné des notions générales les plus indispensables à tous, par une Société de savants et de gens de lettres, sous la direction de M. M. DUCKECT. — 20 vol. pet. in-4°, dont 4 vol. de supplément. Paris, Didot frères et C°, 1870.

* * — DICTIONNAIRE NÉOLOGIQUE à l'usage des beaux esprits du siècle, avec l'éloge historique de Pantalon Phœbus, par un avocat de province. — 1 vol. in-12. Amsterdam, Charles-le-Lent, 1748. (Voir N° 20.)

87. — DICTIONNAIRE PORTATIF français-italien et italien-français. — 1 vol. in-18 (en 2 tomes), 9° édition. Paris, Cormon et Blanc, 1840.

88. — DOLENT. Une volée de merles. — 1 vol. in-18. Paris, E. Dentu, édit., 1862.

* * — DOMENY et RIENZI. Dictionnaire usuel et géographique. — 1 vol. in-8°. 4° edition. Paris, Langlois et Leclercq. — (Voir N° 21.)

89. — ÉTRANGERS A PARIS (les), par DESNOYERS, J. JANIN, BELLENGER, etc. ; illustrations de MM. GAVARNI frères et GUÉRIN. — 1 vol. in-8°. Paris, Warie, édit.

90. — FABRE (P.). Dictionnaire malais-français et français-malais, avec une grammaire. — 3 vol. in-4°. Vienne, Imp. imp. et royale, 1880.

91. — FERRARI et G. GACCIA. Grands dictionnaires italien-français et français-italien, rédigés d'après les ouvrages et les travaux les plus récents, avec la prononciation dans les deux langues. — 2 vol. in-4°. Paris, Garnier frères, libr.-édit., 1877.

92. — FLEMING et TIBBINS. Grand dictionnaire français-anglais et anglais-français. — 2 vol. in-4°. Paris, F. Didot, 1877.

93. — FLORIAN (de). Mélanges de poésie et de littérature. — 1 vol. in-22. Paris, Didot l'aîné, 1789.

94. — FORTUNATUS. Le Procuste parlementaire, portraits satiriques de nos 459 députés (session de 1884). — 1 vol. in-18. Paris, Garnier frères, 1844.

95. — FUSTER (Ch.). Essais de critique. — 1 vol. in-18. Paris, E. Girandu et Comp., libr.-édit., 1886.

96. — GAVARNI. Masques et visages. — 1 vol. in-18. Paris, Paulin et Lechevalier, 1857.

97. — GESLAIN (Th.). La littérature contemporaine en province, ou portraits biographiques et littéraires ; 3e édition. — 1 vol. in-8°. Paris, Rouveyre, 1877.

98. — GOETHE. Des hommes célèbres de la France au XVIIIe siècle, et de l'état de la littérature et des arts à la même époque (traduits de l'allemand par du LAUR et de SAINT-GÉNIÈS). — 1 vol. in-8°. Paris, Renouard, 1823.

99. — GOETHE. OEuvres complètes ; traduites par PORCHAT, avec une table alphabétique de toutes les œuvres. — 10 vol. in-8°. Paris, Hachette, 1871.

100. — GRATIUNESCO (J.). Le peuple roumain d'après ses chants nationaux ; essai de littérature et de morale. — 1 vol. in-18. Paris, Hachette, 1874.

101. — HAUREAU (B.). Singularités historiques et littéraires. — 1 vol. in-18. Paris, Michel Lévy, 1861.

102. — HOUSSAYE (A.). Galerie de portraits du XVIIIe siècle ; 5e édition. — 1 vol. in-12. Paris, Lacan, édit., 1854.

103. — JANIN (JULES). La poésie et l'éloquence à Rome au temps des Césars. — 1 vol. in-12, 2e édition. Paris, Didier et Comp., édit., 1864.

104. — LALANNE (L.). Curiosités littéraires. — 1 vol. in-18. Paris, Paulin, libr.-édit., 1845.

105. — LAMARTINE. J.-J. Rousseau, son faux contrat social et le vrai contrat social. — 1 vol. in-18. Paris, Michel Lévy frères, édit., 1866.

* * — GIRARDIN (Mme E. de), née Delphine GAY. Lettres parisiennes ; 4e et 5e vol. des œuvres complètes. — (Voir N° 450.)

— 15 —

106. — LEÇONS DE LITTÉRATURE ET DE MORALE, à l'usage de la jeunesse des deux sexes. — 2 vol. in-18. Paris, Delalain, édit., 1836.

107. — LITTÉRATEUR UNIVERSEL, par une Sociétés de gens de lettres. — 1 vol. in-8°.

108. — LITTRÉ. Dictionnaire de la langue française avec supplément ; suivi d'un dictionnaire étymologique de tous les mots d'origine orientale, par Marcel DEVIC. — 5 vol. in-4°. Paris, Hachette et Comp., 1873.

109. — MANUEL LEXIQUE, ou dictionnaire portatif des mots français dont la signification n'est pas familière à tout le monde. — 2 vol. in-12. Paris, Didot, 1755.

110. — MARION (M.-A.). Essai sur la critique, par POPE. — 1 vol. in-24. Paris, Delalain.

111. — MARMONTEL. Éléments de littérature. — 3 vol. in-12. Paris, Didot, 1867.

112. — MARTHA (CONSTANS). Les moralistes sous l'Empire romain ; philosophes et poètes. — 1 vol. in-12. Paris, Hachette, édit., 1851.

113. — MARTINET d'Annecy. Le solitaire auvergnat ; Platon polichinelle, ou la sagesse devenue folie. — 1 vol. in-18.

114. — MÉNARD (AUG.-L.). OEuvres inédites de Bossuet ; Cours royal complet sur Juvénal. — Tome Ier in-8°. Paris, Firmin Didot et Comp., libr.-édit., 1881.

115. — MERCIER. Tableau de Paris. — 1 vol. in-18. Paris, V. Lecou, édit., 1853.

115 bis. — MUSSET (A. de). Mélanges de littérature et de critique. — 1 vol. in-12. Paris, Charpentier.

116. — NISARD. Littérature française depuis ses premiers moments jusqu'à nos jours. — 1 vol. in-12. Paris, Mairs, 1841.

 " — ORTOLAN. Pénalités. — (Voir DANTE, N° 84.)

117. — NOEL et LAPLACE. Leçons françaises de littérature et de morale. 2 vol. in-8°. Paris, Le Normand, impr.-libr., 1816.

118. — PALLEGEOIX (D.-G.-B.). Dictionarium linguæ Thaï sive siamensis, interpretatione latina, gallica et anglica. — *1 vol. in-4°. Parisiis, typographeo imperatorio,* 1854.

119. — PÈNE (H. de). Paris intime. — *1 vol. in-12. Libr. nouv., Bourdilliat et Comp., édit.*, 1859.

120. — PLANCHE et DUFAUCOMPRET. Dictionnaire grec-francais. — *1 vol. in-8°.*

121. — PONTMARTIN (de). Les nouveaux samedis. — *1 vol. in-18. Paris, Lévy frères, édit.*, 1875.

122. — QUICHERAT (L.). Dictionnaire français-latin ; 15° édition. *1 vol. in4°. Paris, Hachette,* 1861.

123. — QUICHERAT et DAVELUY. Dictionnaire latin-français. — *1 vol. in-4°, 31° édition. Paris, Hachette et Comp.*, 1879.

* * — REVUE DES LANGUES ROMANES, publiée par la Société pour l'étude des langues romanes. — (Voir N° 56.)

124. — RICHTER (J.-P.). OEuvres ; texte allemand. — *4 vol. in-4°. Pary's Baudry's,* 1843.

125. — ROBERT-MACAIRE. Ses pensées. — *1 vol. in-8°. Impr. de Pommerel et Guenot.*

126. — ROLLIN. Traité des études ; nouv. édition, revue par LE-TRONNE. — *3 vol. in-18. Paris, F. Didot,* 1877.

127. — SAINTE-BEUVE. OEuvres complètes. — *21 vol. in-18. Paris, Garnier frères.*

128. — SAINT-MARC GIRARDIN. Cours de littérature dramatique ou à l'usage des passions dans le drame. — *5 vol. in-18. Paris, Charpentier, édit.*

129. — SAUVAGES (de). Dictionnaire languedocien-français. — *2 vol. in-12. Alais, J. Martin,* 1820.

130. — SPIERS (A.). Dictionnaire abrégé anglais-français et français-anglais. — *1 vol. in-12, 21° édition. Paris, Baudry.*

131. — STAEL-HOLSTEIN (Mme de). OEuvres complètes. — *3 vol. in-8°. Paris, Didot fils,* 1861.

132. — SUCKAU (de). Dictionnaire français-allemand et allemand-

français, complètement refondu et remanié sur un plan nouveau, par Théobald. — 2 vol. in-4°. Paris, Hachette et Comp., 1875.

133. — TAINE (H.). Histoire de la littérature anglaise. — 5 vol. in-18. Paris, Hachette, 1881.

134. — TAINE (H.). Les écrivains anglais contemporains. — 1 vol. in-8°. Paris, Hachette, 1870.

135. — TEXIER (E.). Critiques et récits littéraires. — 1 vol. in-18. Paris, M. Lévy frères, libr.-édit., 1853.

136. — TIECK. OEuvres complètes (texte allemand). — 2 vol. in-4°. Paris, Baudry, 1841.

137. — VAPEREAU. L'année littéraire et dramatique, ou revue annuelle des principales productions; 1re année (1858). — 2 vol. in-18. Paris, Hachette et Comp., 1859 et 1860.

138. — VEUILLOT (L.). Les odeurs de Paris. — 1 vol. in-8°. Paris, Palmé, édit., 1856.

139. — VICENTE-SALVA (De). Nouveau Dictionnaire espagnol-français et français-espagnol, avec la prononciation figurée dans les deux langues; rédigé d'après les matériaux réunis par Vicente Salva, et les meilleurs dictionnaires anciens et modernes, par Moriciga. — 2 vol. in-4°. Paris, Garnier frères, 1880.

140. — VIGNY (A. de). Journal d'un poète. — 2 vol. in-18. Paris, Michel Lévy frères, 1867.

** — VILLEMAIN. Cours de littérature française au XVIIIe siècle et au Moyen-Age. — 8 vol. in-18. Paris, Didier, libr.-édit., 1846. (Voir N° 33.)

** — VILLEMAIN. OEuvres complètes. (Voir N° 30.)

141. — VOLTAIRE. OEuvres complètes. — 18 vol. petit in-18. Paris, Ménard, 1823.

DEUXIÈME SECTION.

LINGUISTIQUE.

—

142. — AMPÈRE ;J.-J.,. Histoire de la formation de la langue française pour servir de complément à l'histoire littéraire de la France. — *1 vol. in-12, 3ᵉ édit. Paris, Didier, édit.*, 1871.

143. — BIBERSTEIN KAZIMIRSKI. Dictionnaire arabe-français. — *2 vol. in-4°. Paris, Maisonneuve*, 1860.

144. — BOISSIÈRE P.. Dictionnaire analogique de la langue française des mots par les idées et des idées par les mots. — *1 vol. gr. in-8°. Paris, Larousse et Boyer*, 1862.

145. — BOUCOIRAN. Dictionnaire des idiomes méridionaux. — — *1 vol. in-4°*.

146. — BRASSEUR DE BOURBOURG. Grammatica de la langue Quichée. Grammaire de la langue Quichée espagnole et française servant d'introduction au Rabinal-Achi. — *1 vol. in-8°. Paris, Durand*, 1862.

147. — CHABRAN et DE ROCHA D'AIGLON. Patois des Alpes Cottiennes Briançonnais et vallées Vaudoises., et en particulier du Queyras. — *1 vol. in-8°. Grenoble, Maisonville et fils*, 1877.

148. — CHAIGNET ;A.-Ed.. La philosophie de la science du langage étudiée dans la formation des mots.— *1 vol. in-12. Paris, Didier et Comp., libr.-édit.*, 1875.

149. — CHANTREAU. Arte de hablar bien français o grammatica francesca para uso de los españoles, devida in tres partes con supplemento. — *1 vol. in-8°. Paris, Garnier-Hermann, libr.-édit.*, 1873.

150. — CHASLES et EQUEMANN. Les mots et les genres en allemand; vocabulaire distribué d'après les genres, précédé d'un tableau de la déclinaison et suivi d'exercices sur les diverses

applications du genre dans la grammaire allemande. — *1 vol. in-8°. Paris, Hachette, 2e édition, 1875.*

151. — CLIFTON et autres. Manuel de la conversation et du style épistolaire. — *1 vol. in-32. Paris, Garnier frères.*

152. — COMENIUS (Jean-Amos). La porte des langues ouvertes. — *1 vol. in-18. Paris, Baston, 1815.*

153. — CZATI. Powstanca. — *1 vol. in-22. Paryz, Nakladem autera, 1838.*

154. — DESGROUAIS. Les Gasconismes corrigés. — *1 vol. in-16. Toulouse, Douladoure, 1801.*

** — DICTIONNAIRE NÉOLOGIQUE. — (Voir N° 20.)

** — FAVRE (P.). Grammaire de la langue malaise. — (Voir N° 90.)

155. — GEBELIN (Court de). Histoire naturelle de la parole, ou précis de l'origine du langage et de la grammaire universelle; Extrait du Monde primitif. — *1 vol. in-8°. Paris, Valleyre aîné, 1776.*

156. — GENIN (F.). Des variations du langage français depuis le XIIe siècle, ou recherche des principes qui devraient régler l'orthographe et la prononciation. — *1 vol. in-8°. Paris, Didot, 1845.*

157. — GESSNER. OEuvres. — *4 vol. in-18. Paris, Vayen, libr., 1826.*

158. — GIRARD (L'abbé). Les vrais principes de la langue française, ou la parole réduite en méthode conformément aux lois de l'usage, en seize discours. — *2 vol. in-18. Paris, Lebreton, 1747.*

159. — GRAMATICA de la lengua Castellana compuesta por la real academia española; nueva edicion aumentada con la parte esencial de la ortografia. — *1 vol. in-8°. Paris, A. Bouret, 1874.*

160. — HOVELACQUE (A.). Grammaire de la langue Zende. — *1 vol. in-8°. Paris, Maisonneuve et Comp., libr.-édit., 2e édit., 1878.*

161. — HOVELACQUE (A.). La linguistique, 3e édition. — *1 vol. in-18. Paris, Reinwald, lib.-édit., 1881.*

162. — HOVELACQUE (A.). Études de linguistique et d'ethnographie. — 1 vol. in-18. Paris, Reinwald, lib.-édit., 1878.

163. — JACQUET (Ém.). Cours de langue latine d'après la méthode Robertson, avec exercices préparatoires. — 1 vol. in-8°. Paris, Truchy.

164. — LAFAYE (M.). Dictionnaire des synonymes de la langue française avec une introduction sur la théorie des synonymes. — 1 vol. in-4°. Paris, Hachette et Comp., 1858.

165. — LANDAIS (N.). Dictionnaire général et grammatical. — 2 vol. in-4°, 6° édit. Paris, Didier, libr.-édit.

166. — LAVEAUX (J.-Ch.). Dictionnaire synonymique de la langue française. — 2 vol. in-8°. Paris, Thoismier-Desplaces, 1826.

167. — LÉVÉE (J.-B.). Dictionnaire des épithètes françaises. — 1 vol. in-8°. Paris, Lhuillier, 1817.

168. — LITTRÉ (E.). Histoire de la langue française. — 2 vol. in-18. Paris, Didier, libr.-édit., 6° édition, 1873.

169. — LIVET (Ch.-L.). La Grammaire française et les grammairiens du XVI° siècle. — 1 vol. in-8°. Paris, Durand, libr., 1859.

170. — MALLEFILLE (Léonce). Cours de langue espagnole d'après la méthode Robertson, précédé d'un cours de littérature espagnole, d'une étude sur le caractère de la langue, d'un traité de prononciation. — 1 vol. in-8°. Paris, Deraches, 1877.

171. — MARY LAFON. Tableau historique et littéraire de la langue parlée dans le Midi de la France et connue sous le nom de langue Romano-provençale. — 1 vol. in-12. Paris, Maffre Carpin, libr.-édit., 1842.

172. — MUCZKOWSKIEOGO. Grammatika. — 1 vol. in-8°. Kakowis, 1836.

173. — NISARD (Ch.). Curiosités de l'étymologie française avec l'explication de quelques proverbes et dictons populaires. — 1 vol. in-18. Paris, Hachette, 1863.

174. — OUTHIER (J.-J.). L'art de traduire le latin en français et le français en latin. — 1 vol. in-18. Paris, 1802.

175. — PEZZL (Jean). Dictionnaire français-allemand et allemand-français. — *1 vol. in-18, 1821.*

176. — RABBINOWIEZ (J.-N.). Nouveaux principes de la prononciation anglaise dans ses rapports avec les langues française-allemande, suivis du constructeur de phrases, par E. Bayles. — *1 vol. in-8°. Paris, Dramard-Baudry, libr.-édit., 1874.*

177. — RENAN (E). Histoire générale et comparée des langues sémitiques. — *1 vol. in-8°. Paris, Calmann-Lévy, édit., 1878.*

178. — ROBERTSON. Nouveau cours pratique, analytique, théorique et synthétique de la langue anglaise. — *3 vol. in-18. Paris, Derache, 5ᵉ édition, 1848.*

179. — SAVOYE (J.). Cours de langue allemande d'après la méthode Robertson avec des exercices gradués, conversations, phrases et locutions usuelles, formant un cours de thèmes et de versions. — *1 vol. in-8°. Paris, Derache, 6ᵉ édition, 1873.*

180. — SOLIMAN-AL-HARAIRI. Grammaire française de Lhomond, traduite en Arabe mot à mot avec le texte en regard, accompagnée d'une traduction libre. — *1 vol. in-8°. Paris, Duprat, 1857.*

181. — TOURTOULON et O. BRINGUIER. Étude sur la limite géographique de la langue d'oc et de la langue d'oïl, avec une carte. — *1 vol. in-8°. Paris, Impr. nat., 1876.*

** — VARRON Agronome. Œuvres sur l'Agriculture. — (Voir Bibliothèque latine, N° 38.)

TROISIÈME SECTION

RHETHORIQUE.

182. — BERGER (Adolphe). Histoire de l'éloquence latine depuis l'origine de Rome jusqu'à Cicéron, d'après les notes de A. Berger, réunies et publiées par B. Cucheval. — 2 vol. in-18. Paris, Hachette, 1872.

183. — BOSSUET. OEuvres complètes. — 4 vol. gr. in-8°. Paris, F. Didot, 1870.

> I. Instruction du Dauphin; Connaissance de Dieu et de soi-même; Traité du libre arbitre; Discours sur l'histoire universelle; Politique tirée des propres paroles de l'écriture sainte; Défense de la tradition et des saints Pères. — II. Oraisons funèbres; Sermons. — III. Suite des sermons; Panégyriques; Méditations sur l'Évangile. — IV. Histoire des variations des églises protestantes; Instruction pastorale sur les promesses de l'Église; Élévation à Dieu sur les Mystères; Pensées morales et chrétiennes.

** — BOURDALOUE. Sermons. — (Voir N° 1100.)

184. — DÉMOSTHÈNE et ESCHINE. Chefs-d'œuvre, traduits par Stiévenart. — 1 vol. in-12. Paris, Lefèvre, libr., 1843.

185. — DUMARCHAIS. Des tropes, ou des différents sens dans lesquels on peut prendre un même mot dans une même langue. — 1 vol. in-8°. Paris, David, 1757.

186. — FÉNELON. OEuvres, précédées d'une vie de Fénelon par Aimé Martin, et augmentées des Maximes des Saints qui ne se trouvent dans aucune édition. — 3 vol. in-8°. Paris, Didot, 1874.

> I. Démonstration de l'existence de Dieu; Lettres sur des sujets de métaphysique et de religion; Traité du ministère des pasteurs; Lettres sur l'autorité de l'Église; Manuel de piété; De summi pontificis auctoritate dissertatio; Lettres diverses. — II. Des maximes des Saints sur la vie intérieure; Lettre de Mgr de Cambrai à M. de Maux; Mandements; De l'éducation des filles; Fables; Dialogue des Morts; Opuscules divers; Discours. — III. Télémaque; Odyssée d'Homère; Poésies; Vie des anciens philosophes; Écrits politiques; Correspondance.

187. — FOY (Général). Discours, précédés d'une notice biographique par Tissot, d'un éloge par Étienne et d'un essai sur l'éloquence politique en France par Jay, avec portrait et fac-simile. — *2 vol. in-8°. Paris, Moutardier, libr.-édit., 2° édition,* 1826.

188. — HOSPITAL (Michel L'). OEuvres complètes, précédées d'un essai sur sa vie et ses ouvrages, par Dufey; œuvres inédites. — *6 vol. in-8°. Paris, Boulland et Comp., libr.,* 1824.

189. — LAMARTINE. La France parlementaire (1834 à 1851); œuvres oratoires et écrits politiques; précédée d'une étude sur la vie et les œuvres de Lamartine, par L. Ulbach. — *6 vol. in-8°. Paris, P. Lacroix,* 1864.

190. — LE SAGE. OEuvres complètes : le Diable boîteux, Gil Blas, le Bachelier de Salamanque, Guzman d'Alfarache; — Théâtre, Crespin avocat de son maître, Turcaret. — *1 vol. in-8°. Paris, Didot, édit.*

* * — MASSILLON. Sermons. — (Voir N° 1112.)

191. — PAPON. Du poète et de l'orateur; nouvelle rhétorique à l'usage des collégiens. — *1 vol. in-18. Lyon, Périsse, libr.,* 1768.

* * — RECUEIL des ouvrages présentés à l'Académie des Jeux floraux, années 1758 à 1867. — *5 vol. in-12. Toulouse, Bernard-Pijon.* (Voir N° 53.

* * — TACITE. — (Voir N° 38.)

192. — WISSEMANN. Discours sur les rapports entre la Science et la Religion révélée, prononcés à Rome. — *1 vol. in-12. Paris, Boyer, édit.,* 1843.

QUATRIÈME SECTION.

POÉSIE.

—

193. — ALLETS. Les ornements de la mémoire, ou les traits brillants des poètes français les plus célèbres, avec dissertation sur chaque genre de style. — *1 vol. in-22, nouv. édit. Paris, Ledentu, lib.*, 1829.

194. — ANTHOLOGIE FRANÇAISE, ou choix des épigrammes et madrigaux de tous les poètes français, depuis Marot jusqu'à ce jour. — *2 vol. in-12. Paris, Delalain, libr.*, 1769.

195. — ARIOSTE (L'). Roland furieux ; traduction nouvelle, avec introduction et des notes, par Hippeau. — *2 vol. in-18. Paris, Garnier frères*, 1876.

** — ARISTOPHANE. Scènes, traduites en vers français par E. Faller. — *1 vol. in-18. Paris, Durand*, 1859. — (Voir N° 10.)

** — ARISTOPHANE. Œuvres, traduites par C. Poyard, avec une introduction et des notes. — *1 vol. in-18. Paris, Hachette*, 1876. — (Voir N° 9.)

196. — ARNOULD (Ed.). Sonnets et poèmes, préface de St-Marc Girardin, suivi d'une introduction. — *1 vol. in-12. Paris, Charpentier, libr.-édit.*, 1861.

197. — AUTRAN (J.). Sonnets capricieux. — *1 vol. in-8°. Paris, Lévy frères, édit.*, 1873.

198. — AUTRAN (J.). Les poèmes de la mer. — *1 vol. in-8°. 4° édition, revue, augmentée*, 1859.

199. — BANVILLE (Th. de). Les exilés. — *1 vol. in-12. Paris, Lemerre, libr.-édit.*, 1867.

200. — BAOUR-DE-LORMIAN. L'Atlantide, ou le géant de la Montagne bleue ; poème en 4 chants. — *1 vol. in-22. Paris, Brunot-Labbé, libr.*

201. — BAOUR-DE-LORMIAN. Veillées poétiques et morales ; seconde édit. — *1 vol. in-22. Paris, Brunot-Labbé, libr.*

202. — BARBIER (Auguste). OEuvres. — 7 vol. in-18. Paris, E. Dentu, 1880.

> I. Iambes et Poèmes. — II. Satires. — III. Histoires de voyages. — IV. Contes du soir. — V. Études dramatiques. — VI. Silves et rimes légères. — VII. Trois passions.

203. — BARRILLOT. Mascarade humaine; satires de mœurs du XIXe siècle. — 1 vol. in-18. Paris, E. Dentu, édit., 1863.

204. — BABTHÉLEMY et MÉRY. Némésis de la Restauration; La Villéliade, ou la prise du château Rivoli; poème héroï-comique en six chants. — 2 vol. in-8°. Paris, Ferratri, édit., 1839.

205. — BARTHÉLEMY (J.-J.). L'Énéide, traduite en vers français. — 2 vol. in-8°. Paris, Perrotin, libr.-édit., 1835.

206. — BÉRANGER (de). OEuvres complètes, édition unique revue par l'auteur, ornée de 104 vignettes en taille douce dessinées par les peintres les plus célèbres; musique contenant les airs anciens et modernes les plus usités. — 4 vol. in-8°. Paris, Perrotin, édit., 1834.

207. — BERNARD. Ses œuvres; poésies. — 1 vol. in-16. Paris, Impr. Egron, édition stéréotype, 1818.

208. — BERNIS (Cardinal de). OEuvres poétiques. — 2 vol. in-22. Paris, stéréoptypie d'Herhan, an XI. — 1803.

209. — BOILEAU-DESPRÉAUX. OEuvres complètes, précédées des des œuvres de Malherbe, suivies des œuvres poétiques de J.-B. Rousseau. — 1 vol. in-8° raisin. Paris, Firmin Didot, lib., 1870.

210. — BOILEAU-DESPRÉAUX. OEuvres, avec un choix de notes des meilleurs commentateurs et précédées d'une notice par Amar. — 1 vol. in-18. Paris, Firmin Didot, lib., 1843.

211. — BOILEAU-DESPRÉAUX. OEuvres poétiques, avec des notes par Ponce-Denys Trouchard Le Brun. — 1 vol. in-8°. Paris, F. Buisson, 1808.

212. — BOUILHET (L.). Melœnis, conte romain. — 1 vol. in-18. Paris, M. Lévy, 1857.

213. — CAMPENON (N.). La maison des champs; 2e édit., revue,

corrigée et augmentée de quelques poésies. — *1 vol. in-22. Paris, Delannoy,* 1810.

214. — CANONGE (J.). Le Tasse à Sorrente, poème; 4° édit. — *1 vol. in-22. Paris, Paulin édit.,* 1859.

215. — CASTELLAN (Ch.), créole de l'Ile de France. Les Palmiers. — *1 vol. in-18. Paris, Ch. Gosselin,* 1832.

216. — CHANSON DE ROLAND et le roman de Roncevaux des XII et XIII° siècles, publiés d'après les manuscrits de la Bibliothèque Bodléienne à Oxford et la Bibliothèque impériale, par FRANCISQUE MICHEL. — *1 vol. in-8°. Paris, Firmin Didot,* 1869.

217. — CHENEDOLLÉ. Le génie de l'homme, poème. — *1 vol. in-22, 2° édit. Paris, H. Nicolle,* 1812.

218. — COLARDEAU. Chefs-d'œuvre, poésies. — *2 vol. in-22. Paris, Raymond, libraire,* 1810.

219. — CORBIÈRE (PHILIPPE). Poésies religieuses et chrétiennes. — *1 vol in-8°. Paris, Cherbuliez, lib.,* 1839.

220. — DANTE. L'Enfer, le Paradis, le Purgatoire; traduit en français par A.-F. ARTAUD, avec le texte italien en regard. — *9 vol. in-22. Paris, F. Didot, 2° édition.*

221. — DAVID. Les Psaumes de David, mis en rimes françaises par Clément MAROT et Théodore de BÈZE. — *1 vol. in-8°. Charenton, A. Cellier,* 1666.

222. — DELAVIGNE. OEuvres complètes. — *4 vol. in-8°.*

* * — DELAVIGNE (CASIMIR). Poésies diverses. tome 4°. — *1 vol. in-12. Paris, F. Didot.* — (Voir N° 222.)

223. — DELILLE (J.). L'homme des champs, ou les Géorgiques françaises. — *1 vol. in-22. Strasbourg, Levrault, impr.,* 1800.

224. — DELILLE (J.). La gastronomie ou l'homme des champs à table, poème didactique en 6 chants. — *1 vol. in-22. Strasbourg,* 1800.

225. — DELILLE (J.). OEuvres choisies. — *1 vol. in-12. Paris, Didot,* 1862.

226. — DELILLE (J.). OEuvres complètes, avec le texte latin des

Géorgiques et de l'Enéide, le texte anglais du Paradis perdu de Milton, de nouvelles notes et une notice sur Delille. — *1 vol. gr. in-8°. Paris, Didot,* 1874.

227. — DEVANNOZ (Mme). Epîtres à une femme sur la conversation, suivies de poésies fugitives ; 2e édit. rev., corr. — *1 vol. in-22. Paris, Michaud frères, libr.,* 1812.

228. — DICTIONNAIRE DES RIMES. — *1 vol. in-32.*

229. — DODD (W^m). Beauties of Shakspeare. — *1 vol. in-18. Boston,* 1827.

230. — DORAT (M.). OEuvres complètes, en vers et en prose, recueillies et retouchées par lui-même. — *1 vol. in-18. Paris, S. Jarry,* 1769.

231. — DUCAMP (M.). Les convictions. — *1 vol. in-8°. Paris, Librairie nouvelle,* 1858.

232. — DUPLESSIS (Philippe). OEuvres posthumes de Ph. Duplessis, imprimées en exécution de son testament; œuvres poétiques avec le texte italien en regard. — *5 vol. in-8°. Paris, Didot,* 1853.

> I. Aristodème, tragédie; Philippe. — II. Antigone; Sophonisbe : Timoléon. — III. Polynice; Myrrha. — IV. Virginie; Saül. — V. Octavie; Mérope ; Poésies diverses.

233. — ÉLITE DE POÉSIES FUGITIVES, tomes 3, 4 et 5. (Les deux premiers manquent.) — *Londres,* 1754.

234. — ERCILLA (A. de), J. ZUNIGA. L'Araucana, poème épique espagnol; traduit complètement pour la première fois en français par A. Nicolas. — *2 vol. in-18. Paris, Delagrave, libr.-édit.,* 1864.

235. — FAVRE (M.), priou curat de Celanova. Obras patouézas. — *4 vol. in-18. Mountpeyé, anco de A. Virenque, librayré-editou, éditioun nouvela,* 1839.

> I. Lou Siège de Cadaroussa ; Lou Sermoun de Moussu Sistré ; Epigrama ; Lou Trésor de Substancioun ; Epitre à Madame d'Aoubouys ; l'Opéra d'Aoubouys ; la fan d'Erizictoun ; Traductioun de la 8e satira d'Horaça ; de queuquas épigramas de Marcial. — II. Odisséa d'Homéra. — III. Fin de l'Odisséa; Estrena a Monseig^r de Sen-Priest; Al même, lou jour de l'an; A de Malida ; Histouera de Jean-l'an-près. — IV. L'Eneida

236. — GAUTHIER (Th.). Poésies nouvelles. — 1 vol. in-12. Paris, Charpentier, libraire, 1863.

237. — GILBERT. OEuvres poétiques. — 1 vol. in-18.

** — GIRARDIN (Mme E. de), née Delphine Gay. Poésies; 1er vol. des OEuvres complètes. — (Voir N° 450.)

238. — GIRODET-TRIONON. OEuvres posthumes, suivies de sa correspondance. — 2 vol. in-4°. Paris, J. Renouard, 1828.

239. — GOUDOULIN (Pierre). Le ramelet-moundi, prumiero floureto à l'hurouszo memorio d'Henric le granc invincible rey de Franço et de Nabarro. — 1 vol. in-8°. A Toulouse, per Pierre Bosc, 1647.

240. — GRESSET. OEuvres, poésies. — 1 vol. in-8°. Paris, Daguin, libr., 1842.

241. — GUYARD (Stanislas). Théorie nouvelle de la métrique arabe, précédée de considérations générales sur le rhythme naturel du Languedoc; (extrait du *Journal Asiatique*). — 1 vol. in-8°. Paris, Impr. nationale, 1877.

242. — GUYAU. Vers d'un Philosophe. — 1 vol. in-18. Paris, Germer-Baillière et Comp., 1881.

243. — HOMÈRE. Iliade, traduit du grec par X. — Odyssée, traduit en vers français par Dugas-Montbel; 4° édition. — 3 vol. in-12. *Firmin Didot*, 1878.

244. — HUGO (V.). Odes et ballades. — 1 vol. in-18. *Paris, Charpentier*, 1841. = La Légende des siècles. — 1 vol. in-18. *Paris, Hachette*, 1862. = Les Voix, les Rayons, les Feuilles, les Chants. — 1 vol. in-18. *Paris*, 1841. = L'Année terrible. — 1 vol. gr. in-8°. *Michel Lévy frères, édit.*, 1872. = Les Chansons des rues et des bois. — 1 vol. in-18, 6° édit. *A. Lacroix*, 1867. = Les Contemplations. — 2 vol. in-18. *Paris, Hachette*. = Les Voix intérieures. — 1 vol. in-18. = Napoléon le petit. — 1 vol. in-18. = Les Châtiments. — 1 vol. in-18. = Le Rhin. — 1 vol. in-18. = Les Orientales, Voix intérieures, Rayons et Ombres. — 1 vol. in-18. = Les Feuilles d'Automne. — 1 vol. in-18. *Paris, Hachette*. = Les Misérables. — 4 vol. in-18.

245. — JAUFFRET (Adolphe). Fables choisies; traduction en vers

latins avec le texte en regard, suivies de diverses poésies latines. — 2 vol. in-18. Paris, Delalain, impr.-libr., 1828.

246. — KLOPSTOCKS. Werke. Dretter Band der Messias. — 2 vol. in-8°. Leipzig, 1800.

247. — LAFONTAINE. OEuvres, avec notes de tous les commentateurs et des notices historiques en tête de chaque ouvrage. — 3 vol. in-8° (le 3ᵉ manque). Paris, Dupont, libr.-édit., 1826.

248. — LAFONTAINE. OEuvres inédites, avec diverses pièces en vers et en prose qui lui ont été attribuées, recueillies pour la première fois par P. Lacroix. — 1 vol. in-8°. Paris, Hachette, 1863.

249. — LAFONTAINE. OEuvres complètes, avec une notice et des notes par Walckenaer. — 1 vol. gr. in-8°. Paris, Didot, 1874.

250. — LAMARTINE. La Chute d'un Ange et les Harmonies. — 2 vol. in-22. Paris, Gosselin, 1829.

251. — LAMARTINE. Méditations. — 2 vol. in-8°. Paris, Gosselin, 1837.

252. — LAMARTINE. OEuvres complètes publiées et inédites. — Paris, l'Auteur, 1860-66. 40 vol. gr. in-8° (au-dessus du faux titre du T. I. se lisent les mots « Mémoire et reconnaissance » signés du nom de Lamartine.

    I. Méditations. — II. Mort de Socrate, dernier chant du pèlerinage d'Harold. — III. Secondes Harmonies. Saül. Chant du Sacre. — IV. Jocelyn. — V. Des devoirs civils du curé. Épîtres et poésies diverses. Recueillements poétiques. — VI-VIII. Voyage en Orient. — IX-XV. Histoire des Girondins. — XVI. Chute d'un Ange. — XVII-XXII. Histoire de la Restauration. — XXIII-XXVIII. Histoire de la Turquie. — XXIX. Confidences. Graziella. — XXX. Nouv. confidences. Geneviève. — XXXI. Histoire de la Russie. — XXXII. Toussaint Louverture. Raphaël. Le tailleur de pierre de St-Point. — XXXIII. Nouv. Voyages en Orient. — XXXIV-XXXVI. Vies de quelques hommes illustres. — XXXVII-XL. Mémoires politiques.

253. — LEMER (J.). Les poètes de l'amour; recueil de vers français des XVᵉ, XVIᵉ, XVIIᵉ, XVIIIᵉ et XIXᵉ siècles. — 1 vol. in-32. Paris, Garnier frères, édit., 1850.

254. — LÉONARD (Jn). Début poétique, ou choix de poésies diverses. — 1 vol. in-18. Paris, Pigoreau, 1823.

255. — LOIZEROLLES. La mort de Loizerolles, poème. — *1 vol. in-8°. Paris, Don Dey-Dupré, impr. libr.*, 1828.

256. — MAIRET et autres. Chefs-d'œuvre poétiques. — *1 vol. in-22.*

257. — MALHERBE (Fr.). Poésies, avec un commentaire inédit par André Chénier. — *1 vol. in-12. Paris, Charpentier, édit.*, 1842.

258. — MARÉCHAL (Sylvain). Bibliothèque des amants; Odes érotiques. — *1 vol. in-32. Paris, Duchesne, libraire.*

* * — MAXIMIEN. Élégies. — (Voir Bibliothèque latine, N° 38.)

259. — MERCOEUR (E.). Poésies. — *1 vol. in-12. Paris, Crapelet, impr. édit.*, 2ᵉ *édition.*

260. — MILLEVOYE. Œuvres complètes, dédiées au roi et ornées d'un beau portrait. — *2 vol. in-8°. Paris, Ladvocat, libr.*, 1822.

261. — MISTRAL. Mireio, poème provençal, avec la traduction littéraire en regard. — *1 vol. in-18. Paris, Charpentier et Comp.*

262. — MOREAU (E.). Rêves d'une jeune fille. — *1 vol. in-8°.*

263. — MOREAU (H.). Le Myosotis; nouvelle édition, augmentée du Diogène et des pièces posthumes inédites et précédées d'une notice biographique, par M. Sᵗᵉ Marie Marcotte. — *1 vol. in-12. Paris, Hargana, libr.-édit.*, 1840.

264. — MUSE VIRILE, par divers. — *1 vol. in-18. Paris, Renaud, édit.*, 1865.

* * — MUSSET (A. de). Poésies. — *2 vol. in-12. Paris* (Voir N° 515).

* * — MUSSET (Ad.). Œuvres posthumes. — *1 vol. in-12.* (Voir N° 515.)

* * — NÉMESIEN. Cynégétiques. — (Voir Bibliothèque latine, N° 38.)

* * — OVIDE. Œuvres complètes, par Baudement. — (Vʳ Bibliothèque latine, N° 38.)

265. — PARNY. Œuvres complètes, précédées d'une notice et d'une romance sur la mort de l'auteur, par J. de Béranger. — *2 vol. in-22. Paris*, 1833.

* * — PERSE. Satires. — (Voir Bibliothèque latine, N° 38.)

266. — PEYROT (Claude). Œuvres patoises, dans lesquelles on trouve les quatre Saisons ou les Géorgiques patoises; suivies

de plusieurs pièces fugitives qui n'ont jamais vu le jour. — *1 vol. in-8°. Millau, Chausson, impr., 2ᵉ édition, an XIII.*

267. — PIRON. OEuvres choisies avec une analyse de son théâtre et des notes, par J. TROUBAT, précédées d'une notice de SAINTE-BEUVE. — *1 vol. in-18. Paris, Garnier frères, édit.*

* * — PROPERSE. Élégies. — (Voir BIBLIOTHÈQUE LATINE, N° 38.)

268. — PULKOWNIK. Powiésé w Dwock czesciach. — *1 vol. in-18. Payz, 1858.*

269. — REBOUL (J.) de Nimes. Poésies nouvelles. Le dernier jour, poème en dix chants. — *1 vol. en 2 tomes in-12. Paris, Charpentier, édit., 1846.*

270. — REGNARD. OEuvres poétiques. — *5 vol. in-18. Paris, Didot, 1801.* (Voir détails S. II, S. 5.)

271. — REGNIER (MATHURIN). OEuvres poétiques. — *1 vol. in-18. Paris, Belin, impr., 6ᵉ tirage stéréotype, 1812.*

272. — RICHEPIN (J.). La Chanson des Gueux. — *1 vol. in-12. Paris.*

273. — RIGAUD (AUGUSTA) et RIGAUD (CYRILLE). Obras complétas in patouès dé Mounpeyé séguidas d'un chouès dè romanças et cansous patouésas de divers aouteurs; 3ᶜᵐᵃ ediciun. — *2 vol. in-18. Mounpéyé, 1845.*

274. — ROCH (H.), ferblantié. Lou portéfuia de l'ouvrier, recul de pouezias languedociennes. — *1 vol. in-12. Mounpeié, Gras, impr.-libr., 1861.*

275. — RONSARD. OEuvres complètes. — *8 vol. in-18. Paris, libr. Franck, 1867.*

276. — ROUCHER. Les Mois. — *2 vol. in-18. Paris, Brissot, lib., 1826.*

277. — ROUMANILLE (J.). Li Prouvençalo, poésies diverses. — *1 vol. in-18. Avignon, Seguin, 1852.*

* * — ROUSSEAU (J.-J.). Poésies; 3ᵉ vol. des OEuvres complètes. — (Vʳ N° 553.)

278. — ROUSSEAU (J.-B.). OEuvres choisies, à l'usage des lycées et des écoles. — *1 vol. in-22. Paris, stéréotype d'Herhan, 1805.*

279. — ROUSSEAU (J.-B.). OEuvres choisies. — *1 vol. in-22 même que le précédent*, 1805.

** — RUTILIUS Numatien. OEuvres poétiques; itinéraire de Rutilius Numatien Consulaire. — (Voir Bibliothèque latine, N° 38.)

280. — SAINTE-BEUVE. Poésies complètes. *1 vol. in-18. Paris, Charpentier, libr.*, 1845.

281. — SAINT-LAMBERT. Les Saisons, poème. — *1 vol. in-22. Amsterdam, 6ᵉ édit.*, 1782.

282. — SATIRIQUES (Les) des XVIIIᵉ et XIXᵉ siècles. — *1 vol. in-12. Paris, Delahays, édit.*, 1858.

283. — SCARRON. Le Virgile travesti en vers burlesques. — *1 vol. in-12. Paris, Delahays*, 1858.

284. — SCHILLER. OEuvres complètes. — *1 vol. gr. in-8°, texte allemand. Stuttgard*, 1840.

** — SILIUS Italicus. OEuvres. — (Voir Bibliothèque latine, N° 38.)

285. — SIMONIN (J.-B.) Le mérite des femmes travesti, poème burlesque. — *1 vol. in-18. Paris, Louis, libr.*, 1823.

286. — SOUMET (A.). Jeanne d'Arc; Trilogie nationale dédiée à la France. — *1 vol. in-8°. Didot, libr.*, 1846.

** — STACE. OEuvres complètes, par Arnould. — (Voir Bibliothèque latine, N° 38.)

** — SULPICIA. Satires. — (Voir Bibliothèque latine, N° 38.)

287. — TANDON. Fables, contes, etc. — *2 vol. in-12.*

288. — TASSE. La Jérusalem délivrée, traduction en vers français en regard par Vannay. — *2 vol. in-8°. Paris, Hachette.*

289. — TAUNAY (H.). La Jérusalem délivrée; traduite en vers français avec le texte italien en regard. — *3 vol. in-8°. Paris, Hachette*, 1846.

290. — THOURNON. Poésies diverses. — *1 vol. in-12.*

** — TIBULLE. Elégies. (Voir Bibliothèque latine, N° 38).

291. — TICHY (H.). Premières poésies. Selma, journal d'un inconnu. Yvonne. Confidences d'une mère. — *3 vol. in-18 (offerts*

par l'Auteur). Paris, Amyot, 1876. = Roses et Paquerettes, Marines et Paysages, ébauches poétiques. — *3 vol. in-18. Paris, Libr. des bibliophiles*, 1886.

292. — TRÉSOR DU PARNASSE, ou le plus joli des recueils. — *6 vol. in-22. Londres*, 1770.

** — TURNUS. Satires. — (Voir BIBLIOTHÈQUE LATINE, N° 38.)

293. — VEUILLOT (Louis). Satires. — *1 vol. in-18. Paris, Perisse frères*, 1864.

294. — VIENNET. La Franciade en 10 chants. — *1 vol. in-12. Paris, H. Pilon, impr.-édit.*, 1863.

295. — VIENNET. Fables. — *1 vol. in-12. Paris, Paulin, libr.-édit.*, 1843.

296. — VIGNY (ALFRED DE). OEuvres. — *6 vol. in-18. Paris, Calmann-Lévy*, 1880.

    I. Cinq Mars. — II. Poésies complètes. — III. Servitudes et grandeurs militaires. — IV. Stella. — V. Journal d'un poète. — VI. Théâtre.

** — VIRGILE. OEuvres complètes, par NISARD. — (Voir BIBLIOTHÈQUE LATINE, N° 38.)

297. — VOLTAIRE. Recueil de pièces fugitives. — *1 vol. in-8°. Paris*, 1740.

298. — VOLTAIRE. OEuvres complètes, avec des notes et une notice sur la vie de Voltaire. — *13 vol. gr. in-8°. Paris, Didot, 1874, édition ornée de gravures, avec table analytique des matières.*

299. — YOUNG. Les Nuits; traduites de l'anglais, par LETOURNEUR. — *2 vol. in-8°. Paris, Duprat-Duverger*, 1811.

CINQUIÈME SECTION.

THÉATRE.

300. — ABOUT. Gaétana, drame en 5 actes, avec préface inédite et postface. — *1 vol. in-8°. 5ᵉ édition. Paris, Michel Lévy,* 1862.

301. — ANDRIEUX (G.-J.), membre de l'Institut de France. OEuvres. — *6 vol. in-22. Paris, Nepveu,* 1822.

<blockquote>
I. Alexandre, comédie ; les Étourdis, Helvétius, la Suite du Menteur, comédie en 5 actes. — II. Molière avec ses amis, comédie; le Trésor, le Manteau. — III. Le vieux Fat, la Comédienne, Quelques scènes impromptu. — IV. Poésies diverses. — V. Prologue des Querelles des deux frères; Changements proposés pour Polyeucte et Nicomède, etc. — VI. Poésies fugitives.
</blockquote>

** — ARISTOPHANE. OEuvres; traduites par C. Poyard, avec une introduction et des notes. — *1 vol. in-18. Paris, Hachette,* 1875. — (Vʳ N° 9.)

** — SCÈNES D'ARISTOPHANE, traduites en vers français, par E. Fallet. — *1 vol. in-18.* — (Vʳ N° 10.)

** — ARNAULT (A.-V.). Théâtre. — (Vʳ N° 70.)

** — AUGIER (E.). Théâtre complet et œuvres diverses. — *7 vol. in-18. Paris, Calmann-Lévy,* 1881.

<blockquote>
I. La Ciguë, Un homme de bien, l'Aventurière, l'Habit vert, Gabrielle, le Joueur de flûte. — II. Diane, Philiberte, le Gendre de M. Poirier, Ceinture dorée. — III. La Pierre de touche, le Mariage d'Olympe, la Jeunesse, Sapho. — IV. les Lionnes pauvres, Un beau Mariage, les Effrontés. — V. Le fils de Giboyer, Maître Guérin, la Contagion. — VI. Paul Forestier, le Post-scriptum, Lions et renards, Jean de Thommeray, Madame Caverlet. — VII. OEuvres diverses. — (Voir N° 11.)
</blockquote>

302. — AUGIER (E.). Le fils de Giboyer, comédie en 5 actes en prose; 2ᵉ édition. — *1 vol. gr. in-8°. Paris, Michel Lévy,* 1863.

303. — BARBIER (A.). OEuvres complètes. — *6 vol. in-18. Dentu.*

<blockquote>
I. Iambes et poèmes. — II. Silves et rimes légères. — III. Trois passions. — IV. Études dramatiques. — V. Histoire de voyage. — VI. Contes du soir. — (Voir N° 202.)
</blockquote>

304. — BARRIÈRE (Th.) et CRISAFULLI. Le Démon du jeu, comédie en 5 actes. — *1 vol. in-18. Paris, M. Lévy, 1863.* = Malheur aux vaincus, comédie en 5 actes en prose, avec une préface; pièce interdite par la Commission d'examen. — *1 vol. in-8°. Paris,* 1866.

305. — BARTHE. OEuvres choisies, édition stéréotype. — *1 vol. in-22. Paris, Didot l'aîné,* 1811.

306. — BEAUMARCHAIS. OEuvres complètes, précédées d'une notice sur sa vie et ses ouvrages, par St-Marc-Girardin. — *1 vol. gr. in-8°. Paris, Didot,* 1874.

307. — BOIGNÉ (Ch. de). Petits mémoires de l'Opéra. — *1 vol. in-18. Paris, librairie nouvelle,* 1857.

308. — BOUILHET (L.). Faustine, drame en 5 actes et 9 tableaux. *1 vol. in-18. Paris, Michel Lévy, édit.,* 1864.

309. — BYRON (Lord). OEuvres complètes; traduction de A. Pichot. — *4 vol. in-18. Paris, Garnier frères, libr.-édit.,* 1877.

310. — BYRON (Lord). OEuvres complètes; traduction d'Amédée Pichot; 2ᵉ édit., accompagnée de notes historiques et littéraires. — *1 vol. gr. in-8° raisin. Paris, Furne et Comp., libr.-édit.,* 1838.

311. — CASTI (Giambaptista). Poésie drammatiche. — *2 vol. in-18. Parigi,* 1821, *presso L. Tenrè.*

312. — CONSTANT (B.). Réflexion sur le théâtre allemand. — *1 vol. in-12. Paris, Charpentier,* 1839.

313. — CORNEILLE (P. et Th.). Théâtre, avec notes et commentaires. — *2 vol. in-12, Paris, Didot,* 1843.

    I. Le Cid, Horace, Cinna, Polyeucte, Pompée, le Menteur. — II. Rodogune, Héraclius, Don Sanche d'Aragon, Nicodème, Sertorius; OEuvres choisies de Thomas : le comte d'Essex, le Festin de Pierre.

314. — CORNEILLE (Pierre). Chefs-d'œuvre. — *3 vol. in-22. Paris, Didot,* 1800, *édition stéréotype.*

    I. Vie de Corneille; le Cid, Horace, Cinna. — II. Polyeucte, le Menteur, Pompée, Rodogune. — III. Héraclius, don Sanche d'Aragon, Nicodème; Sertorius.

315. — CORNEILLE (P.). OEuvres complètes, suivies des œuvres

choisies de Th. CORNEILLE. — *2 vol. in-8° raisin, avec les notes de tous les commentateurs. Paris, F. Didot frères*, 1874.

316. — CORNEILLE (P.). Le théâtre ; nouvelle édition revue, corrigée et augmentée de ses œuvres diverses, enrichie de figures en taille-douce. — *3 vol. in-18. Amsterdam, Chatelain*, 1740.

317. — CRÉBILLON. Œuvres; nouvelle édition r., augmentée de la vie de l'auteur. — *3 vol. in-22. Paris, Caille, libraire*, 1796.

318. — DELAVIGNE (C.). Théâtre. — *1 vol. in-12. Paris, Charpentier, libr. édit.*, 1840.

319. — DUMAS fils (A.). Théâtre. — *6 vol. in-18. Paris, Calmann-Lévy, libraire*.

> I. La dame aux Camélias, Diane de Lys, le Bijou de la Reine. — II. Le Demi-Monde, la Question d'argent. — III. Le Fils naturel, le Père prodigue. — IV. L'Ami des femmes, les Idées de M. Aubray. — V. Une Visite de noces, la Princesse Georges, la Femme de Claude. VI. M. Alphonse, l'Héritière.

— DUMAS (A.). Entr'-actes. — *3 vol. in-18.*

320. — ESCHYLE. Tragédies, traduites par BOUILHET. — *1 vol. in-18. Paris, Hachette*, 1865.

321. — EURIPIDE. Théâtre ; traduction nouv., précédée d'une notice biographique et littéraire, accompagnée de notes explicatives. — *2 vol. in-12. Paris, Charpentier, édit., 3° édit.*, 1880.

322. — FEUILLET (O.). Scènes et proverbes, et scènes et comédies. — *2 vol. in-18. Paris.*

** — GIRARDIN (Mme E. de). Théâtre, 6me vol. des œuvres complètes. — (Voir N° 450).

323. — GOETHE. Faust, suivi du second Faust, par GÉRARD. — *1 vol in-12. Paris, Gosselin*, 1843.

324. — GOETHE. Hermann et Dorothée ; traduction française par B. LÉVY, avec le texte allemand et des notes. — *1 vol. in-18. Paris, Hachette*, 1874.

325. — GUARINI (B.). Il Pastor fido, tragicomédia pastorale, ou le Berger fidèle ; traduit de l'italien, augmenté dans cette édition des rimes italiennes et de belles figures en taille-

douce. — *1 vol. in-18, texte italien et traduction française. Lyon, de la Roche, 1720.*

326. — HUGO (V.). Théâtre. — *4 vol. in-18. Paris, Hachette.*
    I. Cromwell. — II. Hernani, Marion de Lorme, le Roi s'amuse. — III. Lucrèce Borgia, Marie Tudor, Angelo. — IV. La Esméralda, Ruy-Blas, les Burgraves.

327. — HUGO (V.). Théâtre. Hernani, le Roi s'amuse, Marion de Lorme. — *1 vol. in-18. Paris, Charpentier, libr. édit.*, 1841. = Cromwell. — *1 vol. in-18*, 1841.

328. — JOHNSON (D.). La Comédie politique en Europe ; traduite de l'anglais par A. Mazon ; 2ᵉ édition. — *1 vol. in-18. Paris, E. Plon et Comp., imprimeurs édit.*, 1880.

** — LAJARTE (Th.). Curiosités de l'Opéra. — (Voir N° 1874).

** — LE SAGE. Œuvres complètes. — (Voir N° 190).

329. — MACHIAVEL. Œuvres littéraires, traduction Périès ; édition contenant les comédies, poésies, contes, fantaisies, mélanges d'histoire et lettres familières ; avec introduction, notices et notes de Ch. Lauandre. — *1 vol in-12. Paris, Charpentier, libr. édit.*, 1851.

330. — MAGASIN THÉATRAL, ou choix de pièces nouvelles jouées sur tous les théâtres de Paris. — *6 vol. in-4°. Paris, Marchant édit.*, 1843.
    I. Marino Faliéro, tragédie par De la Vigne ; l'Homme du siècle, par Prosper ; le Royaume des femmes ou le monde à l'envers, Desnoyer ; le Sauveur, L. Alevy ; l'Amitié d'une jeune fille, Valery et Gervais ; Je serai comédien en acte, Desnoyer ; le Curé Mérino, Malland ; Antoni, A. Dumas ; le Mari d'une comédienne, Bayard ; Les 4 âges du Palais Royal, Théolong ; Juliette, drame, Albert ; Une Dame de l'Empire, Ancelot ; la Paysanne demoiselle, Xavier ; les Liaisons dangereuses, Ancelot ; Un de plus, P. de Kock ; le Doigt de Dieu, Montigny ; l'Honneur dans le crime, Malland ; Catherine Howard, A. Dumas ; Une Passion, Varen ; Pécherel l'empailleur, Duver ; Estelle ou le père et la fille, Scribe ; l'Apprenti ou l'art de faire une maîtresse, Cognard ; Salvoisy ou l'amoureux de la reine, Scribe ; l'Estocq ou l'intrigue et l'amour, Scribe ; Turiaf le pendu, Dumanoir ; le Capitaine Rolland, Varenc ; la Nappe et le Torchon, Vanderburg ; les Duels ou la famille Darcourt, Mélesville ; l'Ambitieux, Scribe ; le Commis et la Grisette, P. de Kock ; Heureuse comme une princesse, Ancelot.

II. L'Année sur la sellette, Vaillard ; le Secret de mon oncle, Varenc ; la Nouvelle Héloïse, Desnoyer ; Gaspardo le pêcheur, Bouchardy ; la Chevalière Déon, Dupetit ; le Postillon de Lonjumeau, Delevin ; Austerlitz, Cornut ; le Muet de St-Malo, Varenc ; le Riche et le Pauvre, E. Souvestre ; Stradella, Duport ; la Laitière et les deux Chasseurs ; Xavier ; Huit ans de plus, Arnoult ; la Champmeslé, Ancelot ; Michel ou amour et menuiserie, Duvert ; les sept Enfants Lara, Mallefille, Paraviédés, Père et Fils, Malesville ; le Portefeuille ou deux familles, Bourgeois ; la Marquise de Senneterre, Mélesville ; Caligula, A. Dumas ; l'Ile de la Folie, Cognard ; la Dame de la halle, Dupetit ; les Saltimbanques, Dumersant ; A trente ans ou une femme raisonnable, Rosier ; l'Élève de Saint-Cyr, Cornut ; Marcel ou intérieur d'un ménage ; Auger ; la Maîtresse de langues, Saint-Georges ; le Cabinet de Lustucru, Jaime ; l'Interdiction, Souvestre ; la Pauvre Fille, Bourgeois ; Isabelle, deux jours d'expérience, Ancelot ; la petite Maison, Ancelot ; la Demoiselle majeure, Varenc ; Mme et M. Pinchon, Bayard ; Mademoiselle Dangeville, de Villeneuve.

III. La femme au salon et le mari à l'atelier, Malliam ; Moustache, P. de Kock ; les Droits de la femme, Th. Muret ; Monsieur de Coyllin ou l'homme infiniment poli, Marc Michel ; la Pièce de 24 sous, Melesville ; la Fille de l'air dans son ménage, Delaporte ; Philippe III, Andraud ; l'Orphelin du parvis de Notre-Dame, Guénée ; la Croix de feu, Fontan ; Plock le pêcheur, Autier ; Léonce ou propos de jeune homme, Bayard ; l'Escroc du grand monde, Ancelot ; les Trois Dimanches, Cogniard ; les Chiens du Mont Saint-Bernard, Autier ; la Figurante, Scribe ; la Comtesse de Chamilly, Ancelot ; le Sonneur de Saint-Paul, Bouchardy ; Mademoiselle Depetit ; Maria Padilla, Rosier ; Paul Jones, A. Dumas ; le Brasseur de Preston, Delaveu ; Françoise de Riminy, Ostrowski ; Lady Nel Vil, Saint-Georges ; Tronquette la somnambule, Cogniard ; le Discours de rentrée, Rougemont ; Pierre d'Arrezo, Arétin ; les Coulisses, Cogniard ; le Marquis en gage, Melesville ; le Puff, Ruy-Blac ; Claude Stocq, Fournier ; Jeanne Hachette, Bourgeois.

IV. Il était temps, Léonce ; l'Article 960 de la donation, Ancelot ; l'Art de ne pas monter sa garde, Barthélemy ; l'Ange dans le monde et le Diable à la maison, Decouray ; Christine à Fontainebleau, Soulier ; les Chevaux du Carrousel, P. Fouché ; Laurent de Médicis, Bertrand ; les Trois Beaux-frères, Bayard ; Revue et corrigée, de Saint-Hilaire ; Un Coup de mer, Sauvage ; Christophe le Suédois, Bouchardy ; le Proscrit, Soulié ; le Massacre des Innocents, Meilland ; Thomas l'égyptien, Cogniard ; Clémence ou la fille de l'avocat, Mme Ancelot ; le Château de Saint-Germain, Halévy ; les Bamboches de l'année, Cogniard ; le Commissaire extraordinaire, Duver ; Deux couronnes, Moreau ; les Enfants de troupe, Bayard ; l'Ouvrier, Soulié ; le Tremblement de terre de la Martinique, DEMERY; la Famille du fumiste, WARNIER; les Intimes, XAVIER; la Madone, HALÉVY; les Prussiens en Lorraine, LEMOINE; Rolland furieux, COGNIARD; Un Secret, ARNOULD; l'Abbaye de Castro, VINAUX; la Famille de Lusigny, SOULIÉ.

V. Vautrin, de BALZAC; l'Ouragan, COGNIARD; Aubray le médecin, DESNOYER; les Amours et les Mœurs, Mme ANCELOT; les Dîners à 30 sous, COGNIARD; Aînée et cadette, E. SOUVESTRE; le Fils du bravo, BOUCHARDY; Bonaventure, DUPETIT; l'Éclat de rire, J. ARAGO; Cocorico, une poule à ma tante, DEVILLENEUVE; Souvenir de la marquise de V***, FOURNIER; la Jolie Fille du faubourg, P. de KOCK; le Fin mot, DANDRÉ; le Château de vermeil, POUJOL; la Maréchale d'Ancre, JACOB; les Pages et les Poissardes, ROCHEFORT; Bocquet père et fils, LAURENCIN; le Mari de ma fille, ANCELOT; Paula, CHABOT; Mon ami Cléobul, ARAGO; Edith, ANTONY-BÉRAUD; Un Roman intime, FOURNIER; Lazare le pâtre, BOUCHARDY; l'École des journalistes, Mme E. de GIRARDIN; Cicili ou le lion amoureux, SCRIBE; Newgate ou les voleurs de Londres, SAUVAGE; le Père Marcel, Mme ANCELOT.

VI. L'Hospitalité, CHABOT; le Guitarrero, SCRIBE; la Fête des fous, ARNOULD; la Favorite, ROYER; le Neveu du mercier, MALLEFILLE; le Perruquier de l'Empereur, DUPETIT; Zacharie, ROSIER; Tiridate, FOURNIER; la Bouquetière des Champs-Élysées, P. de KOCK; Jacques Cœur, BOURGEOIS; l'École des jeunes filles, VALDOR; la Protectrice, E. SOUVESTRE; Manche à manche, ROSIER; Un Mariage sous Louis XV, A. DUMAS; Fabio le Novice, LAFONT; les Demoiselles de Saint-Cyr, A. DUMAS; les Gants jaunes, BAYARD; les Beignets à la Cour, AUTIER; Renaudin de Caen, DUVERT; Louis XI, C. DELAVIGNE; le Verre d'eau, SCRIBE; Louise Bernard, A. DUMAS; le Théâtre et la Cuisine, P. de KOCK; les Enfants d'Édouard, C. DELAVIGNE; Jean-Jean don Juan, de ROUGEMONT; les Bohémiens de Paris, DEMERY; Mémoires du diable, E. ARAGO; Mathilde, PIAT; les Iles Marquises, COGNIARD; la Main droite et la Main gauche, GOZLAN; les Mystères de Paris, E. SUE.

* * — MAIRET, DURYER, ROTROU et DESMARETS. Chefs-d'œuvre. — *1 vol. in-22. Paris,* 1880. — (Voir N° 256.)

331. — MÉRIMÉE (P.). Théâtre de la Clara Gazul. — *1 vol. in-18. Charpentier, libr. édit.,* 1842.

332. — MOLIÈRE (POQUELIN). OEuvres, avec des notes de tous les commentateurs. — *2 vol. in-12. Paris, Didot,* 1844.

333. — MOLIÈRE (P.). OEuvres. — *6 vol. in-22.*

* * — MUSSET (A.). Comédies; tomes I et II des OEuvres complètes. — *In-12. Paris, Charpentier, édit.* — (Voir N° 522.)

334. — MUSSET (Paul de). Monsieur le Vent et Madame la Pluie, vignettes de Gérard Séguin. — *1 vol. in-12. Paris, J. Hetzel,* 1846.

335. — NÉRICAULT-DESTOUCHES. OEuvres dramatiques. — *10 vol. in-22. Nouvelle édition, revue, corrigée et augmentée de 4 pièces. Paris, Prault père,* 1772.

I. Le Curieux impertinent, l'Ingrat, l'Irrésolu. — II. Le Médisant, le Triple Mariage, l'Obstacle imprévu. — III. Le Mari honteux de l'être, la Critique du philosophe marié, les Philosophes amoureux. — IV. La fausse Agnès ; le Glorieux. — V. Le Tambour nocturne, le Dissipateur ou l'honnête friponne, l'Ambitieuse ou l'indiscrète, l'Enfant gâté, le Mariage de Ragonde et de Colin, les Fêtes de l'inconnu, la Fête de la Nymphe Lutèce. — VII. Scène de l'aimable vieillard, du Tracassier, le Vindicatif, Scènes angoisses, du Protée, l'Amour usé, Prologue du Curieux impertinent, de l'Ambitieux. — VIII. L'Homme singulier, la Force du naturel. — IX. Le Jeune homme à l'épreuve, le Trésor caché, le Dépôt. — X. Le Mari confident, l'Archimenteur ; Discours académiques, le Tombeau de Néricault-Destouches.

336. — PAILLERON (E.). Les faux Ménages, comédie en 4 actes en vers. — *1 vol. in-8°. Paris, Michel Lévy frères, édit.,* 1869.

337. — PESSELIER. La Mascarade du Parnasse, comédie en 1 acte, en vers ; l'École du temps ; Esope. — *1 vol. in-8°. Paris, Duchesne,* 1758.

338. — PIÈCES DE THÉATRE. — *1 vol. in-18. Tolose, Colomiez,* 1652.

La Mort de César, la Mort des enfants d'Hérode, le Martyre de St-Eustache, la Mort de Chrispe, la Mariane, les Visionnaires.

339. — PIÈCES DE THÉATRE, de divers auteurs. — *1 vol. in-8°.*

Florian, M. Guillaume, Joseph, M. De Crac, la Fille Hussard, le Devin du village, le Consentement forcé, Isabelle et Gertrude.

340. — PIÈCES DE THÉATRE, par divers. — *3 vol. in-12.*

I. Le Chiffonnier de Paris, le Trottin de la modiste, Hamlet, prince de Danemark ; Gentil Bernard, ou l'art d'aimer ; Diogène, l'École des familles. — II. Notre-Dame des Anges, la Marâtre, Catilina, les Nuits blanches, Macbeth, le Fils du diable, les Trois Rois, Ce que femme veut, le Fruit défendu. — III. Le Nœud Gordien, Rose et Marguerite, Lavater, le Marquis de Lauzun, Un Mari qui se dérange, la Reine Argot, Jacques le fataliste, Hortense de Blengie, Cléopâtre, la Dernière conquête, le Pouvoir d'une femme.

** — PIRON. OEuvres choisies, avec une analyse de son théâtre et des notes par J. TROUBAT, précédées d'une notice de SAINTE-BEUVE. — *1 vol. in-18. Paris, Garnier.* — (Voir N° 266.)

** — PLAUTE. Théâtre. — (Voir N° 38.)

341. — PONSARD (F.). OEuvres complètes. — *3 vol. in-8°. Paris, Michel Lévy frères, édit.*, 1865.

> I. Lucrèce, Agnès de Méranie, Charlotte Corday, Horace et Lydie. — II. Homère, Ulysse, l'Honneur et l'Argent, la Bourse, Ce qui plaît aux femmes. — III. Le Lion amoureux, Galilée, Molière à Vienne, Variante au 5° acte de Charlotte Corday; Poésies diverses.

342. — PONSARD (F.). Galilée, drame en 3 actes, en vers. — *1 vol. gr. in-8°. Paris, Michel Lévy frères, libr.-édit.*, 1867.

343. — RACINE. OEuvres, avec une notice sur sa vie, par L.-S. AUGER. — *1 vol. in-12. Paris, Lefèvre, libr.*, 1838.

344. — RACINE (J.). OEuvres, précédées des mémoires sur sa vie, par L. RACINE. — *1 vol. gr. in-8°. Paris, Didot, libr.-édit.*, 1837.

** — REGNARD (V.). OEuvres poétiques. — *5 vol. in-18. Paris, Didot*, 1801. — (Voir N° 270.)

> I. La Sérénade, le Bal; le Joueur; le Distrait. — II. Attendez-moi sous l'orme, Démocrite, le Retour imprévu, les Folies amoureuses, le Mariage de la folie. — III. Les Jumeaux; Épître à Despréaux; Prologue; le Légataire universel, Critique du Légataire, les Souhaits, les Vendanges. — IV. Sapor, le Carnaval de Venise, Prologue, Orfo nell'inferno, Orphée aux enfers, le Bal; Poésies diverses; Satire contre les maris; la Provençale; Voyage de Normandie; Voyage de Chaumont. — V. Voyage de Flandre et de Hollande, du Danemark, de la Suède, de la Laponie, de Pologne, d'Allemagne.

** — SAINT-MARC-GIRARDIN. Cours de littérature dramatique, ou à l'usage des passions dans le drame. — *5 vol. in-18. Paris, Charpentier, éditeur.* — (Voir N° 128.)

345. — SAND (MAURICE). Masques et bouffons, comédie italienne; texte et dessins par M^{ce} SAND, gravures par A. MANCEAU, préface par Georges SAND.

346. — SARDOU (V.). Les Ganaches, comédie en 4 actes. — *1 vol. in-18. Paris, Michel Lévy frères, libr.-édit.*, 1863.

347. — SCHILLER. OEuvres complètes, par RÉGNIER. — *8 vol. in-8°. Paris, Hachette et Comp.*

** — SCHILLERS Sämmtliche Werke in einem bande. — *1 vol. in-4°. Stuttgart,* 1840. — (Voir N° 284.)

348. — SCHILLER. OEuvres dramatiques; traduction de BARANTE, avec une étude sur Schiller, des notices sur chaque pièce et des notes. — *3 vol. in-12. Paris, Didier, édit.-libr.,* 1870.

349. — SCRIBE (E.). Théâtre. — *8 vol. in-8°. Paris, André, libr.-édit.,* 1843.

I. Caroline, le Ménage de garçon, l'Avare en goguette, les Adieux au comptoir, la Carte à payer, le vieux Mari, Théobald, la Famille du baron. — II. Le Valet de son rival, Farinelli, la Jarretière de la mariée, Frère Philippe, le Mystificateur, le Témoin, l'Oncle d'Amérique, les Actionnaires, Zoé. — III. Le Fou de Péronne, le Bal champêtre, la Bohémienne, les Héritiers de Crac, le Moulin de Javelle, Salvoisy, Estelle. — IV. Leicester, les Deux nuits, la Marquise de Brinvilliers, la Médecine sans médecin, l'Estocq, le Chalet. — V. La Camaraderie, les Indépendants, la Calomnie, Japhet ou recherche d'un père. — VI. Le Verre d'eau, la Grand'-Mère, le Serment, Ali-Baba, Guido et Ginevra. — VII. Les Huguenots, le Lac des fées, la Xacarilla, les Martyrs, le Cheval de bronze, Actéon, l'Ambassadrice. — VIII. Le Domino noir, les Treize, Polichinelle, la Reine d'un jour, Zanetta.

350. — SCRIBE (E.). OEuvres incomplètes. — *6 vol. in-4° en seize tomes.*

V-VI. La Camaraderie, Dix ans de la vie d'une femme, le Café des Variétés, le Verre d'eau, la Calomnie, l'Ambitieux, le Menteur véridique, le Valet de son rival, les Grisettes, le Parrain, Valérie, les Indépendants, le Mariage d'argent, les Inconsolables, la Passion secrète, la Grand'-Mère, Rodolphe, la Haine d'une Femme, Vatel; Avant, pendant et après; le Charlatanisme, Bertrand et Raton.

VII-VIII. La Bohémienne, les Adieux au comptoir, Japhet, le Bal champêtre, la Jarretière de la Mariée, la Mansarde des Artistes, les Premières Amours, le Coiffeur et le Perruquier, le Plus beau Jour de la vie, la Carte à payer, le Baiser au porteur, l'Héritière, le Château de la Poularde, Farinelli, la Lune de miel, le Diplomate, le Mariage de raison, la Marraine, Coraly, le Solliciteur, la Chatte métamorphosée en Femme, la Demoiselle à marier, Malvina, Madame de Saint-Agnès, le Vieux Mari, Yelva ou l'Orpheline Russe, les Deux Précepteurs, Simple Histoire, l'Oncle d'Amérique, les Deux Maris, les Moralistes, la Belle-Mère, le Médecin de Dames, Aventures et Voyages du petit Jonas, Une Visite à Bedlam, les Élèves du Conservatoire, la Volière du frère Philippe, la Manie des places, le Mystificateur.

IX-X. La Quarantaine, Caroline, l'Ennui, les Manteaux, les Empiriques d'autrefois, l'Ambassadeur, la Somnambule, Frontin, mari-garçon, le Secrétaire et le Cuisinier, le Colonel, le Confident, le Fou de Péronne, Une Nuit de la Garde Nationale, l'Auberge ou les Brigands sans le savoir, la Petite Sœur, le Mariage enfantin, le Ménage de Garçon, Partie et Revanche, l'Artiste, Michel et Christine, Philibert marié, Mémoires d'un Colonel de Hussards, le Nouveau Pourceaugnac, la Demoiselle et la Dame, ou avant et après; le Combat des montagnes, le Prophète, l'Enfant prodigue, la Part du Diable, la Sirène, les Diamants de la Couronne, Ne touchez pas à la Reine, Haydée, Giralda, la Dame de Pique, le Fils de Cromwell.

XII-XIII. Une Chaine, Oscar, le Puff, Bataille de Dames, Geneviève, la Protégée sans le savoir, Jeanne et Jeanneton, Irène, O Amitié, Une Femme qui se jette par la fenêtre, Héloïse et Abailard, l'Intérieur de l'étude, le Vieux Garçon et la Petite Fille, la Vengeance italienne, l'Ours et le Pacha, la Grande Aventure, les Eaux du Montlor, l'Écarté, le Moulin de Javelle, le bon Papa, le petit Dragon, Camilla, le Lorgnon, les Malheurs d'un amant heureux, le Gastronome sans argent, Estelle, les trois Maîtresses, Salvoisy, la Chanoinesse, Toujours, l'Avare en goguette.

XIV-XV. La Dame Blanche, Polichinelle, la Chambre à coucher, l'Estocq, les Treize, la Reine d'un jour, le Chalet, Actéon, Concert à la Cour, Zanetta, la Marquise de Brinvilliers, la Vieille, l'Ambassadrice, Fra-Diavolo, la Médecine sans médecin, le Cheval de Bronze, la Neige, Fiorella, Leicester, Léocadie, le Maçon, les Deux Nuits, la Fiancée, le Témoin, une Monomanie, la Favorite, le Soprano, le Chaperon, la famille Riquebourg, le comte Ory, Philippe, les Héritiers de Crac.

XVI. Être aimé ou mourir, le Gardien, Jeune et Vieille, une Faute, la Loge du Portier, la Maîtresse au logis, Un dernier Jour de fortune, Zoé ou l'amant prêté, le Budget d'un jeune ménage, l'Intérieur d'un bureau, la Pension bourgeoise, les Actionnaires, la Famille du Baron, le Quaker et la Danseuse, la Seconde année, le Savant.

351. — SEDAINE. OEuvres choisies. — *1 vol. in-18. Lecointe, édit.,* 1830.

** — SÉNÈQUE le tragique. OEuvres. — (Voir N° 38.)

** — SHAKSPEARE. The beauties (texte anglais). — *1 vol. in-12, Boston.* — (Voir Dodd, N° 229.)

352. — SHAKSPEARE. OEuvres complètes, traduit entièrement et revu sur le texte anglais. — *3 vol. in-8°. Paris, Didot,* 1869.

I. Remarques sur la vie et les ouvrages de Shakspeare, Othello, la Tempête, J. César, Roméo et Juliette, Corialan, Richard II, Macbeth, le roi Léar, Comme vous l'aimez, Titus Andronicus, le Songe d'une nuit au milieu de l'été, Timon d'Athènes, le Marchand de Venise. — II. Antoine et Cléopâtre, Beaucoup de bruit pour rien, Hamlet, la Vie et la Mort du roi Jean, Henri IV, Richard III, Henri VIII, Henri V, Henri II. — III. Peines d'amour perdues, la Douzième nuit, Tout est bien qui finit bien, les Méprises, les deux Gentilshommes de Vérone, la Méchante femme mise à la raison, Troïle et Cresside, Cymbeline, les Joyeuses Commères de Windsor, Mesure pour Mesure, le Conte d'hier, Périclès, Vénus et Adonis, la Mort de Lucrèce.

353. — TASSE. L'Amynthe, imitée en vers français par Baour de Lormian. — 1 vol. in-22.

354. — TÉRENCE. Théâtre complet, traduit en vers français par de Belloy. — 1 vol. in-18.

355. — THÉATRE CONTEMPORAIN. — 2 vol. in-4°.

I. Les Enfers de Paris, Attala, Palma ou la nuit du Vendredi-Saint, les Mystères de l'été, Voyage autour d'une jolie femme; OEuvres de Regnard : Berthe la flamande, Un Mari qui n'a rien à faire. — II. Les Sept Merveilles, un Coup de vent, Notre-Dame de Paris, les Lundis de Madame, le Château des Sept Tours, le Courrier de Lyon, le Roi de Rome, un Monsieur qui suit les femmes, la Terre promise, les Sept Merveilles du N° Sept, l'Ami François, le Cœur et la Dot, un Ut de poitrine, Léonard le perruquier, les Coulisses de la vie, un Ami acharné, la Bergère des Alpes, Marie ou l'inondation ; Théâtre complet de Balzac.

** — THÉATRE ALLEMAND, ou recueil des meilleures pièces dramatiques tant anciennes que modernes qui ont paru en langue allemande; traduites en français. — 4 vol. in-12. Paris, Durand, libr., 1785. — (Voir N° 64.)

I. Miss Sara Sampson, les Juifs, la Fidélité éprouvée. — II. L'Esprit fort, le Billet de loterie, le Trésor. — III. L'Esprit fort, Minna de Barnheim, le Misogyne. — IV. Thamos, Roméo et Julie, Codrus.

** — THÉATRE ALLEMAND, ou recueil de diverses pièces ; traduites de l'allemand en prose ou en vers, avec des remarques. 1 vol. in-18. Amsterdam, Mayer, libr., 1769. — (Voir N° 65.)

** — THÉATRE ESPAGNOL, traduction française. — 4 vol. in-12. Paris, de Haussy, libr., 1770. — (Voir N° 66.)

I. La Constance à l'épreuve, le Percepteur supposé, les Vapeurs ou la Fille délicate, Il y a du mieux. — II. Le Viol puni, la Cloison, Se défier des apparences, la Journée difficile. — III. On ne badine pas avec l'amour, la Chose impossible, la Ressemblance, l'Occasion fait le larron. — IV. Le Sage dans sa retraite, la Fidélité difficile, le Fou incommode, Intermèdes des Melons et de la Femme têtue, des Beignets, du Malade imaginaire, de la Relique, de l'Écolier magicien.

** — THÉATRE FRANÇAIS, ou recueil des tragédies et comédies restées au théâtre depuis Rotrou, pour faire suite aux éditions in-8° de Corneille, Molière, Racine, Regnard, Crébillon, et au théâtre de Voltaire. — *25 vol. in-8°, dont le 25ᵉ renferme la table des auteurs et des pièces contenues dans la collection. Paris, Fourcaud, 1817.* — (Voir N° 67.)

** — THÉATRE DE MADAME. — *5 vol. in-22. Paris, Baudouin, libr.-édit., 1828.* — (Voir N° 68.)

I. Simple histoire, Rodolphe, le Coiffeur et le Perruquier, la Quarantaine, l'Ambassadeur, la Belle-Mère. — II. La Marraine, les Grisettes, le Médecin des Dames, les Femmes romantiques, la Haine d'une Femme, la Maîtresse au logis. — III. La Mansarde des Artistes, l'Intérieur d'un bureau, le Baiser au porteur, le Diplôme, l'Auberge, Une visite à Bedlam. — IV. Les Inséparables, les Manteaux, la Carte à payer, le Bal champêtre, l'Orpheline russe, la Pension bourgeoise. — V. La Loge du portier, le Confident, les Premières Amours, le Secrétaire, le Cuisinier, Un dernier Jour de fortune.

** — VIGNY (De). Théâtre. — *1 vol.* — (Voir N° 296.)

** — VOLTAIRE. OEuvres complètes. — *1 vol. gr. in-8°.* — (Voir N° 298.)

356. — WAILLY (de). OEuvres; Théâtre. — *2 vol. in-12.*

SIXIÈME SECTION.

ROMANS.

357. — ABÉLARD ET HÉLOISE. Lettres complètes d'Abélard et d'Héloïse; traduction nouvelle, précédée d'une préface par Gréard. — 1 vol. in-18. Paris, Garnier, libr.-édit.

358. — ABOUT (Edmond). OEuvres. — 10 vol. in-18. Paris, Hachette, 1876.

    I. Le Mari imprévu. — II. Vacances de la Comtesse. — III. Maître Pierre. — IV. Madelon. — V. Le Marquis de Lanrose. — VI. A. B. C. du Travailleur. — VII. Roman d'un brave homme. — VIII. Le roi des Montagnes. — IX. Grèce contemporaine. — X. Trente et Quarante.

** — Le Nez d'un notaire. — 1 vol. in-18. Paris, Michel Lévy, 1862. = L'Homme à l'oreille cassée. — 1 vol. in-18. Hachette. 1862. = Dernières lettres d'un bon jeune homme à sa cousine Madeleine, recueillies et mises en ordre par E. About. — 1 vol. in-18. Paris, Michel Lévy, libr.-édit., 1863. = Le Turco. — 1 vol. in-18. Paris, Hachette, 1866.

359. — ACHARD (A.). Parisiennes et Provinciales. — 1 vol. in-18. Paris, Michel Lévy, 1859.

360. — ACKERMANN (L.). Contes et poésies. — 1 vol. in-18. Paris, Hachette, 1863.

361. — ADAM (A.). Derniers souvenirs d'un musicien. — 1 vol. in-18. Paris, Michel Lévy, 1859.

362. — AIMARD (Gustave). Les Marquards; 4ᵉ édition. — 1 vol. in-18. Paris, E. Dentu, édit., 1874.= Le Chien noir; 4ᵉ édition. — 1 vol. in-18. Paris, E. Dentu, édit., 1875. = L'eau qui court; 4ᵉ édition. — 1 vol. in-18. Paris, Amyot, édit., 1877. = Curimilla. — 1 vol. in-18. Paris, Amyot, édit., 1860.

363. — ALEMBERT (A. d'). Flâneries parisiennes aux États-Unis. — 1 vol. in-16. Paris, libr. theôtr., édit., 1856.

364. — ANCELOT. Une fortune mystérieuse. — *1 vol. in-18. Paris, Arnauld, libr.-édit.*, **1856**.

365. — ANERBACH. Auf der Zôhe; texte allemand. — *1 vol. in-18. Stuttgard, Bergoig.*, **1866**.

366. — ASSOLANT (A.). Aventures mystérieuses mais authentiques du capitaine Corcoran; ouvrage illustré de 25 vignettes par A. de Neuville. — *2 vol. in-18. Paris, Hachette,* **1872**. = La mort de Roland; fantaisie épique. — *1 vol. in-18. Paris*, **1860**. = Deux amis en 1792. — *1 vol. in-16. Paris, E. Dentu édit.*, **1879**. = Une ville de garnison. — *1 vol. in-16. Paris, Dentu, édit.*, = Histoire fantastique du célèbre Pierrot, écrite par le magicien Alcofidas; traduit du sogdien. — *1 vol. in-18. Paris, Michel Lévy frères*, **1860**.

367. — AUGER (E.). Voyage en Californie. — *1 vol. in-16. Paris, Hachette et Comp.*, **1854**.

368. — BALZAC (Honoré de). La femme de soixante ans. — *2 vol. in-18. Paris, Gabriel, Reaux, édit.*, **1847**.

369. — BALZAC (Honoré de). OEuvres complètes. — *20 vol. in-8°. Paris, Houssiaux, édit.,* **1877**.

> I. La Maison du chat qui pelote, le Bal de Sceaux, la Bourse, la Vendetta, Madame Firmiani, une double Famille, la Paix du Ménage, la fausse Maitresse, Étude de femme, Albert Savarus. — II. Mémoires de deux jeunes mariés, une Fille d'Ève, la Femme abandonnée, la Grenadière, le Message, Gobseck, Autre étude de femme. — III. La Femme de trente ans, le Contrat de Mariage, Béatrix. — IV. Modeste Mignon, Honorine, un Début dans la vie, la grande Brétiche. — V. Ursule Mironet, Eugène Grandet, les Célibataires, Pierrette. — VI. Les Célibataires, le Curé de Tours, un Ménage de garçon, les Parisiennes en province, Gaudissart, la Muse du département. — VII. Les Rivalités, la vieille Fille, le Cabinet des Antiquités, le Lys dans la vallée. — VIII. Illusions perdues, les deux Poëtes, un grand Homme de province à Paris, Ève et David. — IX. Histoire des Treize, la Duchesse de Langeais, la Fille aux yeux d'or, le père Goriot. — X. Le colonel Chabert, Facino Cane, la Messe de l'Athée, Sarrazine, l'Interdiction, Grandeur et Décadence de Birotteau. — XI. La Maison Nucengen, Pierre Grasson, les Secrets de la princesse de Cadignan, les Employés, Splendeurs et Misères des Courtisanes, Esther heureuse, A combien l'amour revient aux vieillards. — XII. Un Prince de la Bohème, Gaudissart, les Comédiens sans le savoir, Épisode sous la terreur, une

Ténébreuse Affaire, Z. Marcas, le député d'Arcis. — XIII. Les Chouans, une Passion dans le désert, le Médecin de campagne, le Curé de village. — XIV. La Peau de chagrin, Jésus-Christ en Flandre, Melmoth réconcilié, le Chef-d'œuvre inconnu, la Recherche de l'absolu. — XV. Massimila Doni, Gambara, l'Enfant maudit, les Marana, Adieu, le Réquisitionnaire, El Verdugo, Un Drame au fond de la mer, l'Auberge rouge, l'Élixir de longue vie, Maître Cornélius, Catherine de Médicis, le Martyr calviniste. — XVI. La Confidence des Ruggieri, les Deux rêves, les Proscrits, Louis Lambert, Seraphita, la Physiologie du Mariage. — XVII. Les Parents pauvres, la cousine Bette, le cousin Pons. — XVIII. Splendeurs et Misères des courtisanes, Dernière incarnation de Vautrin, l'Envers de l'Histoire contemporaine, l'Initié, les Paysans Petites misères de la vie conjugale. — XIX. Les Contes drôlatiques. — XX. Vautrin, les Ressources de Quinola, Paméla Giraud, la Marâtre, le Faiseur.

370. — BANVILLE (Théodore de). Les Parisiennes de Paris. — *1 vol. in-18. Paris, Michel Lévy*, 1866.

" — BARBIER. Trois passions, Contes du soir, Histoire de voyage. — *3 vol. in-18. Paris, Dentu, édit., 31e édit.*, 1882. — (Voir N° 202.)

371. — BARTHÉLEMY (Antonin). Un philosophe en voyage. — *1 vol. in-18. Paris, Charpentier, libr.-édit.*, 1864.

372. — BAUDELAIRE. Œuvres. — *7 vol. in-18. Paris, Michel Lévy frères, libr.-édit.*, 1869.

I. Les Fleurs du mal. — II. Curiosités esthétiques. — III. L'Art romantique. — IV. Petits poèmes. — V-VI. Histoires extraordinaires. — VII. Aventures d'Arthur Gordon, les Fleurs du mal. — *1 vol. in-8°. Paris, Poulet, Malassis et de Brosse, libr.-édit.*, 1857.

373. — BEAUMONT (de). Marie ou l'esclavage aux États-Unis, tableau des mœurs américaines. — *1 vol. in-12. Paris, Gosselin, édit., 5e édit.*, 1842.

374. — BEAUVALLET (L.). Les drames de Montfaucon. — *1 vol. in-18.*

375. — BEAUVOIR (de). Histoires cavalières et aventures de courtisanes. — *2 vol. in-18.*

376. — BÉCHARD (F.). Les existences déclassées ; 3e édition. — *Paris, Bourdilhac et Comp., édit.*, 1860.

377. — BELLOY (marquis de). Les Toqués. — *1 vol. in-18. Paris*, 1860.

378. — BERLIOZ (H.). Les Soirées de l'orchestre ; 2ᵉ édition. — *1 vol. in-18. Paris, Michel Lévy frères*, 1854.

379. — BERNARDIN DE Sᵗ-PIERRE. Paul et Virginie, suivi de la Chaumière indienne ; nouvelle édition, illustrée d'après les dessins de BERTALL et DEMARLE. — *1 vol. in-18. Paris, Garnier frères, édit.*, 1878.

380. — BERNARDIN DE Sᵗ-PIERRE. Pablo y Virgenia Jacobo Bernardino de Sᵗ-Pierre ; traducido al Castellano, por don Josef Niguel ALEA. — *Madrid, 1 vol. in-22. Par don Benito Cano*, 1819.

381. — BERTHET (E.). Les crimes inconnus. — *1 vol. in-18. Paris, E. Lachaud, lib.-édit.*, 1869.

382. — BOISGOBEY (F. du). Bouche cousue. *2 vol. in-18. Paris, E. Dentu, édit.*, 1883. = Les Mystères du nouveau Paris. — *2 vol. in-18. Paris, E. Dentu.* = L'Omnibus du diable. — *1 vol. in-18.* = Une affaire mystérieuse. — *1 vol. in-18. Paris, E. Dentu, édit.*, 1878.

383. — BOUVIER (A.). Le Club des coquins. — *1 vol. in-18. Paris, E. Dentu, édit.*, 1880.

384. — BUCHON (MAX.). En Province ; scènes franc-comtoises. — *1 vol. in-18. Paris, M. Lévy*, 1858.

385. — BULWER LITTON (E.). Dévereux, roman anglais. — *2 vol. in-18. Paris, Hachette et Comp.*, 1864. = Aventures de Pisistrate Caxton, roman anglais ; traduit avec autorisation de l'auteur par E SCHEFFTER. — *1 vol. in-18. Paris, Hachette et Comp.* = Eugène Aram, traduit de l'anglais ; par A.-J.-B. DEFAUCONPRET. — *1 vol. in-18. Paris, Gosselin*, 1842.

386. — BUSSI-RABUTIN (de). Histoire amoureuse des Gaules. — *4 vol. in-8°. Paris, Maine et Delaunay-Vallée, libr.*, 1829.

* * — BYRON (lord). Œuvres complètes ; traduction de A. PICHOT — *4 vol. in-18. Paris, Garnier frères.* — (Voir Nᵒˢ 309 et 310.)

387. — CAPENDU (ERNEST). Le Chasseur de panthères. — *1 vol. in-18. Paris, Hachette et Comp.*, 1861.

388. — CARREY (E.). Les révoltés du Para. *1 vol. in-18. Paris, Michel Lévy frères, libr.-édit.*, 1857.

389. — CASSE (A. du). Quatorze de dames; scènes de la vie militaire. — *1 vol. in-18. Paris, E. Dentu, édit.,*1864.

390. — CASTELLA (Herbert de). Les Squatters australiens. — *1 vol. in-18. Paris, Hachette et Comp.,* 1861.

391. — CASTON (A. de). Les Tricheurs. — *1 vol in-18. Paris, E. Dentu, libr.-édit.,* 1863.

392. — CERVANTES. El ingenioso hidalgo don Quijote de la Mancha; édition conforme à la ultima corregida por la académia española con là vida de l'autor y notas para la buena inteligencia del texto. — *1 vol in-18. Paris, Garnier,* 1875.

393. — CERVANTÈS. Don Quichotte de la Manche; traduction nouvelle par Damas Hisnard. — *2 vol. in-18. Paris.*

** — CHAMPFLEURY. La Succession le Camus; le Réalisme. — *2 vol. in-18.* — (Voir N° 78.)

394. — CHAPUS (Eug.). Les soirées de Chantilly. — *1 vol. in-18. Paris,* 1875.

395. — CHATEAUBRIAND (Vicomte de). Voyage en Amérique; édition revue par l'abbé Guénot. — *1 vol. in-18. Limoges, Barbou frères.*

396. — CHATEAUBRIAND. Le Génie du Christianisme; Atala et Réné; Les Natchez; Les Martyrs; suivis de remarques. — *5 vol. in-18. Paris, F. Didot frères,* 1844.

397. — CHATEAUBRIAND. OEuvres complètes. — *12 tomes en 6 vol. in-8°. Paris, Béthune et Plon, impr.,* 1839.

398. — CHAVETTE (Eug.). Le comte omnibus. — *2 vol. in-18. Paris, E. Dentu, édit.,* 1881. = La chasse à l'oncle. — *2 vol. in-18. Paris, E. Dentu, édit.,* 1876. = Le roi des limiers (affaire de femme). — *1 vol. in-18. Paris, E. Dentu,* 1879. = La chambre du crime; 2ᵉ édition. — *1 vol. in-18. Paris, E. Dentu, édit.,* 1875.

399. — CHERBULIEZ. OEuvres. — *13 vol. in-18. Paris, Hachette,* 1878.

I. Prosper Randoé. — II. Paule Mérée. — III. Le Roman d'une honnête femme. IV. — Le Grand OEuvre. — V. La Revanche de J. Noirel. — VI. Méta Holdenis. — VII. L'Aventure de Ladislas Bolski. —

VIII. Miss Rovel. — IX. Le Fiancé de M{^lle} de S{^t} Maur. — X. Samuel Brohl et Comp. — XI. Le comte Kostia. — XII. L'Espagne politique. — XIII. Études de Littérature.

400. — CHERVILLE (G. de). Les Aventures d'un chien de chasse. — 1 vol. in-18. Paris, E. Dentu, libr.-édit., 1862.

401. — CONSCIENCE (H). Scènes de la vie flamande ; traduction de Léon Vacquier. — 1 vol. in-18. Paris, Michel Lévy frères.

402. — CONSCIENCE. Le fléau du village. 1 vol in-18. Paris, Michel Lévy, libr.-édit., 1862.

403. — COOPER (F.). Chefs-d'œuvre, traduits par Laroche B. — 6 vol. in-8°. Paris, Didot, libr.-édit.
    I. Le Corsaire rouge. — II. Le Dernier des Mohicans. — III. L'Espion. — IV. Le Pilote. — V. Les Pionniers. — VI. La Prairie.

404. — COTTIN (M{^me}). Élisabeth ; Mathilde ; Amélie. — 8 vol. in-12. Paris, Ménard et Desenne, 1824.

405. — DABADIE (F.). Récits et types américains. — 1 vol. in-18. Paris, Sartorius, libr.-édit., 1860.

406. — DASH (Comtesse). Les bals masqués. — 1 vol. in-18. Paris, Michel Lévy, 1857.

407. — DASSOUCY. Aventures burlesques de Dassoucy ; nouv. édit. avec préface et notes par E. Colombey. — 1 vol. in-18. Paris, Delahays, libr.-édit., 1858.

408. — DAUDET (A.). Numa Roumestan (mœurs parisiennes) ; 8{^e} édition. — 1 vol. in-12. Paris, Charpentier, édit., 1881.

409. — DEBANS (C.). La peau du mort. — 1 vol. in-18. Paris, Dentu, édit., 1880.

410. — DELVAU (A.). Du pont des Arts au pont du Kelh. — 1 vol. in-18. Paris, A. Faure, libr.-édit., 1866.

411. — DESCHANEL (E.). A pied et en wagon. — 1 vol. in-18. Paris, Hachette, 1862.

412. — DES ESSARTS. La femme sans Dieu. — 1 vol. in-12.

413. — DHORMOYS (P.). Sous les Tropiques, souvenirs de voyage. — 1 vol. in-18. Paris, Libr. Centr., 1864.

414. — DIABLE (le) A PARIS. Paris et les Parisiens, précédé d'une histoire à Paris, par Th. LAVALLIÉ. Illustrations : Les gens de Paris, série de gravures avec légendes, par GAVARNI. — *1 vol. in-4°. Paris, Hetzel,* 1845.

415. — DICKENS (CHARLES). Les temps difficiles, roman anglais ; traduit avec l'autorisation de l'auteur, sous la direction de P. LORAIN. — *1 vol. in-18. Paris, Hachette.*

416. — DIDEROT. OEuvres choisies, précédées de sa vie, par F. GENIN. — *2 vol. in-8°. Paris, Firmin Didot,* 1847.

417. — DIGUET (CH.). Trois femmes martyrs. — *1 vol. in-18.*

418. — DIOULOUFET. Le Don Quichotte philosophe ; 2° édition. — *4 vol. in-18. Lyon, Pelagaud et Lesne,* 1841.

419. — DUCAMP (MAXIME). Les buveurs de Cendres. — *1 vol. in-18. Paris, Michel Lévy frères, libr.-édit.,* 1866.

420. — DUFOUR (L.-P.). Journal des Journaux, ou revue pittoresque des feuilletons publiés par nos meilleurs écrivains. — *1 vol. gr. in-8°. Paris,* 1844.

421. — DUMAS (A.). Impressions de voyage. — *30 vol. in-18. Paris, Calmann-Lévy, édit.,* 1879.

> I.-III. Impressions de voyage. — IV. Une année à Florence. — V-VII. L'Arabie inconnue. — VIII-IX. Les Bords du Rhin. — X. Le Capitaine Aréna. — XI-XIII. Le Caucase. — XIV-XV. Le Corricolo. — XVI-XVII. Le Midi de la France. — XVIII-XIX. De Paris à Cadix. — XX. Quinze jours au Sinaï. — XXI-XXIV. En Russie. — XXV-XXVI. Le Speronare. — XXVII-XXVIII. Le Véloce. — XXIX-XXX. Les bords du Rhin. *1 vol. en 2 tomes.*

422. — DUMAS (A.). Romans divers, édit. illustrée.— *13 vol. in-4°. Paris, Lecrivain et Toulon, libr.,* 1860.

> I. Une Fille du Régent, le Trou de l'Enfer, Impressions de voyage. — II-III. Le Comte de Monte-Christo. — IV-V. Les Quarante-cinq, le Chevalier d'Harmental. — VI. Le Mariage du père Olifus, Vie artiste, Chronique de Charlemagne, Blanche de Beaulieu, Bal masqué, Cocher de cabriolet, Bernard, Pierre le cruel, Chérubino et Celestini, Histoire d'un mort, Une Ame à naître, Main droite de sire de Giac, don Martin de Freytas, Capitaine Paul, le Kent. — VII. Mille et un fantômes, Pauline de Monlieu, Aventures de Lydéric, Jacques Ier et II, les frères Corses, Othon l'archer, la Femme au collier de velours, Capitaine Marion,

la Junon. — VIII. Les Compagnons de Jéhu, le Gentilhomme de la Montagne. — IX. Le Vicomte de Bragelonne. — X. Vingt ans après. — XI. Les Trois Mousquetaires. — XII. Le Chevalier de la Maison rouge, la Reine Margot. — XIII. La Dame de Montsoreau.

423. — DUMAS (A.). Italiens et Flamands. — *1 vol. in-18.*

424. — DUMAS (A.). Dieu dispose. — *1 vol. in-18.*

425. — DUMAS (A.). Les Mohicans de Paris. — *4 vol. in-12. Paris, Calmann-Lévy.*

426. — DUMAS (A.). — Souvenirs d'Antony. — *1 vol. in-18. Paris, Michel Lévy, libr.-édit.,* 1848. = Italiens et Flamands. — *2 vol. in-18. Paris, M. Lévy frères, libr.-édit.,* 1862. = Dieu dispose. — *1 vol. Lévy frères, Paris, édit.,* 1862.

427. — DUMAS (A.) fils. OEuvres complètes. — *16 vol. in-12. Paris, Calmann-Lévy.* (Voir N° 319).

I. Affaire Clémenceau. — II. Aventures de quatre femmes. — III. La Boîte d'argent. — IV. La Dame aux perles. — V. Diane de Lys. — VI. Le docteur Servans. — VII. Le Régent Mustel. — VIII. Le Roman d'une femme. — IX. Sophie printemps. — X. Tristan le roux. — XI. Trois hommes forts. — XII. La Vie à vingt ans. — XIII. La Question du divorce. — XIV. Thérèse, Antonine, la Dame aux Camélias.

428. — DUPLESSIS (P.). Les Boucaniers. — *2 vol. in-18. Paris, Cadot, édit.,* 1857.

429. — DURAND (P.). et GAVARNI. Physiologie du Provençal à Paris. — *4 vol. in-18. Paris, Aubert et Comp.*

430. — DURANTIN (A.). Le Carnet d'un libertin. — *1 vol. in-18. Paris, Degorce-Cadot, édit.*

431. — ÉCHO DES FEUILLETONS (L'). Recueil de nouvelles, légendes, anecdotes, épisodes, etc.; extraits de la presse contemporaine. — *1 vol. gr. in-8°. Paris,* 1845.

432. — ERCKMANN CHATRIAN. OEuvres diverses. — *11 vol. in-18. Paris, Hetzel et Comp.*

I. Histoire d'un conscrit. — II. Le Blocus. — III. L'Invasion. — IV. Mme Thérèse. — V. Waterloo. — VI. La Guerre. — VII à X. Histoire d'un paysan. — XI. L'ami Fritz.

** — ERCCMANN CHATRIAN. Maître Daniel Rock. — *1 vol. in-18.*

Paris, Michel Lévy, 1881. = L'Illustre docteur Mathéus. — *1 vol. in-18. Paris, A. Bourdillat et Comp., édit.*, 1859. = Le brigadier Frédéric, Histoire d'un français chassé par les Allemands. — *1 vol. in-18. Paris, J. Hetzel et Comp., édit.*

433. — EYMA (X.). Les Peaux rouges, scènes de la vie des Indiens. — *1 vol. in-18. Michel Lévy frères*, 1860. = Le roi des Tropiques. — *1 vol. in-18. Michel Lévy frères*, 1860. = Les femmes du Nouveau-Monde. — *1 vol. in-18. Michel Lévy frères*, 1860. = Les Peaux noires, scènes de la vie des esclaves. — *1 vol. in-18. Michel Lévy frères*, 1857.

434. — FATH (G.). Un drôle de voyage. — *1 vol. in-18. Paris, Hetzel.*

* * — FENÉLON. Œuvres. — *3 vol. gr. in-8°.* — (Voir N° 186.)

435. — FENÉLON. Les Aventures de Télémaque, fils d'Ulysse. — *2 vol. in-12. Paris, Étienne frères*, 1763.

436. — FÉRÉ (O.). Les Amoureux des quatre filles d'honneur. — *1 vol. in-18. Paris, E. Dentu, édit.*, 1875.

437. — FERRY (G.) (Louis de Bellemare). Scènes de la vie Mexicaine. — *1 vol. in-18. Paris, Hachette et Comp.*, 1856. = Le Coureur des bois, ou les chercheurs d'or ; 3° édit., r. c. — *2 vol. in-18. Paris, J. Lecou, libr.-édit.*, 1853. = Voyage et Aventures au Mexique. — *1 vol. in-18. Paris, Charpentier, libr.-édit.*, 1847. = La Vie militaire au Mexique. — *1 vol. in-18. Paris, Hachette et Comp.*

* * — FEUILLET (Octave). Œuvres. — *12 vol. in-18. Paris, Calmann-Lévy.* — (Voir N° 322).

I. Les Amours de Philippe. — II. Bellah. — III. Histoire de Sybille. — IV. Histoire d'une Parisienne. — V. Le Journal d'une Femme. — VI. Julia de Trecœur. — VII. Un Mariage dans le monde. — VIII. Monsieur de Camors. — IX. La petite Comtesse. — X. Le Roman d'un jeune homme pauvre. — XI. Scènes et Proverbes. — XII. Scènes et Comédies.

438. — FÉVAL (Paul). Blanchefleur. — *1 vol. in-12. Paris, Jaccotot, Bourdillat et Comp.*, 1858. = Le tueur de tigres. — *1 vol. in-12. Michel Lévy frères, libr.-édit.*, 1856. = Le tueur de tigres. — *1 vol. in-18.*

439. — FEYDAU (E.). Les quatre Saisons, esquisses d'après nature; 2° édit. — *Paris, Amyot, libr.-édit.*

440. — FIÉVÉE (J.). OEuvres. La dot de Suzette ; Frédéric ; six nouvelles, avec notice biographique et littéraire sur l'auteur par J. Janin. — *1 vol. in-18. Paris, Ch. Gosselin*, 1843.

441. — FISCHER (A.-A.). Der Haufmann von Benediz. — *1 vol. in-24. Leipzig Geory Bigands* Berlag.

442. — FLAUBERT (G.). Trois contes : Un cœur simple ; la légende de St-Julien l'hospitalier; Hérodias. — *1 vol. in-18. Paris, Charpentier édit.*, 1877.

443. — FONTANE (M.). Confidences de la vingtième. — *1 vol. in-18.* 1863.

444. — FORTUNE (Robert). Aventures dans ses voyages de Chine. (1843-1850). — *1 vol. in-18. Paris, Hachette.*

445. — FREMY (A.). Les Maîtresses parisiennes (deuxième partie). — *1 vol. in-18. Paris*, 1858.

446. — FROMENTIN (Eug.). Un été dans le Sahara. — *1 vol. in-18. Paris, M. Lévy*, 1857.

447. — GABORIAU (E.). Le petit vieux de Batignolles ; 7° édition. — *1 vol. in-18. Paris, E. Dentu, édit.*, 1877.

448. — GANDON (A.). Les 32 duels de Jean Gigon ; Histoire d'un enfant trouvé. — *1 vol. in-18. Paris, Bourdillat et Comp., édit.*, 1860.

449. — GAUTIER (Théophile). La Belle-Jenny. — *1 vol. in-12. Paris, Michel Lévy, libr.-édit.*, 1855. = Constantinople. — *1 vol. in-12. Paris, Michel Lévy, libr.-édit.* 1853. = Nouvelles ; nouv.-édit. r. c. — *1 vol. in-12. Paris, Charpentier, libr.-édit.*, 1845.

450. — GIRARDIN (Mme Emile de). OEuvres complètes, avec portrait. *6 vol. in-8°. Paris, Plon, impr.-édit.*, 1861.

    I. Poésies. — II. Le Lorgnon, la Canne de M. de Balzac, Monsieur le Marquis de Fontanges. — III. Marguerite, ou Deux amours; Il ne faut pas jouer avec la douleur, Contes d'une vieille fille à ses neveux. — IV-V. Lettres parisiennes (Vicomte de de Launay). — VI. Théâtre : l'École des Journalistes, Judith, Cléopâtre, C'est la faute du Mari, Lady Tartuffe, la Joie fait peur, le Chapeau d'un horloger, Une femme qui déteste son mari.

** — GOETHE. OEuvres complètes, traduites par Porchat. — 10 vol. in-8°. Paris, Hachette, 1871. (Voir N° 99).

    I. Poésies diverses, Pensées, Divan oriental, occidental avec le commentaire. — II. Le Caprice de l'Amant, les Complices, Promethée, Jery et Bœtely, Gœtz de Berlichingen à la main de fer, Egmont, Claudjo, Stella. — III. Le Frère et la Sœur, le grand Copte, le Citoyen général, les Révoltés, Pandore, Torquato, la Fille naturelle. — IV. Iphigénie en Tauride, Elpenor, la Gageure, Faust. — V. Hermann et Dorothée, Achiléide, le Roman du Renard, les Souffrances du jeune Werther; les Affinités électives. — VI. Les Années d'apprentissage. — VII. Les Années de voyage, Entretiens d'émigrés allemands, les Bonnes Femmes. — VIII. Mémoires. — IX. Voyages en Suisse, en Italie. — X. Campagne de France, Siége de Mayence, Siége de Saint-Roch à Bingen, Annales de 1749 à 1822; OEuvres diverses; Table alphabétique de toutes les œuvres.

451. — GOGOL (N.). Tarars Boulba, traduit du Russe par L. Viardot. — 1 vol in-18. Paris, Hachette et Comp., 1853. = Les âmes mortes, traduit du Russe par E. Charrière. — 2 vol. in-18. Paris, Hachette, 1859.

452. — GONCOURT (Ed. et J. de). Charles Demailly; 2° édit. — 1 vol. in-18. Paris, A. Lacraise, 1868.

453. — GORJY. Nouveau voyage sentimental. — 1 vol. in-12.

454. — GOSLAN (Léon). Les émotions de Polydore Marasquin. — 1 vol. in-18. Michel Lévy, libr.-édit., 1857. = Georges III. — 1 vol. in-18. Paris, Lecou, édit., 1854. = L'amour des lèvres et l'amour du cœur. — 1 vol. in-18. Paris, 1858. = La folle du logis. — 1 vol. in-18. Paris, 1855. = Le Vampire du Val-de-Grâce. — 1 vol in-18 Paris, E. Dentu, 1861. = L'œil bleu et l'œil noir de Mademoiselle Diane. — 1 vol. in-18. Paris. = Le Tapis vert. 1 vol. in-18.

455. — GRÉVILLE (H.). Les Koumiassine. — 2 vol. in-18. Paris, Plon et Comp., impr.-édit., 1877.

456. — GUÉRIN (L.). Veillées et nouvelles histoires. 1 vol. in-8°.

457. — GUÉROULT (C.). Les dames de Chamblas. — 2 vol. in-18. Paris, E. Dentu, édit., 1882.

458. — GUICHARD (Ch.). Le Code des femmes, de leurs droits, pri-

vilèges, devoirs et obligations, ou récits et entretiens ; 2° édition. — 2 *vol. in-18. Paris, Pichard, libr.-édit.,* 1828.

459. — HABENECH. Justice. — *1 vol. in-18. Paris, Dentu, libr.-édit.,* 1863.

460. — HALLER (G.). Vertu ; 2° édition. — *1 vol. in-8°. Paris, Calmann-Lévy, édit.,* 1877. = Le Clou au couvent. — *1 vol. in-18. Paris, Calmann-Lévy, édit.,* 1878.

461. — HÉLOISE ET ABÉLARD. Lettres ; traduction nouvelle par le bibliophile Jacob, précédée d'un travail historique et littéraire par Villenaxe. — *1 vol. in-18. Paris, Charpentier, édit.,* 1880.

462. — HENRY-LANSON. The french Gil Blas or adventures of Henry Lanson, By M. Le Maire of Nancy ; Translated from the Tird. — *1 vol. in-12. London,* 1788.

463. — HILAIRE (Léon). Nouvelles fantaisistes. — *1 vol. in-12. Paris, Bourdillat, édit.,* 1859.

464. — HILDEBRAND. La chambre obscure, traduit par L. Wocquier. — *1 vol. in-18. Michel Lévy frères, libr.-édit.,* 1860. = Scènes de la Vie Holandaise, traduction de Wocquier. — *Michel Lévy, libr.-édit.,* 1856.

465. — HOUSSAYE (A.). La robe de la mariée ; 3° édit. — *1 vol. in-18. Paris, E. Dentu, libr.-édit.,* 1879. = Les mains pleines de roses ; 3° édit. — *1 vol. in-18. Paris, Calmann-Lévy,* 1881. = L'Éventail brisé. — *2 vol. in-18. Paris, E. Dentu, libr.-édit.,* = Les Parisiennes. — *4 vol. gr. in-8°. Paris, E. Dentu, libr. édit.,* 1869. = Histoire du 41° fauteuil de l'Académie française. — *1 vol. gr. in-18°. Paris, E. Lecou, édit.,* 1855. = Mademoiselle Cléopâtre, histoire parisienne. — *1 vol. in-8°. Paris, Michel Lévy frères, libr.-édit.,* 1864. = Les femmes comme elles sont. — *1 vol. in-18. Paris, Michel Lévy frères. libr.-édit.,* 1857.

** — HOUSSAYE (Arsène). Galerie du XVIII° siècle, Histoire du 41° fauteuil de l'Académie française. — *1 vol. en 2 tomes. Poris, Hachette, 6° édit.,* 1858. — (Voir N° 102.)

466. — HUGO (V.). Han d'Islande ; tomes 8 et 9. — *2 vol. in-18. Paris, Hachette, 6° édit.* = Bug-Jargal ; tome 10. — *1 vol. in-18.*

Paris, Hachette. = Notre-Dame de Paris; tomes 11 et 12. — 2 *vol. in-18. Paris, Hachette.* = 93 ou la terreur; tomes 15 et 16. — 2 *vol. in-18. Paris, Hachette.* = Les Misérables; tomes 17 à 21 — 5 *vol. in-18. Paris, Hachette.*

467. — HUGO (V.). Les Misérables. — 5 *vol. in-8°. Paris, Pagnerre, libr.-édit.,* 1872. = Les Travailleurs de la Mer, 2ᵉ édition. — 3 *vol. in-8°. Paris, V. Lacroix,* 1866.

468. — JANIN (J.). Le Chemin de traverse. — 1 *vol. in-8°. Paris, Chapelle et Comp., édit.,* 1841.

469. — JOBEY (Ch.). L'Amour d'un nègre. — 1 *vol. in-18. Paris, Michel Lévy, libr.-édit.,* 1860.

470. — JOCO-SERIA. Petites misères de la vie humaine, par Olsnich et Grandville. — 1 *vol. in-18. Paris, Fournier, édit.,* 1843.

471. — JOLY (J.-B.). Scènes d'Italie et de Vendée. — 1 *vol. in-18. Paris, Lecou,* 1853.

472. — KAROLUS (L.). Histoire de 2 Tamerlan, ou mémoire d'un cerveau marécageux. — 1 *vol. in-18. Paris, E. Dentu,* 1865.

473. — KARR (A.). Agathe et Cécile. — 1 *vol. in-18. Paris, Michel Lévy frères, libr.-édit.,* 1856. = La Pénélope Normande. — 1 *vol. in-18. Paris, Michel Lévy frères,* 1858. = Les Femmes. — 1 *vol. in-18. Paris, Michel Lévy frères,* 1858. = Promenade hors de mon jardin. — 1 *vol. in-18. Paris, Michel Lévy frères,* 1858. = La Promenade des Anglais. — 1 *vol. in-18. Paris, Michel Lévy., édit.,* 1872.

474. — KOCK (Ch. P. de). Le Petit Bonhomme du coin. — 1 *vol. in-18. Paris, Sartorius, libr.-édit.,* 1871.

475. — KSCUISZKO. Legenda demokatyczna. — 1 *vol. in-8°. Paryz, Polzkiey,* 1851.

476. — LABOULAYE (Ed.). Le prince Caniche. — 1 *vol. in-12. Paris, Charpentier, libr.-édit., 8° édit.,* 1868. = Paris en Amérique, par le docteur Réné Lefebvre. — 1 *vol. in-18. Paris, Charpentier,* 1879.

477. — LACROIX (E.). Les Mille et un jours. — 1 *vol. in-8°.*

478. — LANDELLE (De la). Les Passagères, roman maritime. — *1 vol. in-18. Paris, Bourdillat,* 1860. = Les Epaulettes d'amiral. — *1 vol. in-18. Paris, Arnault,* 1851.

479. — LAMARTINE (de). Raphaël, pages de la vingtième année. — *1 vol. in-8°. Paris, Perratin, édit.,* 1849. = Geneviève et Graziella. *1 vol. in-18. Paris, Michel Lévy,* 1869.

<blockquote>Graziella, XXXe vol.; Geneviève, XXXIe vol.; Raphaël, le Tailleur de pierre de St-Point, XXXIIIe vol. : de l'édition en 40 vol. in-8° — (Voir N° 252.)</blockquote>

480. — LA ROUNAT (Ch. de). La Comédie de l'amour. — *1 vol. in-18. Paris, Lévy,* 1857.

480 bis. — LA TOUR (de). Scènes de la vie hongroise. — *1 vol. in-18. Paris, Gaume frères,* 1860.

481. — LE BAILLY LAROQUE. Histoires et chants d'amour; romans, contes, poèmes. — *1 vol. in-12. Paris, Cournal, libr.,* 1865.

482. — LEDHUY (C.). Le Capitaine d'aventures. — *1 vol. in-18. Paris, Bourdillat,* 1860.

483. — LEFEBVRE (B.) (Laboulaye). Paris en Amérique. — *1 vol. in-18. Paris, Charpentier,* 1868.

484. — LE FRANÇAIS. Mystères des vieux Châteaux, ou amours secrètes des rois et des reines, des princes et princesses, ainsi que des grands personnages du temps. — *6 vol. in-4°. Paris, Eug. Penaud frères, édit.*

485. — LENNEP (J. Van). Aventures de Ferdinand Huyck, roman Hollandais, traduit par Wocquier et J. Van Lennep. — *1 vol. in-12. Hachette,*1858.

486. — LESAGE. OEuvres complètes : le Diable boîteux; Gil Blas; le Bachelier de Salamanque; Gusman d'Alfarache; théâtre : Crispin rival de son maître; Turcaret. — *1 vol. gr. in-8°. Paris, Didot.*

487. — LESAGE. Gil Blas. — *1 vol. in-12.*

488. — LESAGE. Adventures. — *4 vol. in-18.* (Texte anglais.)

489. — LONLAY (de). Nouvelles choisies du comte Lollohoul. — *1 vol. in-18. Paris, Hachette et Comp.,* 1854.

490. — LUBOMIRSKI. Les Viveurs d'hier. — 1 vol. in-18. Paris, E. Dentu, 1879.

491. — LUBOMIRSKI. Souvenirs d'un page du tzar Nicolas. — 1 vol. in-18. Paris, E. Dentu, édit., 1869.

492. — MAGALON (J.-D.). Fauvettes et Hiboux. — 1 vol. in-18. Paris, Martinau, libr.-édit., 1857.

493. — MAGASIN PITTORESQUE. — 11 vol. in-4°.

494. — MAGASIN RELIGIEUX. — 1 vol. in-4°.

495. — MAGASIN UNIVERSEL. — 1 vol. in-4°.

496. — MAHALIN (P.). Les Monstres de Paris. 1 vol. in-18. Paris, E. Dentu, édit., 1880.

497. — MANZONI. Les Fiancés; texte italien et traduction française par le Marquis de Montgrand, avec des notes historiques et fac simile de lettres de Manzoni à son traducteur. — 3 vol. in-18. Paris, Garnier frères, édit., 1877.

498. — MAQUET (Ch.). Les Orages de la vie. — 1 vol. in-18. Paris, A. Cadot, édit.

499. — MARCOY (P.). Scènes et paysages dans les Andes. — 1 vol. in-18. Paris, Hachette et Comp., 1861.

500. — MARRYAT. Pierre Simple; traduit de l'anglais par Albert Montémont. — 2 vol. in-8°. Paris, Ménard, libr., 1838.

501. — MARY LAFON. La Bande mystérieuse. — 1 vol in-18. Paris, Michel Lévy, libr.-édit., 1863.

502. — MARY (J.). L'Aventure d'une fille. — 1 vol. in-18. Paris, E. Dentu, édit., 1882.

503. — MATHEY (A.). Le Drame de la Croix rouge. — 1 vol. in-18. Paris, Charpentier, édit., 1882.

504. — MAUDIT (le), par l'abbé XXX. — 3 vol. in-8°. Paris, A. Lacroix, et Comp., édit., 1864.

505. — MAYNARD (F.). Voyages et aventures au Chili. — 1 vol. in-18. Paris, Bourdillat, 1858. = Souvenirs d'un Zouave devant Sébastopol. — 1 vol. in-18. Paris, 1856.

506. — MAYNE-REID. A la mer; traduit de l'anglais par Loreau, illustré de 29 vignettes. — *1 vol. in-18. Paris, Hachette,* 1864. = Le Chasseur de Plantes; traduit de l'anglais par Mme Loreau, illustré de 12 vignettes. — *1 vol. in-18. Paris, Hachette,* 1859. = La Quarteronne; traduit de l'anglais par Stenio. — *1 vol. in-18. Paris, Hachette,* 1858.

507. — MÉRIMÉE (Pr.). Chroniques du règne de Charles IX, suivies de la double Méprise et de la Guzla. — *1 vol. in-12. Paris, Charpentier, libr.-édit.,* 1847. = Colomba; la Vénus d'Ille. — *1 vol. in-18. Paris, Calmann-Lévy, libr.-édit.,* 1881.

508. — MERLIN COCCAIE. Histoire maccaronique de Merlin Coccaie, prototype de Rabelais, ou est traicté les ruses de Cingar, les Tours de Baccal, les Aventures de Léonard, les Farces de Fracasse, les Enchantements de Gelfore et Pandrague, et les rentrées heureuses de Balde; avec des notes et une notice par Brunet, etc. — *1 vol. in-18. Paris, Delahays, libr.-édit.,* 1859.

509. — MÉRY. Une Nuit du Midi. — *1 vol. in-18. Paris,* 1855. = André Chénier. — *1 vol. in-18. Paris, Michel Lévy frères,* 1856. = Les Damnés de l'Inde. — *1 vol. in-18. Paris,* 1858. = Monsieur Auguste. — *1 vol. in-18. Paris, Bourdillat,* 1859. = Les Nuits d'Orient. — *1 vol. in-18. Michel Lévy,* 1854.

510. — MEURICE (P.). Scènes du foyer, la Famille Aubry. — *1 vol. in-18. Paris, Tresses, édit.,* 1883.

511. — MILLANVOYE (B.) et ÉTIÉVANT (A.). Les Coquines. — *1 vol. in-18. Paris, Tresse, édit.,* 1883.

512. — MOLÉ-GENTILHOMME et SAINT-GERMAIN LEDUC. Catherine II ou la Russie au XVIIIe siècle, scènes historiques. — *1 vol. in-18. Paris, Lecou, édit.,* 1854.

513. — MOLÉRI. Petits drames bourgeois. — *1 vol. in-18. Paris, Pagnerre, libr.-édit.,* 1856.

514. — MONNIER (Henri). Mémoires de M. Joseph Prudhomme. — *1 vol. in-18. Paris,* 1857.

515. — MONSELET (Charles). De Montmartre à Séville. — *1 vol. in-18.*

516. — MONSELET. Les frères Chantemesse. — *1 vol. in-18. Paris.*

517. — MONTÉPIN (Xavier de). Le Châlet de lilas. — *2 vol. in-18.* = Un drame à la Salpétrière. — *2 vol. in-18.* = Les Pantins de Mme le Diable. — *2 vol. in-18.* = Les Viveurs d'autrefois. — *1 vol. in-18.* = Simone et Marie. — *6 vol. in-18.* = Brelan de Dames. — *1 vol. in-18.* = La Syrène. — *1 vol. in-18.* = La Maison des mystères. — *2 vol. in-18.*

518. — MORNAND (P.). La vie de Paris. — *1 vol. in-18. Paris,* 1855.

519. — MOYNIER (Cte de). Bohémiens et grands Seigneurs. — *1 vol. in-12. Paris, Jacottet et Comp.,* 1858.

520. — MURGER (Henri). Le Pays latin. *1 vol. in-18. Paris, Michel Lévy,* 1875. = Les Buveurs d'eau. — *1 vol. in-12. Paris, Michel Lévy frères,* 1855. = Propos de Ville et propos de Théâtre. — *1 vol. in-8. Paris, Michel Lévy frères,* 1858.

521. — MUSÉE LITTÉRAIRE. — *1 vol. in-4°.*

522. — MUSSET (A. de). OEuvres complètes. Premières et deuxièmes pièces, Comédies, Contes et Nouvelles, Mélanges; la Confession d'un enfant du siècle; OEuvres posthumes. — *9 vol. in-18.*

523. — MUSSET (Paul de). Puylaurens. — *1 vol. in-18. Michel Lévy.*

** — MUSSET (Paul de). M. le Vent et Mme la Pluie. — *1 vol. in-18.* — (Voir N° 334.)

524. — NADAR. Quand j'étais étudiant. — *1 vol in-12. Paris, Michel Lévy,* 1856.

525. — NERVAL (de). Les Illuminés, récits et portraits. — *1 vol. in-18. Paris, Lecou, libr. édit.,* 1852.

526. — NODIER (Ch.). Romans. — *1 vol. in-12. Paris, Charpentier, libr.-édit.,* 1840.

527. — NORIAC (J.). La Dame à la plume noire. — *1 vol. in-18. Paris, Dentu,* 1862. = Mémoires d'un baiser. — *1 vol. in-18. Paris, Michel Lévy frères, libr.-édit.,* 1863. = Le Grain de sable. — *1 vol. in-18. Paris, Bourdillat et Comp.,* 1861. = Le 101 régiment. — *1 vol. in-18. Paris, Bourdillat,* 1859.

528. — PALLUS (L.). Les Gens de mer. — *1 vol. in-18. Paris, Hachette*, 1860.

529. — PARSEVAL-DESCHÊNES. Les Mystères du hasard. — *1 vol. in-18. Paris, J. Rouff. libr.-édit.*, 1881.

530. — PAVIE (Th.). Récits de terre et de mer. — *1 vol. in-18. Paris, Michel Lévy frères, libr.-édit.*, 1860.

531. — PELLETAN (J.). Jarrousseau, le pasteur du désert. — *1 vol. in-18.*

532. — PELLETAN (J.). La nouvelle Babylone. — *1 vol. in-18.*

533. — PERRON D'ARC (Henri). Les Champs d'or de Bendigo. — *1 vol. in-12. Paris, libr. Hachette et Comp.*, 1863.

534. — PESSARD (H.). Yo et les principes de 89, fantaisie chinoise. — *1 vol. in-12. Bruxelles, A. Lacroix Verboeckhoven et Comp., édit.*, 1886.

535. — PLOUVIER (E.). La Belle aux cheveux bleus. — *1 vol. in-18.*

536. — POÉ (E.). Nouvelles histoires extraordinaires. — *1 vol. in-18. Paris, Michel Lévy frères, libr.-édit.*, 1857. = Eureka. — *1 vol. in-18. Paris, Michel Lévy frères, libr.-édit.*, 1871.

537. — PONSON DU TERRAIL. Le Filleul du roi. — *2 vol. in-18. Paris, E. Dentu, édit.*, 1876. = Les Aventures du capitaine Lapalisse. — *1 vol. in-18.*

538. — POUSCHKINI (L.). La Fille du Capitaine; traduit par Viardot. — *1 vol. in-18. Paris, Hachette et Comp.*, 1854.

539. — QUATRELLES. Les Mille et une Nuits matrimoniales. — *1 vol. in-18. Paris, Charpentier, libr.-édit.*

540. — RABELAIS. OEuvres; nouvelle édition. — *1 vol. in-12. Paris, Charpentier, libr.-édit.*, 1840.

541. — RABELAIS. OEuvres, augmentées de plusieurs extraits des Chroniques admirables du puissant roi Gargantua, ainsi que d'un grand nombre de variantes et de deux chapitres inédits du Ve livre. — *1 vol. in-12. Paris, Charpentier, libr.-édit.*, 1843.

542. — RABOU (Ch.). Les Tribulations et Métamorphoses posthu-

mes de maître Fabricius, peintre. — 1 vol. in-18. Paris, Bourdillat et Comp., édit., 1860.

543. — RAYBAUD (Louis). Jérôme Paturot à la recherche de la meilleure des républiques et à la recherche d'une position sociale. — 2 vol. in-18. Paris, Calmann-Lévy, 1879.

544. — REIFFENBERG (DE). La vie de garnison. — 1 vol. in-18. Paris, Ferdinand, édit., 1863.

545. — RÉNÉ, ou de la véritable source du bonheur. — 1 vol. in-22. Montpellier, Seguin, 1833.

546. — RÉVOIL (B.-H.). Les harems du Nouveau Monde, vie des femmes chez les Mormons. — 1 vol. in-12. Paris, Michel Lévy, édit., 1856. = La Sirène de l'enfer. — 1 vol. in-18. Paris, Brunet, libr. édit., 1865.

547. — RICHARD O'MOUROY. M. Mars et Mme Vénus. — 1 vol. in-18. Paris, Lévy.

548. — RICHEBOURG. (E.). La Nonne amoureuse. — 1 vol. in-18. Paris, 1882.

549. — ROBERT (A.). et CAUVAIN (Jules). Les proscrits de 93. — 1 vol. in-18. Paris, Achille Faure, édit., 1866.

550. — ROLLAND (A.). Les martyrs du Foyer. 1 vol. in-18. Paris, Michel Lévy frères, libr. édit., 1860.

551. — ROMANS ILLUSTRÉS. 3 vol. in-4°. Paris, typographie Henri Plon.

552. — ROQUEPLAN (Nestor). La vie parisienne. — 1 vol. in-12. Paris, Lecou, édit., 1853.

553. — ROUSSEAU (J.-J.). OEuvres complètes, avec 18 gravures et le portrait de J.-J. Rousseau. — 4 vol. in-8°. Paris, Didot, 1874.

I. Les Confessions, les Rêveries du Promeneur solitaire, Écrits en forme de circulaires, Discours politiques, Contrat social, Considérations sur le gouvernement de Pologne. Lettres à M. Buttafuoco. — II. La Nouvelle Héloïse, Émile, Émile et Sophie, Mandement de l'Archevêque de Paris. — III. Lettres écrites de la Montagne, Mélanges, Poésies. — IV. Rousseau juge de Jean-Jacques, Dialogues, Correspondance; Table alphabétique des correspondances de Rousseau; Liste chronologique des ouvrages composés par J.-Jacques; Table générale et analytique des matières.

554. — ROUSSEAU (J.-J.). Ses amis et ses ennemis ; correspondance publiée par G. STRECKEISEN MOULTON, avec une introduction de J. LEVALLOIS et une appréciation critique de SAINTE-BEUVE. — 2 vol. in-8°. Paris, Michel Lévy, 1865.

555. — ROUSSEAU (J.-J.). OEuvres. — 7 vol. in-8°. (Le 2me manque.)

556. — ROUX (F. Roux, de Cette). Le Droit au crime, ou la morale d'un athée. — 1 vol. in-12. Paris, Dentu, libr.-édit., 1872.

557. — RUDE (M.). Le Roman d'une dame d'honneur. — 1 vol. in-18. Paris, J. Rouff, édit.

558. — SACHER-MASOCH. Le Cabinet noir de Lemberg. — 1 vol. in-18. Paris, Calmann-Lévy, édit., 1880.

559. — SAINTINE (R.). Picciola, précédé de quelques recherches sur l'emploi du temps dans les prisons d'État. — 1 vol. in-12. Paris, Gosselin, édit., 1843. = Les Métamorphoses de la femme. — 1 vol. in-12. Paris, Charpentier, libr.-édit., 1853.

560. — SAINT-FÉLIX (J. DE). Les Nuits de Rome. — 1 vol. in-12. Paris, V. Lecou, édit., 1853.

561. — SAND (GEORGES). Mauprat. — 1 vol. in-12. Paris, Verrotin, édit., 1843. = Spiridion. — 1 vol. in-18.

562. — SAND (MAURICE). Callirhoé. — 1 vol. in-18. Michel Lévy, frères, libr.-édit., 1864.

363. — SAUNIÈRE (PAUL). La Meunière du moulin galant. — 2 vol. in-12, Paris, Dentu, édit., 1880. = Le Secret d'or. — 1 vol. in-12. Paris, Rouff, édit.

564. — SCARRON. Le Roman comique. — 1 vol. in-12. Paris, Garnier frères, édit. = Le Roman comique, nouvelle édition revue sur les meilleurs textes. — 1 vol. in-18. Paris, Garnier frères.

565. — SCÈNES de la vie privée et publique des animaux. — 2 vol. in-4°. Paris, édit. Hetzel et Comp., Paulin, 1842.

566. — SCHOLL (AURÉLIEN). Fleurs d'Adultère. — 1 vol. in-12. Paris, Dentu, édit., 1880. = Les Amours de Théâtre. — 1 vol.

in-12. Paris, Hetzel, édit. = Les Gens tarés. — *1 vol. in-12. Paris, Michel Lévy, édit.*, 1865.

567. — SCOTT (W.). OEuvres choisies, texte allemand.—*1 vol. in-18.*

568. — SCOTT (W.). OEuvres diverses. — *14 vol. in-18. Gosselin, libr.*, 1836.

569. — SCOTT (W.). Les Aventures de Nigel, par Montemont. — *Paris*, 1838.

570. — SCOTT (W.). Redgauntlet, histoire du XVIII° siècle. — *1 vol. in-8°. Paris*, 1837.

571. — SCOTT (W.). Quentin Durward, traduction de Vivien, avec vignettes. — *1 vol. in-4°.*

572. — SCOTT (W.). Quentin Durward. — *1 vol. in-8°.*

573. — SCOTT (Walter). OEuvres complètes, trad. par Montemont et Barré. — *28 vol. in-8°. Paris, F. Didot.*

    I. Waverley. — II. L'Antiquaire. — III. Guy Mannering. — IV. Rob-Roy. — V. Kenilworth. — VI. La Prison du Nid-Cothian. — VII. Le Vieillard des tombeaux. — VIII. Ivanohé. — XI. Le Château dangereux, les Eaux de St-Ronan. — X. Woodstoch. — XI. Nigel. — XII. Le Monastère. — XIII. La Fiancée de Lamermoor, Une légende de Montrose — XIV. L'Abbé. — XV. Pervéril du Pic. — XVI. Anne de Geierstein. — XVII. Les Chroniques de la Canongate. — XVIII. Les Fiancés. — XIX. Le Talisman. — XX. Le Pirate. — XXI. Redgandillet. — XXII. Le Nain noir, le Miroir de ma tante Marguerite, la Dame au sac, la Fantasmagorie, Extrait de l'Eyrbiggia, la Maison d'Aspen. — XXIII. Robert. — XXIV. Quentin Durward. — XXV. Le Jour de la Saint Valentin. — XXVI. La Dame du Lac, Harold l'indomptable, la Vision de don Roderich.— XXVII. Rokéby, le Barde des Iles, la Fiancée Triermain, Halidon Hik, Ballader, Mélanges. — XXVIII. Guide en Écosse.

574. — SCRIBE (Eugène). Piquillo Alliaga, ou les Maures sous Philippe III. — *2 vol. in-18. Paris, Dentu, libr.-édit.*, 1874.

575. — SECOND (A.). Misères d'un prix de Rome. — *1 vol. Paris, Dentu.* = A quoi tient l'Amour. — *1 vol. in-18. Paris, Lévy.*

576. — SÉNANCOUR (de). Obermann, avec une préface par Georges Sand. — *1 vol. in-12. Paris, Charpentier, libr.-édit.*, 1844.

577. — SILVESTRE (A.). Les Farces de mon ami Jacques ; 15° édition. — *1 vol. in-18. Paris, Ollendorf, édit.*, 1882.

578. — SIRVEN (A.). Les Imbéciles. — *1 vol. in-18. Paris*, 1863.

579. — SOULIÉ (F.). Si jeunesse savait, si vieillesse pouvait. — *1 vol. in-4°. Paris, Gosselin.* = Confession générale. — *1 vol. in-18. Paris, Michel Lévy, édit.*, 1858. = La Maison N° 3 de la rue de Provence. — *1 vol. in-18.* = Le Conseiller d'État. — *1 vol. in-18.*

580. — SOUVESTRE (E.). Le Monde tel qu'il sera. — *1 vol. in-4°. Paris, Coquebert, édit.* = Les Réprouvés et les Élus. — *2 vol. in-8°. Paris, Coquebert, édit.*, 1845.

581. — SOUVESTRE (E.). Chroniques de la mer. — *1 vol. in-18. Paris, Michel Lévy frères, libr.-édit.*, 1857. = Dans la prairie. — *1 vol. in-18. Paris, Michel Lévy frères, libr.-édit.*, 1856.

** — SOUVESTRE (E.). Le Monde tel qu'il sera. — *1 vol. in-8°. Paris, Coquebert.*

582. — STAPLEAUX (L.). Le Pendu de la forêt noire. — *1 vol. in-18. E. Dentu, éditeur*, 1880. = Sergent l'empoisonneur. — *1 vol. in-18. Paris, E. Dentu, édit.*, 1882.

583. — STENDHAL (DE). Le Rouge et le Noir, Chronique du XIX° siècle. — *2 vol. in-18. Paris, Levavasseur, libr.-édit.*, 1831.

584. — SUE (J.). Henri le Chancellier. — *1 vol. in-18. Paris, Pagnerre, édit.*, 1857.

585. — SWIFT. Voyages de Gulliver dans des contrées lointaines ; trad. nouvelle, précédée d'une notice, par Walter Scott. — *1 vol. in-8°. Paris, Garnier*, 1873.

586. — SWIFT. Voyages de Gulliver. — *1 vol. in-18. Paris, Garnier frères*, 1841.

587. — TAINE (H.). Vie et opinions de Graindorge. — *1 vol. in-18. Paris, Hachette*, 1883.

588. — TALLOU (A.). L'Auberge du Spessart ; Contes allemands, traduits et imités de Hanf et illustrés de 61 vignettes. — *1 vol. in-18. Paris, Hachette*, 1863.

589. — TALMAYER et GASSIER. L'Aventure de Perdita. — *1 vol. in-18. Paris, Dentu, édit.*, 1882.

590. — TEXIER et LE SENNE. Mademoiselle de Bagnols. — *1 vol. in-18. Paris, Calmann-Lévy, édit.*, 1883. = La Fin d'une race. — *1 vol. in-18. Paris, Calmann-Lévy, édit.*, 1881.

591. — TOUCHARD-LAFOSSE. Chroniques pittoresques et critiques de l'œil de bœuf. — *4 vol. in-18. Gustave Barba, édit.*, 1844.

592. — TOURGUENEF (Ivan). Dimitri Roudine; suivi du Journal d'un homme de trop et de Trois Rencontres. — *1 vol. in-18. Paris, Hetzel.* = Scènes de la vie Russe. — *1 vol. in-18. Paris, Hachette*, 1858.

593. — TULLIÉ-MONEUSE (Mme). Regina. — *1 vol. in-8°. Paris, E. Desessart et Comp., édit.*, 1838.

594. — UCHARD (Mario). Mon oncle Barbassou. — *1 vol. in-18. Paris, Calmann-Lévy, édit.*, 1877.

595. — UNE PIEUSE MÈRE. — *1 vol. in-18. Bordeaux*, 1873.

596. — VALBEZEN (A. de). Récits d'hier et d'aujourd'hui. — *1 vol. in-12. Paris, M. Lévy frères, édit.*, 1855.

597. — VALLERY-RADOT. L'Étudiant. — *1 vol. in-18. Paris, Hetzel.* = Journal d'un Volontaire d'un an au 10e de ligne. — *1 vol. in-18. Paris, Hetzel et Comp., édit.* — (Voir N° 29.)

598. — VALLÈS (Jules). Les Réfractaires. — *1 vol. in-18. Paris, Hachette*, 1866.

599. — VAST-RICOUARD. Vices parisiens; 4e édition. — *1 vol. in-18. Paris, Derveaux, édit.*, 1881. = Séraphin et Comp.; 2e édit. — *1 vol. in-18. Paris. Ollendorff, édit.*, 1880.

600. — VERNE (Jules). OEuvres. — *33 vol. in-18. Paris, Hetzel.*

    I. Les Anglais au Pôle Nord. — II. Le Désert de glace. — III-V. Les Enfants du capitaine Grand. — VI. Aventures de 3 Russes et de 3 Anglais. — VII. De la Terre à la Lune. — VIII. Autour de la Lune. — IX. Cinq Semaines en ballon. — X. La Découverte de la Terre. — XI. Les Voyageurs du XIXe siècle. — XI *(bis)*. Les Voyageurs du XVIIIe siècle. XII. Une Ville flottante. — XIII-XIV. 20000 Lieues sous les Mers. — XV. Voyage au centre de la Terre. — XVI-XVII. Le Pays des Fourrures. XVIII. Le Tour du Monde en 80 jours. — XIX. Le docteur Ox. — XX-XXII. L'Ile mystérieuse. — XXIII. Le Chancellor. — XXIV-XXV. Michel Strogoff. — XXVI. Les Indes Noires. — XXVII-XXVIII. Hector

Servadac. — XXIX-XXX. Un Capitaine de 15 ans. — XXXI. Les cinq Cent millions de la Begum. — XXXII. Les Tribulations d'un Chinois en Chine.

601. — VERNEUIL (V.). Mes Aventures au Sénégal. — *1 vol. in-18. Paris, Jacottet et Comp., édit.*, 1858.

602. — VEUILLOT (L.). Çà et Là; Satires. — *3 vol. in-18. Paris, Gaume frères*, 1865.

603. — VIALON (P.). L'Homme au Chien muet. — *1 vol. in-12.*

604. — VIARDOT. Souvenirs de chasse. — *1 vol. in-18. Paris, Hachette*, 1853.

605. — VIGNY (Alfred de). Servitude et grandeur militaire. — *2 vol. in-18. 14e édition. Paris, Calmann, édit.*, 1880. — (Voir N° 296.)

606. — VILBERT (J.). Les Héroïnes. — *1 vol. in-18. Paris, Hachette et Comp.*, 1864.

607. — VILLEDEUIL (Cte de). Paris à l'envers. — *1 vol. in-18. Paris*, 1853.

608. — VILLEMESSANT (H. de). Mémoires d'un journaliste. — *1 vol. in-18. Paris, E. Dentu, libr.-édit.*, 1867.

609. — VILLEMOT (E.). Les Bêtises du cœur, mœurs parisiennes. — *1 vol. in-18. Paris, Ollendorf. édit.*, 1882.

610. — VINCENT (C.). Le Tueur de brigands. — *1 vol. in-18. Paris, Bourdillat et Comp., édit.*, 1859.

* * — VOLTAIRE. Romans, 8e vol. des OEuvres complètes; édition ornée de gravures. — *Gr. in-8°. Paris, Didot*, 1874. — (Voir N° 298.)

611. — YRIARTHE. Les Célébrités de la rue, ornées de 40 types gravés. — *1 vol. in-18. Paris, E. Dentu, édit.*, 1868.

612. — YVAN. Légendes et récits. — *1 vol. in-18. Paris, Hachette*, 1861.

613. — ZIWOT. Tomaza Ostrowskiego. — *1 vol. in-8°. Paryz*, 1836.

614. — ZOLA (E.). Nana. — *1 vol. in-18.* = Contes à Ninon. — *1 vol. in-18. Paris, Charpentier*, 1879.

SEPTIÈME SECTION.

DIALOGUES, CONTES, APOLOGUES.

** — BALZAC. Contes drolatiques; XIXe et XXe vol des Œuvres complètes. — (Voir N° 369.)

** — BARBIER. Histoires de voyages et Contes du soir; IIIe et IVe vol. des Œuvres complètes. — (Voir N° 202.)

615. — CHAMPFLEURY. Contes de printemps, d'été, d'automne ; Contes domestiques, la Succession Le Camus ; le Réalisme. — 6 vol. in-18. Paris. V. Lecou, libr.-édit., 1853.

616. — CHODZKO. Contes des paysans et pâtres slaves ; traduits en français et rapprochés de leur source indienne. — 1 vol. in-18. Hachette et Comp., 1864.

617. — CHOMPRÉ. Dictionnaire abrégé de la Fable, pour l'intelligence des poètes, des tableaux et des statues dont les sujets sont tirés de l'histoire poétique ; 9e édition. — 1 vol. in-22. Paris, Desaint et Saillant, 1761.

** — CONSTANT (B.). Adolphe ; anecdote trouvée dans les papiers d'un inconnu, suivie des ouvrages du même écrivain, quelques réflexions sur le théâtre allemand et la tragédie de Walstein. — 1 vol. in-12. Paris, Charpentier, 1839. (Voir N° 312.)

618. — CONTEUR UNIVERSEL, recueil d'histoires et d'anecdotes amusantes. — 1 vol. in-12. Paris, Librairie centrale, 1837.

619. — DARNIM (A.). Contes bizarres ; traduction de Th. GAUTIER fils. — 1 vol. in-18. Michel Lévy frères, libr.-édit., 1856.

620. — DIALOGUES EXTRAVAGANTS. — 1 vol. in-18. Paris, Librairie internationale, 1867.

** — ERCKMANN-CHATRIAN. Contes fantastiques. — 1 vol. in-18. Paris. Hachette, 1860. — (Voir N° 432). = Contes des bords du Rhin. — 1 vol. in-18. Paris, J. Hetzel. — (Voir N° 432.) = Contes de la Montagne. — 1 vol. in-18. Paris, Michel Lévy. — (Voir N° 432.)

** — FÉNELON. Œuvres. — (Voir N° 186.)

** — GOZLAN (L.). Le Tapis vert, Contes et Nouvelles. — *1 vol. in-12. Paris, Lévy,* 1855. (Voir N° 454.)

621. — GHELL (D.-J.). Y rente traditions americas. — *1 vol. in-12. Michel Lévy, libr.*, 1861.

622. — HOFFMANN. Fammtliche Werke in einem bande. — *Paris, Baudrys,* 1841.

623. — HOFFMANN. Contes posthumes; traduits par Champfleury. — *18 vol. in-18. Paris, Michel Lévy, libr.-édit.,* 1856.

624. — JACOB (P.-L.). Les vieux conteurs français, revus et corrigés sur les éditions originales, accompagnés de notes et précédés de notices historiques.

** — JOUFFRET (A.). Fables choisies; traduites en vers latins avec le texte en regard, suivies de diverses poésies latines. — *2 vol. in-18. Paris, Delalain, impr. libr.*, 1828. — (Voir N° 245.)

625. — JOHANNOT, A. de MUSSET et J. STAHL. Voyage où il vous plaira. — *1 vol. in-4°. Paris, Hetzel, édit.,* 1843.

626. — LACHAMBAUDIE. Fables; précédées d'une lettre, préface de P.-J. Béranger. — *1 vol. in-12. Paris, Perrotin, édit.*

** — LACROIX (E. Pétis de). Les Mille et un Jours, contes persans traduits. — *1 vol. in-12. Paris, V. Lecou, libr.-édit.,* 1846. — (Voir N° 477.)

** — LAFONTAINE. Œuvres complètes, avec une notice et des notes, par Walckenaer. — *1 vol. gr. in-8°. Paris, Didot,* 1874. — (Voir N° 247.)

** — LAFONTAINE. Œuvres inédites, avec diverses pièces en vers et en prose qui lui ont été attribuées, recueillies pour la première fois par P. Lacroix. — *1 vol. in-8°. Hachette,* 1863. — (Voir N° 248.)

627. — LASALE (A. de). L'Hôtel des haricots, maison d'arrêt de la Garde nationale de Paris. — *1 vol. in-8°. Paris, E. Dentu, édit.*

628. — MAISTRE (Xavier de). Œuvres complètes : Voyage autour de ma chambre, Expédition nocturne, le Lépreux de la cité d'Aoste, les Prisonniers du Caucase, la Jeune Sibérienne. — *1 vol. in-12. Paris, Charpentier, libr.,* 1841.

629. — MARMIER (X.). Au bord de la Néva, contes russes. — *1 vol. in-18. Michel Lévy frères, édit.* = Les Drames intimes, contes russes. — *1 vol. in-18. Paris, Michel Lévy frères, édit.,* 1857.

— 72 —

= Histoires allemandes et scandinaves. — 1 vol. in-18, Paris, Michel Lévy, libr.-édit., 1860.

* * — MÉRIMÉE (P.). Colomba, la Vénus, les Ames du purgatoire. — 1 vol. in-18. Paris, Calmann-Lévy, édit. — (Voir N° 507.)

630. — MICHAUD et NODIER. Veillées de familles; contes instructifs et proverbes moraux en français, italien, anglais et allemand. — 1 vol. in-4°. Paris, Allardin, lib.-édit., 1837.

* * — MUSSET (A. de). Contes. — 1 vol. in-18. Charpentier. — (Voir N° 522.)

631. — NEWIL (Ch.). Contes excentriques. — 1 vol. in-18. Paris, Hachette, 1855. = Nouveaux contes excentriques. — 1 vol. in-18. Paris, Hachette, 1859.

632. — NIBELLE (P.). Légendes de la vallée. — 1 vol. in-18. Paris, Giraud, libr.-édit., 1853.

633. — NODIER (Ch.). Contes; eaux fortes par Tony Johannot. — 1 vol. in-4°. Paris, Hetzel, 1846.

634. — OVIDE. Abrégé des Métamorphoses, avec explication historique sur chaque fable. — 1 vol. in-18. Paris, Tardieux, libr., 1808.

* * — OVIDE. — (Voir N° 38.)

* * — PHÈDRE. Fables. — (Voir N° 38.)

635. — PIGNOTTI (L.). Favole e novelle; sesta edizione. — 1 vol. in-8°. In Nizza, 1787.

636. — PONTMARTIN (de). Contes et nouvelles. — 1 vol. in-12. Paris, Michel Lévy frères, édit., 1856.

637. — RECLUZ (J.-A.). Fablos et Sournettos (offert par l'auteur). — 1 vol. in-8°. Béziers, Fuzier, 1855.

638. — SECOND (A.). Contes sans prétention. — 1 vol. in-18. Paris, V. Lecou, édit., 1854.

639. — TEXIER (E.). Contes et Voyages. — 1 vol. in-18. Michel Lévy frères, libr.-édit., 1854.

640. — TOPFFER (R.). Nouvelles genevoises. — 1 vol. in-22. Paris, Passard. libr.-édit., 1851.

641. — USSIEUX. Nouvelles françaises. — *3 vol. in-8°. Paris, Belin, imp. libr.*, 2ᵉ *édition, an* VII.

642. — VARENNES (DE). Contes et Historiettes. — *1 vol. in-18. Paris, Carlier, libr.-édit.*

** VIENNET. Fables. — *1 vol. in-12. Paris, Paulin, libr.-édit.*, 1843. — (Voir N° 295.)

** — VIVAREL (P.-F.). Dialogue: L'Ombre du curé Arnal et son bedeau Thomas, dédié à MM. les Fabriciens de l'église de Servian, et poésios bitérouésos per diverses autous. — *1 vol. in-8°. Béziers, Domairon, libr.*, 1840. — (Voir N° 35.)

** — VOLTAIRE. Dialogues ; 6ᵉ vol. des OEuvres complètes. — (Voir N° 298.)

HUITIÈME SECTION.

ÉPISTOLAIRES.

** — ABÉLARD et HÉLOISE. Lettres complètes d'Abélard et d'Héloïse ; traduction nouvelle, précédée d'une préface par GRÉARD. — *1 vol. in-18. Paris, Garnier, libr.-édit.* — (Voir N° 357.)

643. — BAYLE (P.). Nouvelles lettres. — *2 vol. in-18. La Haye, J. Van Duren*, 1739.

644. — BÉAT (L.) de MURALT. Lettres sur les Anglais et les Français et sur les voyages. — *1 vol. in-8°.* 1725.

645. — CATESBY (JULIETTE). Lettres à Milady Henriette Campley, son amie. — *1 vol. in-12. Amsterdam*, 1761.

** — CICÉRON. Lettres ; 5ᵉ vol. des OEuvres complètes. — (Voir N° 38.)

** — CLIFTON-VITALIS, etc. Manuel de la conversation et du style épistolaire, à l'usage des voyageurs et de la jeunesse des écoles en 6 langues, français, etc. — (Voir N° 151.)

646. — DEMOUTIER (A.). Lettres à Émilie sur la Mythologie. — *2 vol. gr. in-18. Paris, Garnery, libr.*, 1822.

647. — DUNOYER (Mme). Lettres historiques et galantes; ouvrage curieux. — *12 vol. in-22. Paris, Seguin, impr. libr.*, 1740.

648. — DUPATY. Lettres sur l'Italie en 1785. — *1 vol. in-18 en 2 tomes. Paris, Aimé Payen, libr.*, 1825. = Lettres sur l'Italie en 1785. — *1 vol. in-18 en 3 tomes. Dufour et Comp., Paris*, 1827.

* * — FÉNELON. Lettres. — (Voir N° 186.)

649. — FRÉDÉRIC II et SUHN. Correspondance de Frédéric II, roi de Prusse, avec Suhm, conseiller intime de l'électeur de Saxe. — *2 vol. in-12. Genève, Barde*, 1787.

650. — FREIDEL (Louise). Lettres à Sophie, ou les derniers accents de la tendresse maternelle. — *1 vol. in-18. Paris, Friedel et Gax, édit.*, 1827.

651. — GUI-PATIN. Lettres. Nouvelle édition, augmentée de lettres inédites, précédée d'une notice biographique, par Réveille Darisse. — *3 vol. in-8°. Paris, Baillière*, 1846.

652. — HEINE (Henri). Lutèce, lettres sur la vie politique et sociale de la France. — *1 vol. in-12. Paris, Michel Lévy, édit.*, 1855.

* * — HÉLOISE et ABELARD. Lettres ; traduction nouvelle par le Bibliophile Jacob, précédée d'un travail historique et littéraire par Villenave. — *1 vol. in-18. Paris, Charpentier, édit.*, 1880. — (Voir N° 461.)

653. — HOLBACH (baron D'). Letters to Eugenia on the Absurd. *1 vol. in-12. New-York, Duhecquet*, 1833.

654. — LAMARTINE (A. de). Correspondance, publiée par Mme Valentine de Lamartine. — *6 vol. in-8°. Paris, Hachette*, 1873.

655. — MÉRIMÉE (P.). Lettres à une inconnue, avant-propos par Blaze de Bury. — *1 vol. in-18. Paris, Michel Lévy, édit.*, 1875.

* * — MONTESQUIEU. Lettres Persannes ; 6e vol. des Œuvres complètes. — (Voir N° 839.)

656. — MIRECOURT (Eug. de). Lettres à M. J. Proudhon. — *1 vol. in-18. Paris*, 1858.

657. — PASCAL. Les Provinciales, ou lettres de Louis de Montalte. *2 vol. in-22. Paris, Renouard*, 1803.

658. — PHILIPPE II. Lettres à ses filles Isabelle et Catherine, écrites pendant son voyage en Portugal (1581-1583); publiées d'après les originaux autographes conservés dans les archives royales de Turin. — *1 vol. in-8°. Paris, Nourit et Comp., impr. édit.*, 1884.

* * — PLINE LE JEUNE. Lettres. — (Voir N° 38.)

659. — RAYNAL (P. de). Les Correspondants de Joubert (1785-1822); Lettres inédites avec les portraits de Mme de Châteaubriant et de Beaumont. — *1 vol. in-18. Paris, Calmann-Lévy, édit.*, 1883.

* * — ROUSSEAU (J.-J.). Lettres. — (Voir N° 553.)

* * — ROUSSEAU. Ses amis et ses ennemis; correspondance publiée par G. Strec-Keisen-Moulton, avec une introduction de Jules Levallois et une appréciation critique de Sainte-Beuve. — *2 vol. in-8°. Paris, Michel Lévy*, 1865. — (Voir N° 554.)

660. — SÉVIGNÉ (Mme de). Lettres, avec les notes de tous les commentateurs. — *6 vol. in-12. Paris, F. Didot*, 1867.

661. — STERNE. Vie et opinions de Tristam Shandy, suivies du Voyage sentimental et des lettres de Yorick à Éliza; traduction nouvelle par Wailly. — *2 vol. in-18. Paris, Charpentier, édit.*, 1877.

662. — SWETCHINE. Nouvelles lettres de Mme Swetchine, publiées par le Marquis de la Grange. — *1 vol. in-18. Paris, Amyot, libr.-édit.*, 1875.

* * — VOLTAIRE. Lettres; 9, 10, 11, 12 et 13 des OEuvres complètes. — (Voir N° 298.)

NEUVIÈME SECTION.

BIBLIOGRAPHIE.

663. — BARNAGE (de Beauval). Histoire des ouvrages des savants (1696). — *1 vol. in-18. Rotterdam, Reinier Leers.*

664. — CATALOGUE des manuscrits de la Bibliothèque de la ville et de celle de l'École de médecine de Montpellier, publié sous la direction de la Commission du Catalogue général des manuscrits. — *1 vol. in-4°. Paris, Imprimerie nationale,* 1849.

665. — CATALOGUE des ouvrages légués à la Bibliothèque de la ville de Montpellier, par le Dr C.-A. Fages; imprimé par décision du Conseil municipal. — *1 vol. in-8°. Grollier,* 1880.

666. — CATALOGUE des livres légués à la Bibliothèque de la ville de Montpellier, par Saint-Albin Reynaud, avocat. — *1 vol. in-8°. Grollier,* 1881.

667. — FLEURY, bibliothécaire-archiviste. Catalogue méthodique de la Bibliothèque communale de Brest en 1853, par Bizet jeune, maire de Brest; classée et installée par M. Fleury. — *2 vol. in-8°.* Le 1er contenant la Théologie et la Jurisprudence, et le 2e les Sciences et les Arts. — *Brest, impr. J.-P. Gadrau,* 1880.

668. — GAUDIN (L.), docteur en Droit, bibliothécaire. Catalogue de la Bibliothèque de Montpellier. — *6 vol. in-8°. Montpellier, impr. Grollier.*

    I. Théologie. — II. Belles-lettres. — III. Histoire et Géographie. — IV-VI. Histoire.

669. — JOLIET (Ch.). Les Pseudonymes du jour. — *1 vol. in-18. Paris, A. Faure, édit.,* 1867.

670. — LACOUR (L.). Annuaire du Bibliophile, du Bibliothécaire, de l'Archiviste. — *1 vol. in-18. Paris, E. Meugnot,* 1862.

671. — PARIS (L.). Manuscrits de la Bibliothèque du Louvre. — *1 vol. in-8°.*

672. — TOURANJON (A.). Catalogue méthodique de la Bibliothèque de la ville d'Ajaccio. — *1 vol. in-8°. Imprimerie Jh. Pompani,* 1879.

673. — VAUDIN (G.-F.). Gazettes et Gazetiers, histoire critique et anecdotique de la Presse parisienne. — *1 vol. in-18.* **Paris,** *E. Dentu, édit.,* 1863.

TROISIÈME SÉRIE.

HISTOIRE ET GÉOGRAPHIE.

PREMIÈRE SECTION.

POLYGRAPHIE LIMITÉE A L'HISTOIRE ET A LA GÉOGRAPHIE.

674. — AYNÈS (F.-D.). Nouveau Dictionnaire universel de Géographie ancienne et moderne. — *3 vol. in-8°. Lyon, Busand et Comp.*, 1804.

675. — BASVILLE (de). Mémoires pour servir à l'Histoire du Languedoc. — *1 vol. in-12. Amsterdam, P. Royer, impr.-libr.*, 1734.

676. — BIOGRAPHIE UNIVERSELLE, ancienne et moderne. — *52 vol. in-8°. Paris, Michaud frères*, 1811.

677. — BOUILLET. Dictionnaire universel d'histoire et de géographie, contenant l'histoire proprement dite, la biographie universelle, la mythologie, la géographie ancienne et moderne; ouvrage revu et corrigé et continué par Chassang, inspecteur général de l'Université. — *1 vol. in-8°. 23° édition. Paris, Hachette*, 1876.

678. — CATLIN. Die Indianer Nord Americas. — *1 vol. in-8° illustré. Leipzig, Carl. Muquardt*, 1848.

679. — CHARMES (Gabriel). La Tunisie et la Tripolitaine. — *1 vol. in-18. Paris, Calmann-Lévy, édit.*, 1883.

680. — DAMAS-HINARD. Lafontaine et Buffon. — *1 vol. in-18. Paris, Perrotin*, 1861. — (Voir Polygraphie limitée aux belles-lettres.)

681. — DELAMONT (Ernest). Notice historique sur la poste aux lettres dans l'antiquité et en France. — *1 vol. in-18. Bordeaux, Perey*, 1870.

682. — DELIGNY (Général). Armée de Metz ; Documents publiés pour servir à la guerre de 1870-71. — *1 vol. in-12. Paris, Lacroix et Comp., édit.*, 1871.

683. — DESCHANEL. La question du Tonkin. — *1 vol. in-12. Paris, Berger, Levrault et Comp., édit.*, 1884.

684. — DESCRIPTION DE L'ÉGYPTE par ordre du Gouvernement français, en 1809. — *3 vol. in-fol.*

** — DOMERY et RIENZI. Dictionnaire usuel et géographique. — *1 vol. in-8°. 4ᵉ édition. Paris, Langlois et Leclercq.* — (Voir N° 21.).

** — EXPLORATEUR (L.). Journal des conquêtes de la civilisation sur tous les points du globe, avec illustrations et cartes hors texte, sous la direction de Ch. Hertz. — *6 vol. in-8°. Paris, Bureaux du Journal.* — (Vʳ N° 22.)

** — EXPLORATION (L'). Journal géographique et commercial hebdomadaire, avec illustrations, cartes et planches. — *3 vol. in-4°.* — (Vᵉ N° 23.)

685. — FERRER, capitaine d'artillerie. Mémoires critiques sur l'Orient, suivis de réflexions philosophiques et d'un essai sur l'île de Corfou. — *1 vol. in-8°. Paris, Didot*, 1847.

686. — FOURNIER (A.). Les Animaux historiques, suivis de lettres sur l'intelligence des animaux de G.-G. Leroy, et de particularités curieuses extraites de Buffon; illustrés de vignettes intercalées dans le texte et de 20 gravures hors texte, par V. Adam. *1 vol. gr. in-8°. Paris, Garnier frères, libr. édit.*

687. — GOZZI (Ch.). Mémoires écrits par lui-même; traduction libre par Paul de Musset. — *1 vol. in-18. Paris, Charpentier, libr.-édit.*, 1848.

688. — GRAMMONT (de). Mémoires, par Hamilton. — *1 vol. en 2 tom. in-22. Paris, L. de Bure, libr.*, 1826.

** — GRATIONESCO. (J.). Le Peuple Roumain d'après ses chants nationaux, essai de littérature et de morale. — *1 vol. in-18. Paris, Hachette*, 1874. — (Voir N° 100.)

689. — GRIMM. Gazette littéraire, histoire, littérature, philosophie. — *1 vol. in-18. Paris, Eug. Didier, édit.*, 1854.

690. — HARMONVILLE (A. d'). Dictionnaire des dates, des faits, des lieux et des hommes historiques, ou les tables de l'histoire; répertoire alphabétique de Chronologie universelle, publié par une Société de savants et de gens de lettres. — *2 vol. in-4°. Paris, Alphonse Levavasseur et Comp.*, 1842.

691. — HEINE (H.). Reisebilder, tableaux et voyages. — *1 vol. in-18. Paris, V. Lecou, édit.*, 1853.

692. — HERTZEN. Le Monde Russe et la Révolution; mémoires de 1840-1847, traduits par H. Delaveau, avec illustrations par Schonk. — *1 vol. in-18. Paris, E. Dentu, édit.*, 1862.

693. — IMBERT DE SAINT-AMAND. Les Femmes de Versailles; la Cour de Louis XIV. — *1 vol. in-18. Paris, Dentu, libr.-édit.*, 1874.

694. — JOURNAL DES VOYAGES, découvertes et navigations modernes, ou archives géographiques du XIX° siècle; publié par Vernem et Friéville. — *48 vol, in-8°. Paris, Roret, libr.*, 1824.

695. — KÉRATRY. Brochures diverses, documents nécessaires pour l'intelligence de l'Histoire de France en 1820; la France telle qu'on l'a faite en 1821; du Culte et de son état en France en 1825. — *1 vol. in-8°. Paris, Maradan, libr.*, 1825.

696. — LAHARPE (J.-F.). Abrégé de l'Histoire générale des Voyages, contenant ce qu'il y a de plus remarquable dans les pays où les voyageurs ont abordé. — *24 vol. in-8° et 1 Atlas in-fol.*

697. — LAHARPE. Lycée, ou cours de Littérature ancienne et moderne. — *3 vol. in-12. Paris, Béchet, libr.*, 1813.

698. — LAHARPE. Cours de Littérature ancienne et moderne. — *16 vol. gr. in-12, avec table générale dans le 16ᵉ vol. Paris, Verdier*, 1818.

699. — LANDRIN (A.). Les inondations; ouvrage illustré de 24 vignettes, par Vuillier. — *1 vol. in-18. Paris, Hachette et Comp.*, 1880.

700. — MATHIEU (H.). La Turquie et ses différents peuples. — *Paris, E. Dentu, édit.*

701. — MAZADE (Ch. de). L'Espagne moderne. — *1 vol. in-12. Paris, Michel Lévy frères, libr.-édit.*, 1855.

702. — MYTHOLOGIE comparée avec l'Histoire, par Tressan. — *2 vol. in-18. Paris, Dufour*, 1884.

703. — NEGRI CRISTOFORO. Memorie storico-politiche sugli antichi greci e romani. — *1 vol. in-8°. Torino, tipographia Paravia et Comp.*, 1864.

704. — PAUTHIER. Le livre de Marco Polo, citoyen de Venise, conseiller privé et commissaire impérial de Khoubilai-Klaën, rédigé en français sous sa dictée, en 1298, par Rasticien, de Pise. — *2 vol. in-4°. Paris, Didot frères*, 1865.

705. — QUINET (Mme Edgard). Paris, journal du siége; précédé d'une préface d'Edgard Quinet. — *1 vol. in-18. Paris, E. Dentu, libr.-édit.*, 1873.

706. — ZELLER (Jules). L'Année historique, ou revue annuelle des questions et des évènements politiques en France et en Europe, et dans les principaux états du monde. — *2 vol. in-12. Paris, Hachette*, 1860.

DEUXIÈME SECTION.

HISTOIRE.

707. — AFFAIRES DE L'INDE, depuis le commencement de la guerre avec la France en 1756 jusqu'à la conclusion de la paix en 1783; traduit de l'anglais. — *Brisson, libr. à Londres*, 1788.

708. — ALTON SHÉE (le comte d'), ancien pair de France. Mémoires (1828-1848). — *2 vol. in-18. Paris, Lacroix, édit.*, 1869.

709. — ANQUETIL. Histoire de France depuis les Gaulois jusqu'à la mort de Louis XVI; 5ᵉ édition. — *10 vol. in-8°. Paris, Ledentu*, 1825.

** — ANQUETIL. Histoire de France, continuée depuis la Révolution de 1789 jusqu'à celle de 1830, par Léonard Gallois; gravures en taille douce. — 4 vol. in-8°. Paris, Compagnie Bibliopéenne.

710. — APOLLONE. Histoire d'Apollone de Tyane convaincue de fausseté. — 1 vol. in-18. Paris, P. Giffart, 1705.

711. — ARGENSON (d'). Considérations sur le gouvernement ancien et présent de la France.

712. — ARNOULD (A.) et ALBOIZE DU PUJOL. Histoire de la Bastille depuis sa fondation (1374) jusqu'à sa destruction (1789); édition illustrée. — 4 vol. in-4°. Paris, Administration de la librairie, 1844.

713. — AUBIGNÉ (Agrippa d'). Mémoires, publiés pour la première fois, d'après le manuscrit de la bibliothèque du Louvre, par Ludovic Lalanne. — 1 vol. in-18. Paris, Charpentier, libr.-édit., 1854.

714. — AUDIN (M.). Histoire d'Henri VIII et du Schisme d'Angleterre; 2e édition. — 1 vol. in-18. Paris, L. Maisons, libr.-édit., 1850.

715. — AURELLE DE PALADINES (D'). Campagne de 1870-1871; La première armée de la Loire; 3e édition. — 1 vol. Paris, Plon, 1872.

716. — AZANZA (M.-J. de) et O-FARRILL (D.-G.). Mémoire et Exposé des faits qui justifient leur conduite politique depuis mars 1808 jusqu'en avril 1814; traduit de l'espagnol par Feudras. — 1 vol. in-8°. Paris, Bourgeron, 1815.

717. — BALZAC (Honoré de). Histoire de l'Empereur, racontée dans une grange par un vieux soldat et recueillie par Balzac. — 1 vol. in-22. Paris, Dubochet, 1842.

718. — BARANTE (de). Histoire des Ducs de Bourgogne de la maison de Valois (1364 à 1477). — 13 vol. in-8°. Le 13e vol. composé de cartes et de figures. Paris, Delloye, 1839.

719. — BARBAROUX (Ch.). Collection de mémoires relatifs à la Révolution française. — 1 vol. in-8°. Paris, Baudoin frères, 1822.

720. — BARNI (Jules). Napoléon 1er et son historien M. Thiers. — 1 vol. in-12. Paris, Germer Baillière, libr.-édit., 1869.

** — BARRUEL. Mémoires pour servir à l'histoire du Jacobinisme. — *5 vol. in-8°.* — (Voir N° 918.)

721. — BERNARD (F.). Les Fêtes célèbres de l'antiquité, du moyen-âge et des temps modernes; ouvrage illustré de 23 vignettes, par GONTZWILLER. — *1 vol. in-18. Paris*, 1878.

722. — BIBESCO (Le prince GEORGES). Campagne de 1870-1871 : Belfort, Reims, Sedan; le 7ᵉ Corps d'armée. — *1 vol. in-8°. 5ᵉ édition. Paris, E. Plon*, 1878.

723. — BLANC (LOUIS). Histoire de la Révolution française; 2ᵉ édition. — *12 vol. in-8°. Paris, Furne et Comp., Jannet et Comp.*, 1870.

724. — BLANC (LOUIS). Révolution française, histoire de dix ans (1830-1840); 11ᵉ édition, augmentée de documents diplomatiques, avec gravures intercalées dans le texte. — *5 vol. in-8°. Paris, Pagnerre.*

725. — BOELL (Louis). Histoire de la Corse, depuis les temps les plus reculés jusqu'à son annexion à la France en 1769, tirée des œuvres de Grégorovius et précédée d'une notice sur cette île. — *1 vol. in-8°. Marseille, Cayn et Comp.*, 1878.

726. — BONILLA (CARLOS DE). Guerre civile en Espagne (1833, 1848, 1872). — *1 vol. in-8°. Paris, Dentu, libr.-édit.*

727. — BOSSUET. Discours sur l'Histoire universelle depuis le commencement du monde jusqu'à l'empire de Charlemagne. — *2 vol. in-18. Paris, Didot*, 1815.

728. — BOSSUET. Extrait de l'Histoire universelle, faisant partie du cours d'étude rédigé à l'usage des écoles militaires; 3ᵉ édit. — *1 vol. in-18. Paris, Nyon, libr.*, 1804.

729. — BRUNSWIK (B.) Le Traité de Berlin, annoté et commenté. — *1 vol. in-8°. Paris, Plon*, 1878.

730. — BRZOZOWSKI. La guerre de Pologne en 1831. — *1 vol. in-8°. Leipzig, A. Drothans*, 1832.

731. — BUCHON. Recherches historiques sur la principauté française de Morée et ses hautes baronnies; 1ʳᵉ époque, conquête

et établissement féodal, de l'an 1205 à l'an 1333. — 2 vol. in-8°. Paris, Renouard et Comp., 1845.

732. — BURETTE (Th.). Histoire moderne. — 2 vol. in-12. Paris, Chamrat, libr.-édit., 1843.

733. — CAMPAGNE DE 1870. Récit des événements militaires depuis la déclaration de la guerre jusqu'à la capitulation de Paris; traduit du *Times* par Roger Allou. — 1 vol. in-12. Paris, Garnier frères, 1871.

734. — CAMPAGNE DE 1870 jusqu'au 1er septembre, par un Officier de l'armée du Rhin. — 1 vol. in-18. Bruxelles, J. Rozez.

735. — CAPEFIGUE (M.). L'Europe pendant le consulat et l'empire de Napoléon. — 2 vol. in-8°. Paris, Pitois-Levrault et Comp., 1840.

736. — CASTILLE. Parallèle entre César, Charlemagne et Napoléon, l'empire et la démocratie; philosophie de la légende impériale. — 1 vol. in-8°. Paris, Plon, impr., 1858.

737. — CELLINI (Benvenuto). Mémoires, écrits par lui-même et traduits par Léopold Leclanché. — 1 vol. in-18. Paris, J. Labitte, libr.-édit.

738. — CHANZY (général). Campagne de 1870-71; la 2me armée de la Loire; 7e édition. — 1 vol. in-8°. Paris, Plon, 1876.

739. — CHATEAUBRIAND. Mémoires sur la captivité de la duchesse de Berry. — 1 vol. in-8°. Paris, Normand, édit., 1833.

740. — CHATEAUBRIAND. Analyse raisonnée de l'histoire de France et fragments, depuis Philippe VI jusqu'à la bataille de Poitiers. — 1 vol. in-18. Paris, Didot, 1845.

741. — CHATEAUBRIAND. Études historiques sur la chute de l'Empire Romain, la naissance et les progrès du Christianisme et l'invasion des barbares. — 1 vol. in-18. Paris, Didot, 1845.

742. — CLARETIE. La Guerre nationale (1870-71). — 1 vol. in-12. Paris, Lemerre, édit., 1871.

743. — CLARETIE. La France envahie; Forbach et Sedan. — 1 vol. in-12. Paris, Barba, libr.-édit., 1871.

744. — CLARETIE. Paris assiégé, tableaux et souvenirs (septembre 1870-janvier 1871). — *1 vol. in-12. Paris, Lemerre, édit.*, 1871.

745. — COLLECTION de documents inédits sur l'histoire de France, publiés par ordre du roi : Monuments fixes, Civilisation chrétienne, Style roman et gothique, Architecture militaire au moyen-âge; par Mérimée et Le Noir ; Musique. — *1 vol. in-4°. Paris, Impr. royale*, 1839.

746. — COMBES (F.). L'abbé Suger : histoire de son ministère et de sa régence. — *1 vol. in-8°. Paris*, 1853.

747. — CONSTANT. Mémoires sur la vie privée de Napoléon, sa famille et sa cour. — *6 vol. in-8°. Paris, Ladvocat*, 1830.

748. — CORBIÈRE. Histoire de l'Église réformée de Montpellier, depuis son origine jusqu'à nos jours, avec de nombreuses pièces inédites sur le Languedoc, les Cévennes et le Vivarais. — *1 vol. in-8°. Montpellier, Poujol*, 1861.

749. — CORBIÈRE. Une Famille noble du Languedoc, d'après des documents authentiques et inédits (1548-1877). — *1 vol. in-18. Paris, Fischbacher*, 1879.

750. — CORBIÈRE. La famille de Bourbon Mabauze et le château de Lacaze : Étude historique avec un plan et trois vues du château. — *1 vol. in-12. Montpellier, Firmin et Cabirou*, 1877.

751. — CORBIÈRE. Notice historique sur l'Église réformée de Cette. — *1 vol. in-8°. Montpellier, Poujol*, 1866.

** — COUSIN (Victor) La jeunesse de Mazarin ; la Société française au XVII° siècle; tomes 1, 2 et 3 des œuvres complètes. — *In-8°. Paris, Didier et Comp.*, 1865. — (Voir N° 1133.)

752. — CUISIN (P.). Les Barricades immortelles du peuple de Paris, relation historique des journées à jamais mémorables des 26, 27, 28 et 29 juillet 1830. — *1 vol. in-18. Paris, Ledentu*, 1830.

753. — DAENDLIKER. Histoire du peuple Suisse ; traduite de l'allemand par Mme J. Faure. — *1 vol. in-18. Paris, Germer Baillière*, 1879.

754. — DARRAS (J.-E.). Histoire générale de l'Église, depuis le

commencement de l'ère chrétienne jusqu'à nos jours; 2ᵉ édition. — 4 vol. in-8°. Paris, Vivès, 1855.

755. — DELORD (TAXILE). Histoire du second Empire (1848-1869); 5ᵉ édition. — 6 vol. in-8°. Paris, Germer Baillière, 1869.

756. — DEMERSAY (L.-A.). Histoire physique, économique et politique du Paraguay et des établissements des Jésuites. — 2 vol. in-8° accompagnés d'un atlas in-fol. Paris, Hachette et Comp., 1860.

757. — DESPALLIÈRES. Orléans; 2ᵉ édition. — 1 vol. in-8°. Paris, E. Plon et Comp., impr.-édit., 1874.

758. — DESSAIX (J.) et FOLLIET (A.). Le général Dessaix, sa vie politique et militaire. — 1 vol. in-8°. Aimery et L. Hoste, libr.-édit., 1879.

759. — DEVIC et DON VAISSETTE. Histoire générale du Languedoc. — 1 vol. in-4°. Ouvrage en cours de publication. Toulouse, E. Privat, édit., 1872.

759 bis. — DEVIC et DON VAISSETTE. Histoire générale du Languedoc. — 11 vol. in-4°. Ouvrage en cours de publication. Même édition que le précédent.

760. — DUCROT (général). La journée de Sédan; 6ᵉ édition, augmentée des ordres de mouvement de l'État major allemand. — 1 vol. in-12. Paris, E. Dentu, 1877.

761. — DURUY (V.). Histoire des Grecs depuis les temps les plus reculés jusqu'à la réduction de la Grèce en province Romaine. — 2 vol. in-8°. Paris, Hachette, 1874.

762. — DURUY (V.). Histoire des Romains depuis les temps les plus reculés jusqu'à la fin du règne des Antonins. — 6 vol. in-8°. Paris, Hachette et Comp., 1877.

763. — DUVAL JOUVE. Les noms des rues de Montpellier; étude critique et historique. 1 vol. in-18. Montpellier, Coulet, libr., 1877.

764. — DUVAL JOUVE. Histoire de Montpellier. — 2 vol. in-18. Montpellier, Coulet, 1878. (Don de l'auteur à la bibliothèque de Cette.)

    I. Montpellier avant sa réunion définitive à la France; depuis sa réunion. — II. Montpellier pendant la Révolution.

765. — DUVAL (Jules). Les Colonies et la politique coloniale de la France. — 1 vol. in-8°. Paris, Bertrand.

766. — DYON CASSIUS. Histoire Romaine; traduite en français avec notes, critiques, historiques, avec le texte grec en regard, par E. Gros. — 10 vol. in-8°. (Le 1er manque.) Paris, Didot, 1848.

767. — ECHARD (L.). Histoire Romaine, depuis la fondation de Rome jusqu'à la translation de l'empire par Constantin. — 12 vol. in-8°. Amsterdam, Chatelain, 1854.

768. — ELIE (A. et Ch.). Fastes des gardes nationales de France; 2ᵉ édition. — 2 vol. in-4°. Paris, Goubaud, édit., 1849.

769. — ESQUIROS. Histoire des Montagnards. — 2 vol. gr. in-8°. Paris, V. Lecou, édit., 1847.

* * — EUTROPE. Abrégé de i'Histoire Romaine, traduite sous la direction de Nisard. — (Voir Bibliothèque latine, N° 38.)

770. — FABRE (A.). Histoire des communes de Roquessels, Vailhan, Montesquieu et Fos (Hérault), avec gravures et cartes. — 1 vol. in-8°. Montpellier, Firmin et Cabirou, 1879. = Même ouvrage. — In-12. = L'Hérault historique illustré. — 2 vol. in-12, édition sur papier de luxe, et 2 vol. in-12, édition ordinaire. = Histoire des communes de Méréfons, Saint-Georges-d'Orques et Balaruc-les-Bains. — 1 vol. in-8°. Nîmes, Clavel, 1881. = Histoire de Mèze et de Caussignogouls. — 1 vol. in-8°. Nîmes, Clavel, 1881. = Histoire des communes de Montblanc et de Liausson. — 1 vol. in-8°. Montpellier, Firmin et Cabirou, 1879.

771. — FAIDHERBE (Général). Campagne de l'armée du Nord en 1870-71, avec une carte, des notes et des pièces justificatives. — 1 vol. in-8°. Paris, E. Dentu, 1871.

772. — FAVRE (Jules). Gouvernement de la Défense nationale, du 30 juin au 31 octobre 1870; journée du 4 septembre; entrevue de Ferrières; organisation de la défense, délégation de Tours; journée du 31 octobre. 2ᵉ édition. — 3 vol. in-8°. Paris, E. Plon, 1876.

773. — FLEURY, prêtre. Mœurs des Israélites et des Chrétiens. — 1 vol. in-12. Avignon, Aubanel, libr., 1825.

** — FLORUS. Abrégé de l'Histoire Romaine. — (Voir Bibliothèque latine, N° 38.)

774. — FRANCE, roi, cour et gouvernement; texte anglais. — *1 vol. in-8°. New-York, Wiley et Putnam, 1840.*

775. — GACON-DUFOUR (Mme). La cour de Catherine de Médicis, de Charles IX, de Henri III et de Henri IV. — *2 vol. in-8°. Paris, Collin, 1807.*

776. — GARNIER-PAGÈS. Histoire de la Révolution de 1848. — *11 vol. in-8°. Paris, Pagnerre, 1861.*
> I-III. Europe. — IV. Chute de la royauté. — V. 24 février 1848. — VII-VIII. Gouvernement provisoire. — IX. Journée du 15 Mai. — X. Assemblée constituante; Émeutes bonapartistes. — XI. Journées de Juin.

777. — GARONNE. Histoire de Montpellier sous la domination de ses premiers seigneurs, sous celle de ses rois d'Aragon et des rois de Mayorque. — *1 vol. in-8°.*

778. — GASTINEAU. Les Femmes des Césars. — *1 vol. in-18. Paris, 1863.*

779. — GASTINEAU. Les Génies de la liberté, avec des lettres de Georges Sand, d'Hugo et de L. Blanc; 2ᵉ édition. — *Paris, Lacroix, 1865.*

780. — GAULTIER (abbé). Leçons de Chronologie et d'Histoire; tome V. — *1 vol. in-12. Paris, Renouard, 1836.*

781. — GAUTIER (Théophile). Tableaux de Siège. — *1 vol. in-18. Paris, Charpentier, libr.-édit., 1872.*

782. — GAZEAU (A.). Les Bouffons; ouvrage illustré de 63 gravures sur bois par Sellier. — *1 vol. in-18. Paris, Hachette, 1882.*

783. — GIBBON (Édouard). Histoire de la Décadence et de la Chute de l'Empire Romain; traduit de l'anglais par Guizot. — *3 vol. in-8°. Paris, Ledentu, 1828.*

784. — GRANIER DE CASSAGNAC. Histoire des causes de la Révolution française; 2ᵉ édit. — *3 vol. in-8°. (Le 3ᵉ vol. manque.) Paris, H. Plon, 1856.*

785. — GUÉRIN (Léon). Histoire maritime de France, comprenant l'histoire des provinces et villes maritimes, des combats de mer depuis la fondation de Marseille (600 ans avant J.-C.)

jusqu'à l'année 1850. — *6 vol. in-8°, avec 36 gravures sur acier. Paris, Boulanger et Legrand.*

786. — GUIZOT. Essais sur l'Histoire de France ; 14° édition. — *1 vol. in-12. Paris, Didier et Comp., libr.-édit., 1878.* = Mémoires pour servir à l'histoire et à l'histoire de mon temps. *8 vol. in-8°. Paris, Michel Lévy, lib.-édit., 1858.* = Portraits politiques des hommes des différents partis parlementaires, cavaliers, républicains, niveleurs. — *1 vol. in-18. Paris, Didier, libr.-édit., 1855.* = Révolution d'Angleterre depuis l'avènement de Charles 1er jusqu'à sa mort. — *2 vol. in-18. Paris, Didier, 1846.* = Histoire de la Civilisation en France. — *4 vol. in-18. Paris, Didier et Comp., 1879.* = Histoire de Charles Ier, depuis son avènement jusqu'à sa mort. — *2 vol. in-18. Paris, Didier et Comp., libr.-édit., 1874.* = Histoire de la République d'Angleterre et de Cromwell (1649-1658); 6° édition. — *2 vol. in-18. Paris, Didier et Comp., 1876.* = Histoire de France depuis les temps les plus reculés jusqu'en 1789, racontée à mes petits-enfants. — *7 vol. in-4°, avec gravures dessinées sur bois.* (2 vol. (6 et 7), par Mme WITT, née GUIZOT, complètent cette histoire jusqu'en 1848). *Paris, Hachette et Comp., 1879-1880.* = Collection des mémoires relatifs à l'histoire de France depuis la monarchie française jusqu'au XIII° siècle. — *1 vol. (tome II). Paris, Brière, libr., 1825.*

— Histoire de la Civilisation en Europe depuis la chute de l'Empire romain jusqu'à la Révolution française ; 11° édition. — *10 vol. in-12. Paris, Didier et Comp., libr.-édit.*

I. La Civilisation en Europe. — II. Essais sur l'Histoire de France. — III-VI. Histoire de la Civilisation en France. — VII-VIII. Histoire de Charles 1er. — IX-X. Histoire de la République d'Angleterre et de Cromwell.

787. — HAMEL (E.). Histoire de Robespierre, d'après ses papiers de famille, les sources originales et les documents entièrement inédits. — *Tome I, in-8°. Paris, A. Lacroix, 1865.*

788. — HARDOUIN DE PÉRÉFIXE. Histoire de Henri-le-Grand, roi de France et de Navarre, suivie d'un recueil de quelques belles actions et paroles mémorables de ce prince. — *1 vol. in-12. Tours, Mame et Comp., impr. libr., 1837.*

* * — HEINE (Henri). Lutèce ; Lettres sur la vie po que et sociale de la France. — *1 vol, in-12. Paris, Michel Lévy, édit.*, 1855. — (Voir N° 652.)

789. — HÉRODOTE. Histoire d'Hérodote ; traduction nouvelle par Giguet, avec une introduction et des notes. — *1 vol. in-18. Paris, Hachette,* 1875.

790. — HISTOIRE moderne DES CHINOIS, des Japonais, des Indiens, des Persans, des Turcs, des Russiens, etc. — *30 vol. in-18. Paris, Saillant et Nyons,* 1771.

791. — HISTOIRES diverses DU LANGUEDOC. — *1 vol. in-12. Montpellier, C. Coulet, libr.-édit.*, 1873.

792. — HISTOIRE ROMAINE abrégée, à l'usage des élèves de l'École royale. — *1 vol. in-12. Avignon, Peyri, impr. libr.*, 1833.

793. — HISTOIRE DES CAMISARDS. — *2 vol. in-12. Londres, Meger-Chastel,* 1754.

794. — HISTOIRE de la ville DE MONTAGNAC, suivie d'une notice historique sur les onze communes de son canton. — *1 vol. in-8°. Béziers, Fuzier, impr.*, 1843.

795. — HUBLARD (Gustave). Histoire contemporaine de l'Espagne. — *1 vol. in-8°. A. Augé, Charpentier,* 1869-1883.

796. — HUGO (A.). Histoire de l'Empereur, avec vignettes.— *1 vol. in-8°. Paris, Perrotin,* 1833.

797. — HUME (David). Histoire d'Angleterre depuis l'invasion de Jules César jusqu'à la Révolution de 1688, et depuis jusqu'en 1820, par Smollett, Adolphus et Aïkin ; traduite de l'anglais. — *21 vol. in-8°. Paris, Rolland,* 1830.

* * — IMBERT DE ST-AMAND. Les Femmes de Versailles ; la Cour de Louis XIV. — *1 vol. in-18. Paris, Dentu, libr.-édit.*, 1874. — (V^r N° 693.)

* * — JORNANDÈS. Histoire des Goths ; traduite par Fournier de Noujan. — *1 vol. in-8°. Paris, Didot,* 1869. — (Voir N° 38.)

798. — JULIA (Henri). Histoire de Béziers, ou recherches sur la province de Languedoc. — *1 vol. in-8°. Paris, Maillet, édit.,* 1845.

* * — JUSTIN. Histoire Romaine, par Nisard.— *1 vol. gr. in-8°. Paris, Didot,* 1874. — (Voir N° 38.)

799. — KURZWEIL (E.). Idée de la République de Pologne et son état actuel. — *1 vol. in-8°. Paris, Lacour et Comp.*, 1840.

800. — LABOULAYE (E.). Histoire des États-Unis. — *3 vol. in-12. Paris, Charpentier, édit.*, 1877.

801. — LABRUÈRE. Histoire du règne de Charlemagne. — *2 vol. in-12. Paris, V° Tissot*, 1745.

802. — LACRETELLE (Ch.). Histoire de France. — *8 vol. in-8°.*

803. — LACROIX (J.). Les Mystères de la Russie; tableau politique et moral de l'Empire Russe, d'après les manuscrits d'un diplomate et d'un voyageur. — *1 vol. in-4°. Paris, Pagnerre, édit.*, 1845.

804. — LAMARTINE (de). Histoire des Girondins. — *8 vol. in-8°.*

805. — LAMARTINE. Guillaume Tell et Cromwell. — *1 vol. in-12.*

806. — LANFREY. Histoire politique des Papes. — *1 vol. in-18. Paris, Charpentier et Comp., libr.-édit.*, 1874.

807. — LANFREY. Histoire de Napoléon Ier. — *5 vol. in-18. Paris, Charpentier, édit.*

808. — LARDIER. Épisodes célèbres de la Révolution. — *3 vol. in-8°.*

809. — LA RONCIÈRE LE NOURY. La Marine au siège de Paris. — *1 vol. in-8°.*

810. — LA SAUSSAYE (de). Histoire du Château de Blois; 7° édition. — *1 vol. in-8°. Paris, Aubry*, 1878.

811. — LAUGEL (Auguste). Les États-Unis pendant la guerre de 1861 et 1865. — *1 vol. in-12. Paris, Germer Baillière, libr.-édit.*, 1866.

812. — LAVALLÉE (Th.). Histoire des Français depuis les temps des Gaulois jusqu'à nos jours, développée de 1814 à 1848 et continuée sur le même plan jusqu'en 1876; par Frederich Loch. — *6 vol. in-18. Paris, Charpentier, libr.-édit.*

I. Les Gaulois, les Francs, les Français jusqu'en 1328. — II. Les Valois (1328-1589). — III. Histoire des Français sous les Bourbons. — IV. Révolution, Empire (1789-1814). — V. Restauration, Monarchie constitutionnelle (1814-1848). — VI. Deuxième République, Empire, troisième République.

813. — LAVALLÉE (Th.). Histoire des Français depuis les temps des Gaulois jusqu'en 1830; 5e édition illustrée de 80 gravures sur acier. — 2 vol. in-4°. Paris, Hetzel, 1845.

814. — LEDRU-ROLLIN. De la décadence de l'Angleterre. — 2 vol. in-8°. Paris, Escudier frères, édit., 1850.

815. — LENTHÉRIC (Ch.) Les Villes mortes du Golfe de Lyon; La Grèce et l'Orient en Provence; La province maritime; La région du Rhône. — 4 vol. in-12. Paris, Hachette, libr., 1881.

816. — LEVASSEUR. Histoire des classes ouvrières en France depuis la conquête de J. César jusqu'à nos jours. — 4 vol. in-8°. Paris, Guillaumin et Comp., libr.-édit., 1859.

817. — LEYNADIER et CLAUSEL. Histoire de l'Algérie française; précédée d'une introduction sur les Dominations Carthaginoise, Romaine, Arabe et Turque; suivie d'un précis historique sur l'empire du Maroc; illustrée par Guerin et Ramos. — 2 vol. in-4°. Paris, Morel, édit., 1846.

818. — LOUIS XIV. Résumé de ses œuvres. — 1 vol. in-12. Paris, Dumaine, libr.-édit., 1869.

819. — MAGALON (J.-D.). Histoire du Languedoc. — 1 vol. in-8°. Paris, Ledoyen et Paul Giret, 1846.

820. — MARCO DE St-HILAIRE. Histoire des Conspirations et attentats contre le gouvernement et la personne de Napoléon; 2e édition. — 1 vol. gr. in-8°. Paris, Plon, 1874.

821. — MARCO DE St-HILAIRE. Souvenirs intimes du temps de l'Empire. — 2 vol. in-8°.

822. — MARTIN DES PAILLIÈRES (général). Campagne de 1870-71 : Orléans; 2e édition. — 1 vol. in-8°. Paris, Plon, 1823.

823. — MARTIN (Henri). Daniel Manin. — 1 vol. in-18. Paris, Furne et Comp., 1861.

824. — MARTIN (Henri). Histoire de France depuis les temps les plus reculés jusqu'en 1789; 4e édition. — 17 vol. in-8°, avec portr. (Le tome 17 renferme la table générale). Paris, Furne, 1865.

** — MARTIN (Henri). Histoire de France moderne, depuis 1789 jusqu'en 1879; 2e édition. — 5 vol. in-8°. Paris, Furne.

825. — MARY-LAFON. Histoire politique, religieuse et littéraire du Midi de la France. — *4 vol. in-8°. Paris, Mellier, libr.-édit.*, 1845.

826. — MAUBREUIL (Comte de Guerry, Marie-Armand). Histoire du soufflet donné à Talleyrand-Périgord, prince de Bénévent. — *1 vol. in-8°. Paris*, 1861.

827. — MÉNIPPÉE (Satire), sur la vertu du Catholicon d'Espagne et de la tenue des États de Paris, à laquelle est ajouté un discours sur l'interprétation du mot *Higuiero d'Infierno*; plus le regret sur la mort de l'âne ligueur d'une demoiselle qui mourut durant le siége de Paris, avec des remarques et des explications sur des endroits difficiles. — *1 vol. in-32. Ratisbonne, Kerner*, 1664.

828. — MICHELET. Histoire de France; 2ᵉ édition. — *6 vol. in-8°. Paris, Hachette*, 1835.

829. — MICHELET. Les Soldats de la Révolution. — *1 vol. in-18. Paris, Calmann-Lévy, édit.*, 1878.

830. — MICHELET. Histoire Romaine : République; 4ᵉ édit. — *2 vol. in-18. Paris, Calmann*, 1876.

831. — MICHELET. Histoire de France. Édition nouvelle et corrigée. — *19 vol. in-18. Paris, Marpon*, 1881.
    I-VIII. Moyen-âge. — IX. Renaissance. — X. La Réforme. — XI. Les Guerres de Religion. — XII. La Ligue et Henri IV. — XIII. Henri IV et Richelieu. — XIV. Richelieu et la Fronde. — XV-XVI. Louis XIV. — XVII. La Régence. — XVIII-XIX. Louis XV et Louis XVI.

832. — MICHELET. Histoire de la Révolution française. — *9 vol. in-18. Paris, Marpon, édit.*, 1879.

833. — MICHELET. La France devant l'Europe. — *1 vol. in-18. Florence, Lemonnier*, 1871.

834. — MICHELET. Histoire du XIXᵉ siècle. — *3 vol. in-18. Paris, Marpon, édit.*, 1880.
    I. Directoire, Origine des Bonaparte. — II. Jusqu'au 18 Brumaire. — III. Jusqu'à Waterloo.

835. — MICHELET et QUINET. Des Jésuites. — *1 vol. in-8°. Paris, Hachette*, 1843.

836. — MILLEROT (Th.) Histoire de la ville de Lunel depuis son origine jusqu'en 1789. — *1 vol. in-8°. Montpellier.*

837. — MONDOT (Armand). Histoire des Indiens des États-Unis, faite d'après la statistique et les rapports officiels que le Congrès a publiés en 1851. — *1 vol. in-8°. Paris, Durand,* 1858.

838. — MONTAGNAC (E. de). Chevaliers de Malte ou de Saint-Jean de Jérusalem ; organisation contemporaine ; liste générale. — *1 vol. in-18. Paris, Bachelier,* 1874.

839. — MONTESQUIEU. OEuvres; contenant l'éloge de l'auteur par Villemain, les notes d'Helvetius, de Condorcet, et le commentaire de Voltaire sur l'Esprit des Lois. — *8 vol. in-8°. Paris, Lequien, libr.*

840. — MONTLOSIER (de). Mémoires sur la Révolution française, le Consulat, l'Empire, la Révolution et les principaux événements qui l'ont suivie (1755-1830). — *2 vol. in-18. Paris, Dufey, libr.-édit.*, 1830.

841. — MOULIN. Madagascar et l'expédition française (1883-1886). — *1 vol. in-18. Cette, A. Cros,* 1886.

842. — NETTEMENT (A.). Histoire de la Restauration jusqu'à la chute du second ministère Richelieu. — *5 vol. in-8°. Paris, Lecoffre,* 1860.

843. — NISARD (D.). Histoire et description de Nimes. — *1 vol. in-fol. Paris, Desenne, édit.*, 1842.

844. — OGENSKI (N.). Mémoires sur la Pologne et les Polonais depuis 1788 jusqu'à la fin de 1815. — *2 vol. in-8°. Paris, Ponthieu, libr.*, 1826.

845. — ORLÉANS (d'). Histoire des révolutions d'Angleterre depuis le commencement de la monarchie. — *4 vol. in-18. Paris, Brocas,* 1767.

846. — OTT (A.). Manuel de l'Histoire universelle. — *2 vol. in-12. Paris, Paulin, libr.*, 1840.

847. — PARIS, Versailles et les provinces au XVIIIe siècle, par un ancien officier ; anecdotes sur sa vie. — *3 vol. in-8°. Paris, Nicolle,* 1809.

848. — PETIT (Maxime). Les grands Incendies. — *1 vol. in-12. Paris, Hachette et Comp.*, 1882.

849. — PETIT (Maxime). Les Siéges célèbres de l'antiquité, du moyen-âge et des temps modernes. — *1 vol. in-13. Paris, libr. Hachette et Comp.*, 1881.

850. — PETIT (Ernest). Les Sires de Noyers ; le Maréchal de Noyers; Mile de Noyers, etc. — *1 vol. in-8°. Auxerre, typographie de G. Verriquet.*

851. — PICK (Eugène). Les Fastes de la grande armée d'Orient; Histoire politique, militaire et maritime des campagnes de Crimée et de la Baltique, avec portraits; 10ᵉ édition. — *1 vol. in-8°. Paris*, 1858.

852. — PIJARDIÈRE (de la). Les Chroniques du Languedoc. — *8 vol. (dont 3 de pièces fugitives), format in-4°. Montpellier*, 1875 à 1879.

853. — PORTRAITS et Histoires des hommes utiles, hommes et femmes de tous les pays et de toutes les conditions. — *3 vol. gr. in-8°. Paris.*

854. — POUQUEVILLE. Univers : Grèce. — *1 vol. in-8°.*

855. — POUQUEVILLE. Histoire de la régénération de la Grèce, comprenant le précis des événements depuis 1740 jusqu'en 1820, avec cartes et portraits. — *4 vol. in-8°. Paris, Didot père et fils,* 1824.

856. — QUESNOY (Ferdinand). Campagne de 1870, armée du Rhin. — *1 vol. in-8°. Paris, Furne, Jouvet et Comp.,* 1872.

857. — QUINET (Edgard). Le Siége de Paris, la Défense nationale. — *1 vol. in-12. Paris, Lacroix,* 1871.

858. — QUINET. OEuvres. — *7 vol. in-12. Paris, E. Dentu, libr.-édit.,* 1872.

    I-III. La Révolution. — IV. Les Révolutions d'Italie. — V. La Campagne de 1815. — VI. Les Romains. — VII. La République.

    — Fondation de la république des États-Unis, Marnix de St-Aldegonde. — *1 vol. in-18. Paris, Delahaye, édit.,* 1854.

* * — QUINET (Mᵐᵉ E.). Journal de siége, précédé d'une préface de E. Quinet. — *1 vol. in-18. Paris, Delahaye, édit.,* 1872. — (Voir N° 705.)

* * — QUINTE-CURCE. Vie d'Alexandre, traduite par Vaugelas. — *1 vol. gr. in-8°. Paris, Didot,* 1874. — (Voir N° 38.)

859. — RAMBAUD (A.). Histoire de la Prusse depuis son origine jusqu'en 1877. Ouvrage couronné par l'Académie française ; 2ᵉ édit. — *1 vol. in-12. Paris, Hachette et Comp., libr.*, 1879.

860. — RAUDOT. De la Décadence de la France ; de la Grandeur possible de la France. — *2 vol. in-8°. Paris, Amyot*, 1850.

861. — REGNAULT (Élias). Révolution française ; histoire de huit ans (1840-1848), faisant suite à l'Histoire de dix ans (1830 à 1840), par Louis Blanc, et complétant le règne de Louis-Philippe ; 3ᵉ édition avec figures. — *3 vol. in-8°. Paris, Pagnerre*, 1871.

862. — RENAN (Ernest). Marc-Aurèle et la fin du monde antique ; 5ᵉ édition. — *1 vol. in-8°. Paris, Calmann-Lévy, édit.*, 1883.

863. — RICHER. Histoire moderne des Chinois, des Japonais, des Indiens, des Persans, des Turcs, des Russiens, etc., pour faire suite à l'Histoire ancienne de Rollin. — *30 vol. in-8°. Paris, Saillant et Nyons, lib.*, 1771.

864. — ROBERTSON. Histoire de l'Amérique ; trad. de l'anglais. — *4 vol. in-32, édit. à Maestricht chez Dufour et Phil. Roux*, 1780.

865. — ROBERTSON (W.). Histoire de Charles-Quint; traduite par J.-B. Suard. — *2 vol. in-12. Paris, édit. Didier*, 1844.

866. — ROGER (P.). Noblesse et chevalerie du comté de Flandre, d'Artois et de Picardie. — *1 vol. in-4°. Amiens, Duval*, 1843.

867. — ROLLIN. Histoire ancienne des Égyptiens, des Carthaginois, etc. — *13 vol. in-12. Paris, Estienne*, 1764.

868. — ROLLIN. Œuvres complètes (Histoire ancienne et romaine), avec 1 atlas. — *7 vol. in-4°. Paris, Hachette*, 1837.

869. — ROUJOUX (de) et MAINGUET. Histoire d'Angleterre depuis les temps les plus reculés jusqu'à nos jours, avec cartes et gravures dans le texte. — *2 vol. in-8°. Paris, Charles Hingrag.*

870. — RUFFINI (Le Comte). Mémoires d'un conspirateur. — *1 vol. in-18. Paris*, 1855.

** — RUFUS SEXTUS. Résumé des victoires et des provinces du peuple romain, même volume que Suétone. — (Voir Collection latine, N° 38.)

871. — SAINT-SIMON (duc de). Mémoires, publiés par Chéruel et Régnier fils, et collationnés sur le manuscrit autographe. — 20 vol. (avec table analytique des matières dans le dernier vol.) Paris, Garnier, 1853.

872. — SAINT-SIMON (duc de). Mémoires du duc de Saint-Simon, publiés par Chéruel et Régnier fils, et collationnés de nouveau pour cette édition sur le manuscrit autographe, avec notice de Sainte-Beuve. — 21 volumes (avec table analytique des matières dans le dernier vol.). Paris, libr. Hachette, 1881.

873. — SAINT-VICTOR (de). Barbares et Bandits ; la Prusse et la Commune. — 1 vol. in-18. Paris, Lévy, 1872.

* * — SALLUSTE. Œuvres ; traduction de Hinard et Belèze. — 1 vol. in-8°. Paris, Didot, 1874. — (Voir Collection latine, N° 38.)

874. — SARCEY (Francisque). Le Siège de Paris ; impressions et souvenirs ; 9° édit. — 1 vol. in-18. Paris, Lachaud, libr.-édit., 1871.

875. — SAUSSE-VILLIERS. Études historiques sur Dante Alighieri — 1 vol. in-8°. Avignon, Fischer ainé, 1850.

* * — SCHILLER. Œuvres historiques ; histoire de la Révolte qui détacha les Pays-Bas de la domination espagnole. — 1 vol. (vol. 5 des Œuvres complètes). Paris, Hachette, 1878.

* * — Histoire de la Guerre de trente ans ; Opuscules historiques. — 1 vol. (vol. 6 des Œuvres complètes). Paris, Hachette, 1878. — (Voir N° 347.)

876. — SEDAN. La bataille de Sedan : Napoléon III, de Wimpffen, Ducrot ; avec plan de la bataille. — 1 vol. in-12. Paris, Armand Le Chevalier, 1872.

877. — SÉGUR (Comte de). Histoire du Bas-Empire, comprenant l'histoire des empires d'Occident, d'Orient grec-latin, et du 2° empire grec depuis Constantin jusqu'à la prise de Constantinople. — 1 vol. in-12. Paris, Didier, libr.-édit.

878. — SÉGUR (Comte de). Histoire de Napoléon et de la Grande Armée pendant l'année 1812 ; 14° édition. — 1 vol. in-12. Paris, Gosselin, 1841.

879. — SOREL (Albert). Histoire diplomatique de la guerre franco-allemande. — 2 vol. in-18. Paris, Plon, 1875.

C 7

* * — SUÉTONE. OEuvres complètes; traduites par Beaudemont). — (Voir Collection latine, N° 38.)

880. — SUÉTONE. Les douze Césars; traduits du latin avec des notes et des réflexions; nouvelle édition, revue, corrigée, ornée des portraits des douze empereurs et de celui de l'auteur gravés d'après l'antique. — 2 vol. in-8°. Paris, Hario, libr., 1803.

* * — TACITE. OEuvres complètes, par Nisard. — (Voir Bibliothèque latine, N° 38.)

881. — TALLEMANT DES REAUX. Mémoire pour servir à l'histoire du XVII° siècle; 2° édition. — 5 vol. in-12. Paris, Delloye, 1840.

882. — TÉNOT (Eug.). La Province en décembre 1851; étude historique sur le Coup d'État; 9° édition. — 1 vol. in-12. Paris, Armand Le Chevalier, 1868.

883. — TÉNOT. Campagnes des armées de l'Empire en 1870; études critiques. — 1 vol. in-12. Paris, Armand, 1872.

884. — TÉRAUBE. Histoire d'Uzès et de son arrondissement. — 1 vol. in-8°. Valence, Jules Ceas, 1879.

885. — THIERRY (Amédée). Histoire de la Gaule sous la domination romaine; 5° édit. — 2 vol. in-12. Paris, Didier et Comp., libr.-édit., 1879.

886. — THIERRY (Amédée). Histoire du Tiers-État, suivie de fragments du recueil des monuments inédits de cette histoire; 4° édition. r., c. — 1 vol. in-18. Paris, Furne et Comp., édit., 1880.

887. — THIERRY (Augustin). Histoire de la Conquête de l'Angleterre par les Normands, de ses causes et de ses suites jusqu'à nos jours, en Angleterre, en Écosse, en Irlande et sur le continent; 4° édition. — 4 vol. in-8°. Paris, Just. Tessier, 1836.

888. — THIERRY (Aug.). Lettres sur l'Histoire de France. — 1 vol. in-12.

889. — THIERRY (Augustin). Récits des temps Mérovingiens, précédé de considérations sur l'histoire de France. — 1 vol. in-12. Paris, Garnier, 1867.

890. — THIERS (A.). Histoire de la Révolution française. 13ᵉ édition. — 10 vol. in-8°. (Table générale à la fin du 10ᵉ vol.) Paris, Furne, Jouset et Comp., 1872.

891. — THIERS (A.). Histoire du Consulat et de l'Empire, faisant suite à l'Histoire de la Révolution française. — 21 vol. in-8°. (Le 21ᵉ vol. contient la table générale des matières.) Paris, Furne, Jouvet et Comp., 1874.

892. — THIERS (A.). Histoire de la Révolution française; 8ᵉ édition. — 4 vol. in-4°. Paris, 1842.

893. — THIERS et BODIN. Histoire de la Révolution française, accompagnée d'une histoire de la Révolution de 1355 ou des États généraux sous le roi Jean. — 10 vol. in-8°. Paris, Lecointi, 1823.

894. — THOMAS (J.-P.). Mémoires historiques sur Montpellier et sur le département de l'Hérault. — 1 vol. in-8°. Paris, Gabon, 1827.

895. — THUCYDIDE. Histoire de la guerre du Péloponèse; traduction nouvelle avec une introduction et des notes par E. Bétant. 3ᵉ édition. — 1 vol. in-18. Paris, Hachette, 1873.

896. — TILLY (A.). Mémoires pour servir à l'Histoire des mœurs du XIXᵉ siècle. — 2 vol. in-8°. Paris, 1828.

* * — TITE-LIVE. OEuvres complètes, par Lebas. — 2 vol. in-8°. — (Voir Collection latine, N° 38.)

897. — TOCQUEVILLE. L'ancien Régime et la Révolution. — 1 vol. in-8°. Paris, Calmann-Lévy, 1877.

898. — VAULABELLE (Ach. de). Histoire des deux Restaurations jusqu'à l'avènement de Louis-Philippe; 6ᵉ édition. — 8 vol. in-8°. Paris, Garnier frères, libr.-édit.

899. — VAULABELLE (Ach. de). Histoire des deux Restaurations jusqu'à l'avènement de Louis-Philippe. — 5 vol. in-8°. Paris, Perrotin, 1850.

900. — VERGUET (L.). Histoire de la première Mission catholique au vicariat de Melanésiet. — 1 vol. in-8°. Carcassonne, Labau, impr., 1854.

901. — VERMOREL (A.). Les hommes de 1851; histoire de la Pré-

sidence et du rétablissement de l'Empire. — *1 vol. in-18. Paris, Alonnier, libr.-édit.,* 1869.

902. — VÉRON (Eug.). Histoire de l'Allemagne depuis la bataille de Sadowa. — *1 vol. in-18. Paris, Germer-Baillière, libr.,* 1874. = Histoire de la Prusse depuis la mort de Frédéric II jusqu'à la bataille de Sadowa. — *1 vol. in-18. Paris, Germer-Baillière.*

903. — VÉRON (Dr L.). Mémoires d'un Bourgeois de Paris. — *5 vol. in-18. Paris,* 1856.

904. — VERTOT. Révolution du Portugal. — *1 vol. in-18. Avignon, Vve Seguin,* 1806.

905. — VIMERCATI (C.). Histoire de l'Italie. — *1 vol. in-8°. Paris, Masson et Comp.,* 1852.

906. — VINOY (général). Siège de Paris; opérations du 13° corps et de la troisième armée; 3° édition. — *1 vol. in-8°. Paris, E. Plon,* 1874.

907. — VINOY (général). L'Armistice et la Commune, opérations de l'armée de Paris et de l'armée de réserve. — *1 vol. in-8°. Paris, Plon,* 1874.

908. — VIOLLET-LE-DUC. Mémoire sur la défense de Paris. — *1 vol. in-8°. Bruxelles, Lebigne,* 1871. = Histoire d'un Dessinateur, histoire d'une Maison, histoire d'une Forteresse, histoire de l'Habitation humaine, histoire d'un Hôtel de Ville et d'une Cathédrale. — *5 vol. in-8° avec dessins. Paris, Hetzel.*

909. — VOGEL (Charles). Le Portugal et ses colonies. — *1 vol. in-8°. Paris, Guillaumin et Comp.,* 1860.

910. — VOLEY-BOZE. Les Conventionnels en mission dans le Midi. — *1 vol. in-18. Paris, Lachaud, libr.-édit.,* 1872.

911. — VOLTAIRE. Histoire de Charles XII, roi de Suède; avec les pièces qui y sont relatives. — *1 vol. in-18,* 1756.

912. — VOLTAIRE. Mémoires. — *2 vol. in-8°. Paris, Béthune et Plon,* 1838.

913. — L'UNIVERS. Histoire et description de tous les peuples, avec gravures et cartes. — *10 vol. in-8°. Paris, Didot,* 1840.

<small>I-III. Océanie, par Rienzi. — IV. Grèce, par Pouqueville. — V. Italie, Sicile, par de la Salle. — VI. Brésil, par F. Denis; Colombie et Guyane,</small>

par Farnin. — VII. Suède et Norvége, par Le Bas. — VIII. États-Unis d'Amérique, par Roux de Rochelle. — IX. Suisse et Tyrol, par Golbery. — X. Égypte ancienne, par Champollion.

914. — XÉNOPHON. OEuvres complètes ; traduites par Talbot, avec une introduction et des notes ; 3ᵉ édition. — 2 vol. in-18. Paris, Hachette, 1873.

915. — YRIARTE (Charles). Les Prussiens à Paris et le 18 Mars, avec la série des dépêches officielles inédites des autorités françaises et allemandes du 24 février au 19 mars. — 1 vol. in-8°. Paris, Plon, 1871.

TROISIÈME SECTION.

BIOGRAPHIE.

916. — BACON. Analyse de la philosophie avec sa vie. — 2 vol. in-12. Leyde, 1756.

** — BARANTE (de). Histoire des Ducs de Bourgogne de la maison de Valois (1364 à 1477). — 13 vol. in-8° (le 13ᵉ vol. composé de cartes et de figures). — Paris, Delloye, 1839. — (Voir N° 718.)

917. — BARANTE (de). La vie politique de Royer-Collard, ses discours et ses écrits ; 3ᵉ édition. — 1 vol. in-18. Paris, Didier et Comp., 1878.

918. — BARRUEL. Mémoires pour servir à l'histoire du Jacobinisme. — 5 vol. in-8°. Hambourg, Fauche, libr., 1803.

919. — BARTHÉLEMY (J.-J.). Histoire Grecque, ou introduction du jeune Anacharsis en Grèce. — 1 vol. in-16 en 2 tomes. Baume, V. Simon, impr.-édit., 1803.

920. — BAYLE. Sa vie, par Maizeaux. — 2 vol. in-18. Paris, P. Gosse et Néaulme, 1732.

921. — BÉRANGER (J.-P. de). Ma biographie, avec un appendice, orné d'un portrait en pied dessiné par Charlet. — 1 vol. gr. in-8°. Paris, Perrotin, édit., 1857.

922. — BIOGRAPHIE MODERNE, ou galerie historique, civile et militaire, politique, littéraire et judiciaire; 2ᵉ édition. — *3 vol. in-8°. Paris, Alexis Eymery, libr.*, 1816.

923. — BIOGRAPHIE UNIVERSELLE et portative des contemporains, ou Dictionnaire historique des hommes vivants et des hommes morts (depuis 1788 jusqu'à 1836) qui se sont fait remarquer par leurs écrits, leurs actions, leurs talents, leurs vertus ou leurs crimes. — *1 vol. in-8°. Paris*, 1836.

* * — BIOGRAPHIE UNIVERSELLE ancienne et moderne. — 52 *vol. in-8°. Paris, Michaud frères*, 1811. — (Vʳ N° 676.)

924. — BLAZE DE BURY. Épizode de l'histoire du Hanovre. — *1 vol. in-18. Paris, Michel Lévy*, 1855.

925. — CHATEAUBRIAND. Vie de Rancé. — *1 vol. in-8°. Paris, Belloye, édit.*, 1843.

926. — CONTEMPORAINS ILLUSTRES. — *1 vol. in-8°.*

* * — CORBIÈRE (Ph.). La famille de Bourbon-Mabauze et le château de Lacaze; Étude historique, avec un plan et trois vues du château. — *1 vol. in-12. Montpellier, Firmin et Cabirou*, 1877. — (Voir N° 750.)

* * — CORNELIUS NEPOS. Vies des grands capitaines, traduit par Kermoysan. *1 vol. in-8°.* — (Voir N° 38.)

927. — COSTE (abbé). Vie de F.-X. Coustou, vicaire général du diocèse de Montpellier, avec portrait et fac-simile. — *1 vol. in-8°. Pézenas, Richard*, 1845.

* * — COUSIN (V.). Jeunesse de Mazarin; Mᵐᵉˢ de Chevreuse, de Hautefort, Jacqueline Pascal; Mᵐᵉˢ de Longueville, de Sablé. — (Voir N° 1133.)

928. — COUSIN (V.). Études sur les femmes illustres du XVIIᵉ siècle. — *2 vol. in-12. Didier et Comp., libr.-édit. à Paris*, 1872.

929. — DUPRAY DE LA MAHERIE. Le Livre rouge; histoire de l'échafaud en France, ornée de 50 portraits dessinés et gravés par divers. — *1 vol. in-fol.*, 1863.

* * — FLAVIUS VAPISCUS. Biographie d'Aurélien. — (Voir N° 38.)

930. — FRANKLIN. Mémoires écrits par lui-même; traduits de l'anglais et annotés par Laboulaye. — *1 vol. in-18. Paris, Hachette, libr.-édit.*, 1879.

931. — GARNIER DE PONT SAINTE-MAXENCE. La vie de Saint Thomas le martyr, archevêque de Cantorbery, publiée et précédée d'une introduction par Hyppeau. — *1 vol. in-8°. Paris, Aubry,* 1859.

932. — GOEPP (Édouard). Les grands hommes de la France : les marins, les navigateurs; 3° édition. — *5 vol. in-18. Paris, Ducrocq, libr.-édit.*, 1878.

> I. Hommes de guerre : Kléber, Desaix, Hoche, Marceau, Daumesnil. — II. Bertrand Duguesclin, Bayard. — III. Duquesne, Tourville. — IV-V. Duguay-Trouin, Jean-Bart, Suffrens, Bougainville, La Pérouse d'Entrecasteaux, Dumont-d'Urville.

* * — GOETHE. Des hommes célèbres de la France au XVIII° siècle et de l'état de la littérature. — *1 vol.* — (Voir N° 98.)

933. — GUYARD DE BERVILLE. Histoire de Pierre Terrail, dit le Chevalier Bayard. — *1 vol. in-18. Paris,* 1772.

* * — HARDOUIN DE PÉRÉFIXE. Histoire de Henri le Grand, roi de France et de Navarre; suivie d'un recueil de quelques belles actions et paroles mémorables de ce prince. — *1 vol. in-12. Tours, Mame et Comp.* — (Voir N° 788.)

* * — HOUSSAYE (Arsène). Galerie du XVIII° siècle et histoire du 41° fauteuil de l'Académie française. — *1 vol. (en 2 tomes) in-18. Paris, Hachette,* 1858. — (Voir N° 102.)

* * — HUGO (A.). Histoire de l'empereur Napoléon, avec vignettes. — *1 vol. in-8°. Paris.* — (Voir N° 796.)

934. — Victor Hugo raconté par un témoin de sa vie. — *2 vol. in-8°. Paris, A. Lacroix.*

935. — HUME HUXLEY. Sa vie, sa philosophie; traduit de l'anglais et précédé d'une introduction par Compayré. — *1 vol. in-8°. Paris, Germer Baillière et Comp.*, 1880.

936. — LACORDAIRE. Vie de saint Dominique, précédée du mémoire pour le rétablissement en France de l'ordre des Frères Prêcheurs, et mélanges; 5° édition. — *2 vol. in-12. Paris, Poussielgue,* 1857.

937. — LAFAYETTE (Mme de). La princesse de Clèves. — *1 vol. in-18. Paris, Ménard,* 1818.

** — LALANNE (L.). Curiosités biographiques. — *1 vol. in-8°. Paris, Paulin, libr.-édit.*, 1846. — (Voir N° 104.)

938. — LALANNE (M.). Chez Victor Hugo, par un passant, avec 12 eaux fortes. — *1 vol. in-8°. Paris, Cadart et Luquet, édit.*, 1864.

939. — LAMARTINE (A. de). J.-J. Rousseau, Madame de Sévigné, Jeanne d'Arc, Le Tasse, Cromwell, Palissy, Christophe-Colomb, Guttemberg, Fénelon, Bossuet. — *6 vol. in-12. Paris, Michel Lévy.*

** — LAMPRIDE. Biographie de Commode. — (Voir N° 38.)

** — LANFREY. Histoire de Napoléon Ier. — *5 vol. in-18.* — (Voir N° 807.)

940. — LANFREY. Études et portraits. — *1 vol. in-12. Charpentier.*

941. — LAURENT-PICHAT. Les poètes de combat : V. Hugo, Lamartine, de Musset, Béranger, Barbier, H. Moreau, le poète anonyme de la Pologne. — *1 vol. in-8°. Paris, J. Hetzel.*

942. — MARCUS. Lakanal, avec préface de Pascal DUPRAT ; édition ornée d'un portrait et d'un autographe. — *1 vol. in-8°. C. Marpon, édit.*

943. — MARMONTEL. Mémoires, par l'abbé FOULON ; avec introduction et éclaircissements historiques. — *1 vol. in-8°. Paris, Plon, libr.*, 1850.

** — MARTIN (H.). Daniel Manin ; précédé d'un souvenir de Manin, par E. LEGOUVÉ. — *1 vol. in-18. Paris, Furne et Comp.*, 1861. — (Voir N° 823.)

944. — MONSELET (CH.) Portraits après décès, avec lettre inédite et fac-similé. — *1 vol. in-18. Paris, A. Faure*, 1866.

945. — MONSELET (CH.). Les originaux du siècle dernier, les oubliés et les dédaignés. — *1 vol. in-18. Paris, Michel Lévy frères*, 1866.

946. — NINON DE LENCLOS. Mémoires sur la vie de Ninon de Lenclos. — *1 vol. in-12. Amsterdam, F. Joly*, 1779.

947. — PENJON. Étude sur la vie et les œuvres philosophiques de Georges Berkeley. — *1 vol. in-8°. Paris, Germer Baillière et Comp., libr.*, 1878.

** — PETIT (Ernest). Les sires de Noyers, le maréchal de Noyers, etc. — 1 vol. in-8°. Auxerre, typographie de G. Perriquet. — (Voir N° 850.)

948. — PLUTARQUE. Vies des hommes illustres de Plutarque; traduction nouvelle par Pierron. — 4 vol. in-18. Paris, Charpentier, libr.-édit., 1861.

949. — PLUTARQUE (Le) français. Vies des hommes illustres; ouvrages en 2 séries de 3 vol. in-8°. La première série comprend du V° siècle au XVI° inclusivement; la seconde, les XVII°, XVIII° et XIX°. 35 gravures sur acier dans chaque volume. — Paris, Langlois et Leclercq.

** — POLLION TREBELLIUS. Biographie des deux Valériens, les deux Galliens, les 30 tyrans, Claude. — (Voir N° 38.)

950. — PROST. Corneille Agrippa, sa vie, ses œuvres. — 2 vol. in-8°.

** — QUINET (E.). Le Christianisme et la Révolution française; examen de la vie de Jésus. — (Voir N° 951.)

** — QUINTE-CURCE. Vie d'Alexandre. — (Voir N° 38.)

951. — RENAN. Saint Paul, avec une carte de ses voyages. — 1 vol. in-8°. Michel Lévy frères, 1869. = Les Apôtres, la Vie de Jésus. — 2 vol. in-8°.

952. — RESTIF DE LA BRETONNE. Les Contemporaines, ou aventures des plus jolies femmes de l'âge présent. — 1 vol. in-18. Paris, Lemerre, édit., 1875.

953. — REYNAUD (Jac.). Portraits contemporains. — 1 vol. in-18. Paris, Amyot, édit., 1859.

954. — RICHER. Vies des plus célèbres marins. — 4 vol. in-18. Paris, Belin, libr., 1789.

955. — ROSSIGNOL (Léon). Nos petits journalistes. — 1 vol. in-18. Paris, Didier, libr.-édit., 1846.

956. — ROUSSEAU (J.-J.). Les Confessions. — 1 vol. in-18. Paris, Garnier, libr.-édit.

957. — ROUXEL, MOSMAMS, etc. Les grands hommes de la France. — Industriels. — 1 vol. in-18. Paris, Ducrocq, 1879.

958. — SAINTE-BEUVE. Portraits contemporains. — *3 vol. in-18. Paris, Didier, libr.-édit.*, 1846.

* * — SAUSSE-VILLIERS. Études historiques sur Dante Alighieri et son époque. — *1 vol. in-8°. Avignon, Fischer aîné*, 1850. — (Voir N° 875.)

* * — SPARTIEN (E.). Biographie d'Adrien. — (Voir N° 38.)

* * — STERNE. Vie et opinions de Tristram Shandy, gentilhomme ; suivies du Voyage sentimental et des lettres d'Iorick à Eliza ; traduction nouvelle par M. Léon de WAILLY. — *2 vol. in-18. Paris, G. Charpentier, édit.*, 1877. — (Voir N° 661.)

* * — SUÉTONE. Œuvres complètes. — (Voir N° 661.)

959. — TIMON. Livre des Orateurs ; 11° édition, ornée de 27 portraits gravés sur acier. — *1 vol. in-4°. Paris, Pagnerre, édit.*, 1842.

960. — VAPEREAU (G.). Dictionnaire universel des Contemporains, contenant toutes les personnes notables de la France et des pays étrangers. — *1 vol. gr. in-8°. Paris, Hachette et Comp.*, 1870.

961. — VASCONCELLOS (De). Les Contemporains Portugais, Espagnols et Brésiliens ; le Portugal et la maison de Bragance. — *1 vol. gr. in-8°. Paris*, 1859.

962. — VEUILLOT (L.). La vie de Jésus-Christ. — *1 vol. in-12. Paris, Gaume, édit.*, 1865.

* * — VULCATUS GALLICANUS. Biographie d'Avidius. — (Voir N° 38.)

963. — WHITEHEAD. Vies et exploits des voleurs de grands chemins, pirates et brigands ; traduits par DEFAUCOMPRET. — *2 vol. in-8°. Paris, Bellizaud et Comp.*, 1834.

QUATRIÈME SECTION.

ARCHÉOLOGIE.

964. — BADIN (A.). Grottes et cavernes; ouvrage illustré de 53 vignettes, par C. Saglio; 3° édition. — *1 vol. in-18. Paris, Hachette*, 1876.

965. — BOTTA (P.-E.). Monuments de Ninive, découverts et décrits par Botta; mesurés et dessinés par Flandin; ouvrage publié par ordre du gouvernement. — *5 vol. in-fol. Paris, Gyde*, 1849.

966. — BULLETIN de la Société Archéologique de Béziers. — *5 vol. in-8°. Béziers.*

967. — CAUVET (E.). Étude historique sur Fonfroide, abbaye de l'ordre de Citaux, située dans le vicomté et diocèse de Narbonne, de 1093 à 1790. — *1 vol. in-8°. Montpellier, Seguin*, 1875.

** — DUVAL-JOUVE. Les noms des rues de Montpellier. Étude historique et critique. — *1 vol. in-18. Montpellier, Coulet, libraire*, 1877. — (Voir N° 763.)

968. — LEBLANT. Inscriptions chrétiennes de la Gaule, antérieures au XIII° siècle. — *1 vol. (en 2 tomes) in-4°. Paris, imprimerie impériale*, 1865.

969. — LESBAZEILLES. Les Colosses anciens et modernes; ouvrage illustré de 53 gr. — *1 vol. in-18. Paris, Hachette et Comp.*, 1876.

970. — MINISTÈRE DE L'INSTRUCTION PUBLIQUE. Collection de monuments inédits sur l'histoire de France, publiés par ordre du roi. — *1 vol. in-4°.*

971. — MUSÉE DES ARCHIVES DÉPARTEMENTALES. Recueil de fac-simile héliographiques, de documents tirés des archives des préfectures, mairies et hospices. — *1 vol. planches gr. in-fol.; 1 vol. texte in-4°. Paris, impr. nationale*, 1878.

972. — NATALIS DE WALLY. Éléments de Paléographie. — 2 vol. in-fol. Paris, impr. nationale, 1838.

973. — PERROT (J.-F.). Histoire des antiquités de Nimes ; 2ᵉ édit. — 1 vol. in-8°. Nimes, 1846.

* * — SAUSSAYE (de la). Histoire du Château de Blois. — (Voir N° 810.)

974. — RAOUL-ROCHETTE. Lettre à M. Schorn, supplément au Catalogue des artistes de l'antiquité grecque et romaine. — 1 vol. in-8°. Paris, Crapelet, impr., 1845.

CINQUIÈME SECTION.

GÉOGRAPHIE.

975. — AMELIN. Guide des voyageurs ; esquisse d'un tableau hisrique, pittoresque, statistique et commercial dans le département de l'Hérault. — 1 vol. in-18. Montpellier, Gabon et Comp., libraires, 1827.

976. — ATLAS DU DICTIONNAIRE DES DATES. — 1 vol. petit in-fol. Paris, Levasseur, libr.

977. — ATLAS. Cartes relatives à la guerre de 1870 et 1871. — 1 vol. in-fol.

* * — AYNÈS (F.-D.). Nouveau Dictionnaire universel de Géographie ancienne et moderne. — 5 vol. in-8°. Lyon, Rusand et Comp., 1804. — (Voir N° 674.)

978. — BASTIÉ (M.). Le Languedoc ; première partie, description complète du département du Tarn. — 1 vol. in-4° (en 2 tomes). Albi, Noguiès, 1875.

979. — BELGRAND (M.). La Seine, études hydrologiques ; régime de la pluie, des sources, des eaux courantes ; applications à l'agriculture. — Atlas, 1 vol. in-fol et 1 vol. texte in-4°. Paris, Dunot, édit., 1873.

980. — BOUDIN (J.-Ch.-M.). Éléments de Statistique et de Géographie générales. — *1 vol. in-12. Paris, H. Plon, édit.*, 1860.

981. — CARTES DES ANCIENS DIOCÈSES du Midi de la France, dressées par Bourgoing et gravées par Aldring; collées sur toile, découpées et pliées. 20 cartes des diocèses : d'Agde, Albi, Alet, Béziers, Carcassonne, Castres, Commenge, Lavaur, Mende, Mirepoix, Montauban, Narbonne, Nimes, Saint-Papoul, Saint-Pons, Le Puy, Rieux, Toulouse, Uzès et Viviers.

982. — CARTES DU CANAL ROYAL DU LANGUEDOC. Ces cartes, collées sur toile et découpées sont divisées en 4 parties : la 1re, de Toulouse à Renneville; la 2e, de Renneville à Trèbes; la 3e, de Trèbes à Capestang, et la 4e, de Capestang à l'étang de Thau ; une 5e carte pour les rigoles ; en tout, 5 cartes.

983. — CHEVALIER (Michel). Voies de communications des États-Unis. — *2 vol. in-4° de texte et 1 atlas in-fol., publié par Gosselin. Paris*, 1840.

984. — CLOUÉ (G.-C.). Renseignements hydrographiques sur la mer d'Azof, publiés sous le ministère de l'amiral Hamelin. — *1 vol. in-8°. Paris, F. Didot frères,* 1856.

** — DUVAL (Jules). Les Colonies et la politique coloniale de la France. — *1 vol. in-8°. Paris, Bertrand.* — (Voir N° 765.)

985. — DUVOTENAY (Th.). Atlas de l'histoire de la Révolution, du Consulat et de l'Empire ; par Thiers. — *1 vol. in-4°. Paris, Furne,* 1866.

986. — FRANCE PITTORESQUE. — *2 vol. in-4°. Paris, Vignaux.*

987. — GAFFAREL (Paul). Les Colonies françaises. — *1 vol. in-18. Paris, Germer Baillière,* 1880.

988. — GODET (J.-A.). Notes sur le golfe du Mexique et les mouillages compris entre Tampico et Vera-Crux. — *1 vol. in-8°. Bordeaux, Lafargue, libr.-impr.,* 1856.

989. — HUGO (A.). France pittoresque, ou description pittoresque, topographique et statistique des départements et colonies de la France. — *3 vol. in-4°. Paris, Delloye, édit.*

990. — LENNIER (G.). L'Estuaire de la Seine, mémoires de l'es-

tuaire, notes et documents pour servir à l'étude de l'estuaire de la Seine. — 2 vol. texte et 1 vol. planches in-fol. Hâvre, E. Hustin, impr., 1885.

** — LENTHÉRIC (Ch.). Les villes mortes du Golfe de Lyon, la Grèce et l'Orient en Provence, la Province maritime, la région du Rhône. — (Voir N° 815.)

991. — LESAGE. Atlas historique, généalogique, chronologique et géographique. — 1 vol. in-fol. Paris, Leclerc, libr., 1829.

992. — LESBAZEILLES. Les Merveilles du monde pôlaire; ouvrage illustré de 38 gravures dessinées sur bois par Riou. — 1 vol. in-18. Paris, Hachette et Comp., 1881.

993. — LIAIS (E.). Hydrographie du Haut-San-Francisco et du Rio das Velhas. — 1 vol. in-fol. Paris, Garnier, libr.-édit., 1865.

994. — MALTE-BRUN. Géographie universelle entièrement refondue et mise au courant de la science, par Th. Lavallée. — 6 vol. gr. in-8°. Paris, Furne, Jouvet et Comp., 1869.

995. — MARMIER (X.). Lettres sur l'Islande. — 1 vol. in-8°. Paris, F. Bonnaire, édit., 1837.

** — MATHIEU (H.). La Turquie et les différents peuples qui l'habitent. — 2 vol. in-12. E. Dentu, libr.-édit, Paris. — (Voir N° 700.)

996. — MIGEON. Atlas historique, scientifique, industriel et commercial; revu par Vuillemin. — 1 vol. petit in-fol., Paris, chez l'auteur, 1871.

997. — PERROCHEL. Les Pyrénées; 2° édit.— 1 vol. in-18. Le Mans, Monnoyer, 1875.

998. — RECLUS (E.). Nouvelle Géographie universelle, avec de nombreuses cartes et gravures. — 11 vol. gr. in-8°. Paris, Hachette, 1879 et suivantes.

    I. L'Europe méridionale : Europe, Turquie, Roumanie, Serbie, Italie, Espagne et Portugal. — II. La France. — III. L'Europe centrale : Suisse, Austro-Hongrie, Allemagne. — IV. L'Europe du Nord-Ouest : Belgique, Hollande et Iles Britanniques. — V. L'Europe Scandinave et Russe. — VI. L'Asie Russe. — VII. L'Asie Orientale. — VIII. L'Inde et l'Indo-Chine. — IX. L'Asie intérieure : Afghanistan, Belouchistan, Perse, Turquie d'Asie. — X. Afrique septentrionale (1re partie) : Bassin du Nil (Soudan Egyptien, Ethiopie, Nubie, Egypte). — XI. Afrique septentrionale (2° partie) : Tripolitaine, Tunisie, Algérie, Maroc, Sahara.

999. — RECLUS (E.). La Terre ; description des phénomènes de la vie du Globe ; divisée en 4 parties : les continents, les terres, la circulation des eaux et les forces souterraines. — *1 vol. gr. in-8°. Paris, Hachette et Comp.*, 1877.

1000. — SIMONIN. Les ports de la Grande-Bretagne. — *1 vol. in-18. Paris, Hachette*, 1881.

1001. — SOCIÉTÉ LANGUEDOCIENNE DE GÉOGRAPHIE. — *6 vol. in-8°. Montpellier*, 1878 *et années suivantes.*

1002. — STIELER (E.). Hand Atlas. — *1 vol. in-fol. Gotha, Justus Perthes*, 1880.

1003. — TARDIEU (Amb.). Atlas universel de Géographie ancienne et moderne. — *1 vol. in-fol. Paris, Furne et Jouvet, libraires.*

1004. — TARDIEU (Ambr.). Atlas pour l'histoire générale des voyages de Laharpe. — *1 vol. in-fol. Paris, Ledentu, libr.*, 1825.

* * — UNIVERS (L'). Histoire et description de tous les peuples, avec gravures et cartes. — *10 vol. in-8°. Paris, Didot*, 1840. — (Voir N° 913.)

I-III. Océanie, par Rienzi. — IV. Grèce, par Pouqueville. — V. Italie, Sicile, par de La Salle. — VI. Brésil, Colombie et Guyanne, par Famin. — VII. Suède et Norwège, par Le Bas. — VIII. États-Unis d'Amérique. IX. Suisse et Tyrol, par Golbéry. — X. Ægypte ancienne, par Champollion.

1005. — VILLIERS (A. de). Le nouveau Géographe, manuel. — *1 vol. in-18. Paris, Roret, libr.*, 1822.

* * — VOGEL (Ch.). Le Portugal et ses colonies. — *1 vol. in-8°. Paris, Guillaumin et Comp.*, 1860. — (Voir N° 909.)

1006. — VUILLEMIN. La France ; nouvel atlas illustré des départements et des colonies, dressé d'après les cartes de Cassini du dépôt de la marine. — *1 vol. in-fol. Paris, Migeon, édit.* 1871.

SIXIÈME SECTION.

VOYAGES.

1007. — ALIGNY (Th.). Vues des sites les plus célèbres de la Grèce antique, dessinés sur nature et gravés à l'eau forte. — *1 vol. gr. in-fol. Paris,* 1845.

1008. — ANTÉNOR. Voyages en Grèce et en Asie, avec des notions sur l'Ægypte; traduit par Lautier, d'un manuscrit grec trouvé à Herculanum. — *3 vol. in-18, ornés de 6 gravures. Paris, A. Bertrand, libr.-édit.,* 1836.

1009. — ARAGO (J.-M.). Voyage autour du monde de l'*Astrolabe* et de la *Zelée*, sous les ordres du contre-amiral Dumont-d'Urville pendant les années 1837 à 1840; par Henri Léguillon, mis en ordre par J. Arago; 2° édition. — *2 vol. gr. in-8°. Paris, Berquet et Pétion, éditeurs,* 1843.

1010. — ARAGO (J.). Voyage autour du monde. Souvenir d'un aveugle; enrichi de 60 dessins et de notes scientifiques. — *4 vol. in-8°. Paris, Hortet, édit.,* 1839.

1011. — ARAGO (M.-J.). Promenade autour du monde. — *2 vol. in-8°. Paris, Abel Ledoux, libr.*

1012. — AUGÉ DE LASSUS (L.). Voyage aux Sept Merveilles du monde; 2° édition, illustrée de 21 gravures dessinées sur bois par Sidney. — *1 vol. in-18. Paris, Hachette,* 1880.

1013. — AUGÉ (Lucien). Les Tombeaux; illustrés de 31 vignettes par Sydney Barclay. — *1 vol. in-18. Paris, Hachette et Comp.,* 1879.

* * — AUGER (E.). Voyage en Californie. — *1 vol. in-18. Paris, librairie Hachette.* — (Voir N° 367.)

1014. — BARTHÉLEMY (J.-J.). Voyage d'Anacharsis en Grèce dans le milieu du IV° siècle avant l'ère chrétienne. — *9 vol. in-18. Paris, de Bure,* 1789.

1015. — BEAUVOIR (de). Voyages. — *3 vol. in-18. Paris, E. Plon, édit.*, 1878.

> I. Java, Siam, Canton. — II. Pékin, Iédo, San-Francisco. — III. Australie.

1016. — CHARTON (E.). Le nouveau journal des Voyages, illustré par nos plus illustres artistes. — *52 vol. in-4°* (de 1860 à 1886). *Paris, Hachette.*

* * — CHATEAUBRIAND. Voyage en Amérique; édition revue par Guénot. — *1 vol. in-18. Limoges, Barbou frères.* — (Voir N° 395.)

1017. — CHATEAUBRIAND. Itinéraire de Paris à Jérusalem ; 3° et 4° vol. des œuvres complètes.

1018. — COOCK (capitaine). Les 3 voyages du capitaine Coock; traduits de l'anglais. (Le 1ᵉʳ voyage fut rédigé par Hawkeswarth, le 2° par Coock lui-même, et le 3° d'après ses journaux, par le lieutenant King.) — *13 vol. in-4°. Paris*, 1778.

1019. — CUVILLIER-FLEURY. Voyages et voyageurs. — *1 vol. in-18. Paris, Michel Lévy, libr.-édit.*, 1856.

1020. — DARGAUD. Voyage aux Alpes. — *1 vol. in-12. Paris, Hachette et Comp.*, 1857.

1021. — DELESSERT (E.). Voyage aux villes maudites : Sodome, Gomorrhe, Séboïm, Adamat-Zoær ; 4° édition. — *1 vol. in-12. Librairie nouvelle*, 1857.

1022. — DEPPING (G.-B.). Les jeunes voyageurs en France, ou lettres sur les départements. — *6 vol. in-18. Paris, Ledoux, libr.*, 1834.

1023. — DEZOBRY (Ch.). Rome au siècle d'Auguste, ou voyage d'un Gaulois à Rome à l'époque du règne d'Auguste et pendant une partie du règne de Tibère ; accompagné d'une description de Rome sous Auguste et Tibère ; 4° édition, plans et vues. — *4 vol. in-8°. Paris, Delagrave*, 1875.

1024. — DOLLE (F.). Souvenirs de voyage (Suisse, Savoie, France); 3° édition. — *1 vol. in-12. Paris, Dentu*, 1843.

1025. — DUGUIÈS (H.). Mon Carnet de voyage. — *1 vol. in-18. Paris, E. Vatau, libr.-édit.*, 1873.

** — DUMAS (A.) Impressions de voyage. — *30 vol. in-18. Paris, Calmann-Lévy*, 1879. — (Vᵣ N° 421.)

    I-III. Impressions de voyage. — IV. Une année à Florence. — V-VII. L'Arabie heureuse. — VIII-IX. Les Bords du Rhin. — X. Le Capitaine Aréna. — XI-XIII. Le Caucase. — XIV-XV. Le Coricolo. — XVI-XVII. Le Midi de la France. — XVIII-XIX. De Paris à Cadix. — XX. Quinze jours au Sinaï. — XXI-XXIV. En Russie. — XXV-XXVI. Le Speronare. — XXVII-XXVIII. Le Véloce. — XXIX. La Villa Palmiéri. — XXX. Les bords du Rhin.

1026. — FLANDIN (E.). Voyage en Perse, relations du voyage. — *2 vol. in-8°. Paris, Gide et Beaudry, libr.-édit.*, 1851.

1027. — FLANDIN (Eug.) et COSTE (P.). Voyages en Perse. — *6 vol. gr. in-folio, dont 5 vol. de planches et 1 de texte. Paris, Gide et Beaudry.*

1028. — GARNIER (E.). Voyages dans l'Asie méridionale : Indoustan, etc. — *1 vol. in-18. Tours, Mame et Comp., édit.*

1029. — GASPARIN (Comte Agénor). A Constantinople. — *1 vol. in-18. Paris, Calmann Lévy, édit.*, 1877. = A travers les Espagnes. — *1 vol. in-18.*

1030. — GENDRIN (V.-A.). Récit historique exact et sincère, par mer et par terre, de quatre voyages faits au Brésil, au Chili, dans les Cordilières des Andes, à Mendosa, dans le désert et à Buenos-Aires. — *1 vol. in-8°. Versailles, Gendrin, édit. auteur*, 1856.

1031. — HISTOIRE GÉNÉRALE DES VOYAGES. — *32 vol. in-18.*

1032. — JAUBERT (A.). Voyage en Arménie et en Perse, fait dans les années 1805-1806. — *1 vol. in-8°. Paris, Pélissier*, 1821.

  ** — JOURNAL DES VOYAGES, découvertes et navigations modernes, ou archives géographiques du XIXᵉ siècle; publié par Verneur et Friéville. — *48 volumes in-8°. Paris, Boretz, libr.*, 1824. — (Vᵣ N° 694.)

1033. — JURIEN DE LA GRAVIÈRE. Souvenirs d'un Amiral. — *2 vol. in-12. Paris, Hachette*, 1824.

1033 *bis*. — LAHARPE. Abrégé de l'Histoire des Voyages, contenant ce qu'il y a de plus remarquable dans les pays où les voyageurs ont abordé. — *24 vol. in-8° et 1 atlas in-folio. Paris, Ledentu, libr.*, 1825.

1034. — LAMARTINE (A. de). Voyage en Orient en 1832 et 1833. — 2 vol. in-12. *Paris, Gosselin*, 1863.

* * — LAMARTINE, Voyages, tom. VI, VII et VIII ; Nouveaux Voyages, tom. XXXIII des Œuvres complètes. — (V^r N° 252.)

1035. — LANGLÈS (L.). Voyage de l'Inde à la Mecque, par A'bdoûl-Kérim, favori de Tahmas Quouly-Khân. — *2 vol. in-24. Paris*, 1797.

1036. — LAPÉROUSE et BRUCE. Voyages. — *1 vol. in-8° illustré. Paris, Duménil, édit.*

1037. — LÉGER (L.). Études Slaves, voyages et littérature. — *1 vol. in-12. Paris, E. Leroux, édit.*, 1875.

1038. — MARGOLLÉ et ZURCHER. Les Ascensions célèbres aux plus hautes montagnes du globe ; fragments de voyages recueillis, traduits et mis en ordre ; 4° édition. — *1 vol. in-18. Paris, Hachette et Comp.*, 1879.

1039. — MARGOLLÉ et ZURCHER. Les Naufrages célèbres ; 4° édition, revue, augmentée et illustrée de 30 vignettes, par J. Noel, — *1 vol. in-18. Paris, Hachette.*

1040. — MONTFORT. Voyage en Chine, avec un appendice historique sur les derniers événements, par G. Bell. — *1 vol. in-18. Paris, V. Lecou, édit.*

1041. — MORELET (A.). Voyage dans l'Amérique centrale, l'île de Cuba et le Jucatan. — *2 vol. in-18. Paris, Gide et Baudry, libr.-édit.*, 1857.

1042. — NERVAL (de). Voyage en Orient ; 3° édition. — *2 vol. in-18. Paris, Charpentier*, 1851.

1043. — NISARD (D.). Souvenirs de voyage en France, Belgique. Prusse Rhénane, Angleterre. — *1 vol. in-12. Paris, Michel Lévy, édit.*, 1835.

1044. — PÉEIFFER (Mme Ida). Mon second Voyage autour du monde ; traduit de l'allemand, par Suckau. — *1 vol. in-18. Paris, Hachette et Comp.*, 1857.

* * — POUQUEVILLE. Voyage en Grèce. — *5 vol in-8°. Paris, Didot, édit.* — (Voir N° 854.)

1045. — PRIVAT (E.). Voyage historique et pittoresque autour de l'étang de Thau. — *1 vol. in-fol. Montpellier, Boehm, 1846.*

1046. — RADIGUET (Max.). Souvenirs de l'Amérique espagnole. — *1 vol. in-18, Paris, Michel Lévy frères, libr.-édit., 1856.*

1047. — RECLUS (A.). Panama et Darien; voyages d'exploitation, contenant 60 gravures et 4 cartes. — *Paris, Hachette, libr., 1881.*

1048. — RECLUS (E.). Voyage à la Sierra-Nevada de Sainte-Marthe, paysages de la nature tropicale. — *1 vol. in-18. Paris, Hachette et Comp., 1861.*

1049. — REGNARD. Voyages; 4° et 5° vol. des œuvres complètes.

1050. — SAUSSURE (de). Voyage dans les Alpes; 4° édition. — *1 vol. in-12. Paris, Fischbacher, 1880.*

** — SWIFT. Voyages de Gulliver dans des contrées lointaines; traduction nouvelle, précédée d'une notice par Walter Scott. — *1 vol. in-8°. Paris, Garnier, 1873.* — (Voir N° 585.)

** — SWIFT. Voyages de Gulliver dans des contrées lointaines; traduction nouvelle, précédée d'une notice biographique et littéraire, par Walter Scott. — *1 vol. in-18. Paris, Fournier aîné, 1841.* — (Voir N° 586.)

1051. — TAINE. Voyage aux Pyrénées; 5° édition. — *Paris, Hachette, et Comp., 1867.*

1052. — THORNTON (Cyril). Men and manners in America. — *2 vol. in-8°.*

1053. — TISSANDIER (G.). Histoire de mes Ascensions; récit de 24 voyages aériens; 2° édition. — *1 vol. in-12. Paris, Dreyfous.*

1054. — TOPFFER (R.). Nouveaux voyages en zigzag à la Grande Chartreuse, autour du Mont Blanc, etc.; précédés d'une notice par Sainte-Beuve. — *1 vol. in-4°. Paris, Garnier frères, libr.-édit., 1864.*

1055. — VALÉRY. Voyages historiques, littéraires et artistiques en Italie. — *2 vol. in-8°. Paris, André, 1838.*

1056. — VERNET (H.). Voyage en Orient, orné de 16 dessins. — *1 vol. gr. in-8°. Paris, Challemel, édit.*

1057. — VIARD (Ed.). Explorations africaines au bas Niger; 3ᵉ édition. — *1 vol. in-18. Paris, Guérin et Comp.,* 1886.

1058. — VILBACK (R. de). Voyages dans les départements. — *1 vol. in-8°. Paris, Delaunay, libr.,* 1835.

1059. — VOYAGES DANS L'INDOUSTAN. — *6 vol. in-22. Paris, Nepveu,* 1816. = En Égypte et Syrie. — *6 vol. in-22.* = En Russie. — *6 vol. in-22.* = Aux Pyrénées. — *1 vol. in-22.* = En Asie. — *1 vol. in-22.* = Voyage à Constantinople. — *1 vol. in-8°. Paris, Maradan, libr.*

1060. — WALLS. Souvenirs et impressions de voyage.— *1 vol. in-18.*

1061. — WASHINGTON (Irving). Histoire des voyages et découvertes des compagnons de Christophe Colomb; traduit par Dufaucompret. — *2 vol. in-8°. Paris, Gosselin,* 1833.

1062. — WASHINGTON. Histoire de la vie et des voyages de Christophe Colomb; traduit par Dufaucompret fils; 2ᵉ édition, revue, corrigée. — *4 vol. in-8°. Paris, Gosselin, libr.,* 1834.

QUATRIÈME SÉRIE.

SCIENCES MORALES ET POLITIQUES.

PREMIÈRE SECTION.

POLYGRAPHIE LIMITÉE AUX SCIENCES MORALES ET POLITIQUES.

—

1063. — BACON. Résumé des principaux ouvrages de Bacon (ouvrage donné par le Ministère de l'instruction publique). — *1 vol. in-12. Paris, Dumaine, libr.-édit.,* 1870.

1064. — BELMONTET. Les lumières de la vie, pensées, maximes et proverbes poétiques. — *1 vol. in-12. Paris, Amyot, édit.,* 1864.

1065. — BONAPARTE (Louis-Napoléon). Discours et Messages, depuis son retour jusqu'au 2 Décembre 1852. — *1 vol. in-8°. Paris, Plon frères,* 1853.

1066. — CARO. Problèmes de morale sociale. — *1 vol. in-8°. Paris, Hachette et Comp.,* 1876.

1067. — COMPENDIUM Philosophiæ ad usum seminariorum. — *3 vol. in-12. Paris, Lecoffre,* 1851.

1068. — CONDILLAC. OEuvres complètes, revues et corrigées par l'auteur et imprimées sur ses manuscrits autographes. — *31 vol. in-18 (le 7ᵉ manque). Paris, Dufart, impr.-libr.,* 1803.

1069. — COOPER (Joseph). Un Continent perdu ; l'esclavage ou la traite en Afrique en 1875, avec quelques observations sur la manière dont il se pratique en Asie, sous le nom de Système contractuel de la main d'œuvre ; ouvrage traduit de l'anglais et contenant une préface de E. Laboulaye. — *1 vol. in-8°. Paris, Hachette,* 1876.

1070. — COQUELIN et GUILLAUMIN. Dictionnaire de l'Économie politique, contenant l'exposition des principes de la science, l'opinion des écrivains qui ont le plus contribué à sa fondation et à ses progrès, la biographie générale de l'économie politique, par noms d'auteurs et par ordre de matières, avec des notices biographiques; 3° édition. — 2 vol. in-4°. Paris, Guillaumin et Comp., libr., 1864.

1071. — CORTÈS (D.). Essai sur le catholicisme, le libéralisme et le socialisme. — 1 vol. in-18.

1072. — COURTOIS fils. Des opérations de Bourse ; Manuel des fonds publics et des Sociétés par actions, etc. — 1 vol. in-12. Paris, Garnier,1859.

1073. — DISCUSSION complète de l'Adresse dans les deux Chambres, extraite des Annales du parlement français (session de 1841). — 1 vol. in-8°. Paris, Fleury, 1840.

1074. — ESQUIROS. Paris, ou les sciences, les institutions et les mœurs au XIX° siècle. — 2 vol. in-8°. Paris, Comon et Comp., 1847.

1075. — FIGUIER (L.). Le lendemain de la mort, ou la vie future selon la science; ouvrage accompagné de 22 figures d'astronomie. — 1 vol. in-18. Paris, Hachette et Comp., 1871.

1076. — FRANCK (A.). Dictionnaire des Sciences philosophiques, par une société de professeurs et de savants. — 1 vol. gr. in-8°. Paris, Hachette, 1875.

1077. — GASPARIN (Comte Agénor). La Liberté religieuse et les horizons prochains; questions diverses. — 3 vol. in-8°.

1078. — HUGO (Victor). Littérature et Philosophie mêlées. — 1 vol. in-18. Paris, Charpentier, 1841.

1079. — JANET (P.). Les Maitres de la pensée moderne. — 1 vol. in-12. Paris, Calmann-Lévy, édit., 1883.

1080. — JOLY (M.). Le Barreau de Paris, études polititiques et littéraires. — 1 vol. in-18. Gosselin, édit., 1883.

1081. — JOURNAL DES ÉCONOMISTES. Revue de la Science économique et de la statistique. — 16 vol. n-8°. (En cours de publication.) Paris, Guillaumin, 1879.

** — LAMARTINE (A. de). Mémoires politiques. T. 37, 38, 39 et 40 des œuvres complètes. — In-8°. Paris, chez l'auteur, 1850. — (V⁰ N° 251.)

** — LEÇONS DE LITTÉRATURE et de Morale, à l'usage de la Jeunesse des deux sexes. — 2 vol. in-18. Paris, Delalain, libr., 1836. — (V⁰ N° 106.)

1082. — LEMOINE (A.). L'Aliéné devant la philosophie, la morale et la société. — 1 vol. gr. in-8°. Paris, Didier et Comp., libr.-édit., 1862.

1083. — LEMOINE (John). Études critiques et philosophiques. — 1 vol. in-8°. Paris, Michel Lévy, libr.-édit., 1852.

1084. — LUBLOCK. Les origines de la civilisation ; état primitif de l'homme et mœurs des sauvages modernes ; 3ᵉ édition, traduite sur la 3ᵉ édition anglaise par Barbier. — 1 vol. gr. in-8°. Paris, Germer Baillière et Comp., 1881.

1085. — LUBLOCK. L'homme préhistorique. — 1 vol. in-8°.

1086. — MABLY (de). OEuvres complètes. — 18 vol. in-18. Toulouse, E. Sens, impr., 1791.

** — MÉNIPPÉE. Satire. — (Voir N° 827.)

1087. — MICHELET. OEuvres diverses. — 14 vol. in-18. Paris, Calmann-Lévy.

    I. Nos Fils. — II. La Sorcière. — III. L'Oiseau. — IV. Le Peuple. — V. L'Insecte. — VI. Du Prêtre, de la Femme, de la Famille. — VII. La Montagne. — VIII. La Mer. — IX. L'Amour. — X. Le Peuple. — XI. La Femme. — XII. Les Femmes de la Révolution. — XIII. L'Étudiant. — XIV. Légende des siècles.

** — MONTESQUIEU. OEuvres. — (V⁰ N° 839.)

1088. — MOREAU (L.-A.). Le Monde des Coquins ; physiologie du Monde des Coquins. — 1 vol. in-18. Paris, E. Dentu, édit., 1863.

1089. — NOLEN. La critique de Kant et la Métaphysique de Leibnitz. histoire et théorie de leurs rapports. Thèse de doctorat. — 1 vol. in-8°. Paris, libr., Germer Baillière, 1857.

1090. — POULLEN DE LUMINA. Usage et Mœurs des Français. — 1 vol. in-12. Lyon, Berthand, libr., 1769.

** — QUINET (Mᵐᵉ Edgard). Paris, journal du siège ; précédé d'une préface d'Edgard Quinet. — 1 vol. in-18. Paris, E. Dentu, libr.-édit., 1893. — (Voir N° 705.)

1091. — RENAN (E.). L'Antechrist. — *1 vol. in-8°. Paris, Michel Lévy frères, édit.*, 1873. = Questions contemporaines. — *1 vol. in-8°. Paris, Michel Lévy frères*, 1868. = Caliban, drame philosophique; l'eau de Jouvence. — *2 vol. in-8°. Paris, Calmann-Lévy, édit.*, 1881.

1092. — RIALLE (Girard de). La Mythologie comparée. — *2 vol. in-18. Paris, C. Ranvvald, libr.-édit.*, 1878.

* * — RICHTER (Jean-Paul). OEuvres; texte allemand. — (Voir N° 124.)

1093. — TALLON (Eugène). La vie morale et intellectuelle des ouvriers. — *1 vol. in-18. Paris, Plon, édit.*, 1877.

1094. — TROLLOPE. Mœurs des Parisiens; texte anglais. — *2 vol. in-8°.*

1095. — VINET (V.). Nouveaux discours sur quelques sujets religieux; 2ᵉ édition. — *1 vol. in-8°. Paris, Delay*, 1842.

* * — VOLTAIRE. 7° et 8° vol. des OEuvres complètes. — *Gr. in-8°. Paris, Didot*, 1874. — (Voir N° 298.)

1096. — XÉNOPHON. OEuvres complètes; traduites par Talbot, avec une introduction et des notes. — *2 vol. in-18. Paris, Hachette et Comp.*, 1873.

* * — XÉNOPHON. Retraite des dix mille; traduite par Claude Seyssel. — *Manuscrit in-4° relié en parchemin*, 1485.

1097. — YANOSKI. De l'abolition de l'Esclavage ancien au moyen âge et de sa tranformation en servitude de la Glèbe. — *1 vol. in-8°. Paris, Imprimerie impériale*, 1860.

* * — ZELLER (Jules). L'Année historique, ou revue annuelle des questions et des événements politiques en France, en Europe et dans les principaux états du monde. — *2 vol. in-12. Paris, Hachette*, 1860. — (Voir N° 706.)

DEUXIÈME SECTION.

THÉOLOGIE.

** — AUGUSTIN (Saint). Cité de Dieu, par Baudot. — (Voir Bibliothèque latine. N° 38.)

1098. — BERGIER. Traité de la vraie Religion, avec la réfutation des erreurs qui lui ont été opposées dans les différents siècles. — *10 vol. in-8°. Besançon, Gauthier,* 1820.

1099. — BIBLE en français. — *1 vol. en 2 tomes in-4°.* (On les vend à Lyon en la rue de la Platrière, en la maison de P. Bailli marchant, 1531. La dernière page porte le nom de l'imprimeur et la date ainsi que suit : « A l'honneur et louange de Dieu notre créateur a été imprimé cette bible en françois, historiée pour P. Bailli, marchant libraire, demeurant à Lyon. L'an de grâce mille ccccxxxi. »)

** — BOSSUET. Œuvres. — *4 vol. gr. in-8°. Paris, F. Didot,* 1870.
I. Instruction du Dauphin, Connaissance de Dieu et de soi-même, Traité du libre arbitre, Discours sur l'histoire universelle, Politique tirée des propres paroles de l'Écriture sainte, Défense de la tradition et des saints Pères. — II. Oraisons funèbres, Sermons. — III. Suite des Sermons, Panégyrique, Méditations sur l'Évangile. — IV. Histoire des variations des Églises protestantes, Instruction pastorale sur les promesses de l'Église, Élévation à Dieu sur les mystères, Pensées morales et chrétiennes. — (Voir N° 183.)

1100. — BOURDALOUE. Œuvres complètes, revues avec soin sur l'édition de 1707 de Bretonneau. — *3 vol. gr. in-8°. Paris, Didot,* 1874.
I. Avant-Carême, Dominicales. — II. Dominicales (suite), Mystères, Panégyriques. — III. Sermons pour les vêtures, Oraisons funèbres, Exhortations, Pensées, Essai d'Avent.

1101. — BRASSEUR DE BOURBOURG. Popol Vuh. Le livre sacré et les mythes de l'antiquité américaine, avec les livres héroïques et historiques des Quichés. — *1 vol. in-8°. Paris, Durand,* 1869.

1102. — CHANUT. Le Saint Concile de Trente, œcuménique et général, célébré sous Paul III, Jules III et Pie IV, souverains pontifes ; nouvellement traduit par l'abbé Chanut ; 3° édition. — *1 vol. in-18. Paris, Mabre-Cramoisy,* 1684.

** — CICÉRON. Entretiens sur la nature des Dieux ; traduits par d'Olivet, avec le texte latin. — *2 vol. in-12. Paris, Barbou frères,* 1743. (V⁺ N° 14.)

1103. — COLBERT, évêque. Catéchisme de Montpellier, où l'on explique en abrégé, par l'Écriture Sainte et par la tradition, l'histoire et les dogmes de la religion, morale, etc. — *3 vol. in-12. Paris, Leguerrier,* 1702.

** — DARRAS (J.-E.). Histoire générale de l'Église depuis le commencement de l'ère chrétienne jusqu'à nos jours ; 2° édition. — *4 vol. in-8°. Paris, Vivès,* 1855. — (Voir N° 754.)

** — DAVID. Les Psaumes de David mis en rimes françoises par Clément Marot et Théodore de Bèze. — *1 vol. in-18. Charenton, A. Cellier,* 1666. — (Voir N° 221.)

1104. — DIDRON. Iconographie chrétienne ; histoire de Dieu. — *Paris, impr. Robjal,* 1843.

** — FÉNELON. Œuvres. — (Voir N° 186.)

1105. — FRAYSSINOUS (Eug.). Défense du Christianisme, ou conférences sur la Religion. — *2 vol. in-12. Paris, L. Leclerc et Comp.; impr..* 1863.

1106. — GASPARIN (Agénor). La Bible. — *2 vol. in-18.*

1107. — GASPARIN (Agénor). Paroles de vérité ; Discussions politiques. — *2 vol. in-18. Paris, Calmann-Lévy, édit.,* 1876.

1108. — LAMENNAIS (F.). De la Religion. — *1 vol. in-18. Paris, Pagnerre, édit.,* 1841.

1109. — LAMENNAIS (F.). L'Indifférence en matière de religion, et Paroles d'un Croyant. — *5 vol. in-12. Paris, Garnier frères, libr.-édit.*

1110. — LEBRETHON. Petite Somme théologique de St Thomas-d'Aquin. — *4 vol. in-8°. Paris, Garnier frères, édit.,* 1861.

1111. — MAIMOUN dit MAIMONIDE. Le Guide des égarés, traité de Théologie et de Philosophie ; traduit par S. Nunk. — *2 vol. gr. in-8°. Paris, Franck, libr.,* 1861.

1112. — MASSILLON. OEuvres complètes, avec portrait. — *2 vol. gr. in-8°. Paris, F. Didot*, 1870.

<small>I. Sermons pour l'Avent, le Carême, Oraison funèbres. — II. Mystères, panégyriques, Conférences, Paraphrases sur les psaumes, Pensées.</small>

1113. — MATINES. — *Manuscrit sur parchemin, in-18.*

1114. — NICOLAS (Auguste). La divinité de Jésus-Christ; démonstration nouvelle tirée des dernières attaques de l'incrédulité; 3° édition. — *1 vol. in-18. Paris, Vaton, édit.*, 1864.

1115. — NICOLAS (Auguste). Études philosophiques sur le Christianisme; 4° édition. — *4 vol. in-8°. Paris, Vaton, édit.*, 1864.

1116. — PAUTHIER. Les livres sacrés de l'Orient: contenant le Chon-King, ou le livre par excellence; les Sse-Chon, ou les 4 livres moraux de Confucius et de ses disciples; les lois de Manou, premier législateur de l'Inde; le Koran de Mahomet. — *1 vol. in-4°. Paris*, 1832.

1117. — PHILIP (B.). Nouveau Dictionnaire de Théologie morale. — *1 vol. in-8°. Paris, Lecoffre, édit.*, 1857.

** — SAINT CONCILE DE TRENTE, œcuménique et général, célébré sous Paul III, Jules, III et Pie IV, souverains pontifes; traduit par Chanut; 3° édition. — *1 vol. in-18. Paris, Mabre-Cramoisy*, 1686. — (V^r Chanut, N° 1102.)

** — TERTULLIEN. Apologétique, par L. Baudot. — (Voir Bibliothèque latine, N° 38.)

1118. — WALLON. De la croyance due à l'Évangile. — *1 vol. in-8°. Paris, Leclerc, libr.*, 1858. = Les Saints Évangiles; traduction tirée de Bossuet. — *2 vol. in-8°. Paris*, 1863.

TROISIÈME SECTION.

PHILOSOPHIE.

1119. — AGRIPPA (Corneille). Paradoxe sur l'incertitude, vanité et abus des sciences; traduit en français du latin. — *1 vol. in-16.* 1603.

1120. — AMPÈRE (A.-M. et J.-J.). Philosophie des deux Ampère; publiée par J.-Barthelemy Saint-Hilaire. — *1 vol. in-12. Paris, Didier et Comp., libr.-édit.*, 1870.

1121. — ARISTOTE. Métaphysique; traduite en français avec des notes par J.-Barthélémy Saint-Hilaire. — *3 vol. gr. in-8°. Paris, Germer Baillière et Comp.*, 1879.

1122. — ARNAULD. OEuvres philosophiques. — *1 vol. in-12.*

1123. — BACON. OEuvres; traduction revue, corrigée et précédée d'une introduction par M. F. Riaux; de la dignité et de l'accroissement des sciences. — *1 vol. in-18. Charpentier*, 1843.

** — BACON. Analyse de la philosophie du chancelier F. Bacon, avec sa vie. — *2 vol.* — (Voir N° 916.)

1124. — BAGEHOT. Lois scientifiques du développement des nations dans leurs rapports avec les principes de la sélection naturelle et de l'hérédité; 3ᵉ édition. — *1 vol. in-8°. Paris, Germer Baillière et Comp.*, 1879.

1125. — BAIN (Alex.). La science de l'éducation. — *1 vol. in-8°. Paris, Germer Baillière*, 1880.

1126. — BALMÈS (J.). L'art d'arriver au vrai, philosophie pratique; traduit de l'espagnol par Mande, avec une préface par Blanche Baffin; 5ᵉ édit. — *1 vol. in-12. Paris, Vatin, libr.-édit.*, 1860.

1127. — BERTULUS (E.). L'Athéisme du XIXᵉ siècle devant l'histoire, la philosophie médicale et l'humanité. — *1 vol. in-8°. Paris, Renouard, libr.-édit.*, 1869.

1128. — BONNET (C.). La Palingénésie philosophique, ou idées sur l'état passé et sur l'état futur des êtres vivants. — *2 vol. in-8°.* Genève, *Chipol,* 1769.

* * — BOSSUET. OEuvres. — (Voir N° 183.)

1129. — BOUTROUX (E.). De la contingence des lois de la nature. Thèse de doctorat. — *1 vol. in-8°.* Paris, *Baillière,* 1874.

1130. — CABANIS (J.-G.). Rapports du physique et du moral de l'homme. — *2 vol. in-8°.* Paris, *Crapard, libr.,* 1802.

1131. — CARO (E.). Le Matérialisme et la Science. — *1 vol. in-12.* Paris, *Hachette,* 1868.

* * — CICÉRON. Entretiens sur les vrais biens et sur les vrais maux. — *1 vol. in-12.* Paris, *Musier,* 1721. — (Voir N° 12.)

* * — CICÉRON. De la Vieillesse, de l'Amitié, les Paradoxes, le Songe de Scipion, Lettre politique à Quintus ; traduction nouvelle, avec latin sur les textes les plus corrects, par de BARETT. — *1 vol. in-12.* Paris, *Delalain.* 1809. — (Voir N° 13.)

* * — CICÉRON. Entretiens de Cicéron sur la nature des Dieux, traduits par d'OLIVET, avec le texte latin. — *2 vol. in-12.* Paris, *Barbou frères,* 1743. — (Voir N° 14.)

* * — CICÉRON. OEuvres philosophiques ; 3ᵉ et 4ᵉ vol. des OEuvres complètes. — *2 vol. gr. in-8°.* Paris, *Didot,* 1874. — (Voir N° 38.)

* * — CONDILLAC. OEuvres complètes. — *30 vol.* (le 7ᵉ manque) *in-8°.* Paris, *Dufort, impr.-libr.,* 1803. — (Voir N° 1068.)

I-II. Des Connaissances humaines. — III. Des Systèmes. — IV. Des Sensations. — V. Traité des Animaux. — VI. Le Commerce et le Gouvernement. — VII. (manque). — VIII. Grammaire. — IX. De l'Art de penser. — X. De l'Art d'écrire. — XI. De l'Art de raisonner. — XII à XIX. Histoire ancienne. — XX à XXVIII. Histoire moderne. — XXX. De la Logique. — XXXI. La Langue des Calculs.

1132. — CONDORCET. Esquisse d'un tableau historique des progrès de l'esprit humain ; nouvelle édition. — *1 vol. in-22.* Paris, *Brissot-Thivors, libr.,* 1822.

* * — CORTÈS (DONOSO). Essai sur le catholicisme, le libéralisme et le socialisme. — *1 vol. in-18.* — (Voir N° 1071.)

1133. — COUSIN. OEuvres complètes. — *22 vol. in-8°.* Paris, *Didier et Comp.,* 1865.

I. La Jeunesse de Mazarin. — II-III. La Société française au XVIIᵉ siècle, d'après le grand Cyrus, par Mlle Scudery. — IV-V. Mme de Chevreuse, de Hautefort. — VI. Jacqueline Pascal. — VII. La Jeunesse de Mme de Longueville. — VIII. Mme de Longueville pendant la Fronde. — IX. Mme de Sablé. — X. Études sur Pascal. — XI. Premiers essais de Philosophie. — XII. Fragments et Souvenirs littéraires. — XIII. Philosophie socialiste du XVIIIe siècle. — XIV. Introduction à l'histoire de la Philosophie. — XV. Histoire générale de la Philosophie depuis les temps les plus anciens jusqu'au XIXe siècle. — XVI. Philosophie de Locke. — XVII. Du Vrai, du Beau et du Bien. — XVIII-XXII. Fragments pour servir à l'histoire de la Philosophie.

1134. — DEGERENDO (J.-M.). Des signes de l'art de penser considérés dans leurs rapports mutuels. — *4 vol. in-8°. Paris, Fuchs, libr.*, an VII.

1135. — DELBEUF (J.). La Psychologie comme science naturelle, son présent et son avenir. — *1 vol. in-8°. Paris, Germer Baillière*, 1876.

1136. — DESCARTES. OEuvres choisies. — *1 vol. in-12. Paris, Garnier, frères, libr.-édit.*, 1865.

1137. — DESCARTES. OEuvres. Discours sur la Méthode, Méditations, traité des Passions. — *1 vol. in-12. Paris, Charpentier*, 1842.

1138. — DUCLOS (Ch.). Considération sur les mœurs de ce siècle ; nouvelle édition. — *1 vol.in-22. Riom, Salles, impr.*, an VI de la République.

1139. — DUMONT (L.). Théorie scientifique de la sensibilité, le plaisir et la peine ; 2e édition. — *1 vol. in-8°. Paris, Germer Baillière*, 1877.

1140. — EGGER (V.). La parole intérieure, essai de Psychologie descriptive. — *1 vol. in-8°. Paris.*

1141. — ERASME. Éloge de la folie ; traduit du latin d'Erasme, précédé de l'histoire d'Erasme et de ses écrits, par Nisard. — *1 vol. in-12.*

1142. — ESPINAS (A.). La Philosophie expérimentale en Italie, Prigines, état actuel. — *1 vol. in-18. Paris, Germer Baillière et Comp.*, 1880.

1143. — ESPINAS (A.). Des Sociétés animales ; 2e édition, augmentée d'une introduction sur l'histoire de la Sociologie en général. — *1 vol. in-8°. Paris, Germer Baillière et Comp.*, 1878.

* * — FÉNELON. Œuvres. — (Voir N° 186.)

* * — FIGUIER. Le lendemain de la mort. — *1 vol. in-18.* — (V^r N°. 1075.)

1144. — FLAMMARION. Dieu dans la nature. — *1 vol. in-12. Paris, Didier et Comp.*,1878.

1145. — FLOTTES (abbé). Étude sur Daniel Huet, évêque d'Avranches. — *1 vol. in-8°. Montpellier, Seguin, libraire*, 1857.

1146. — FLOURENS. De la vie et de l'intelligence. — *1 vol. in-12. Paris, Garnier frères, libraires*, 1858.

1147. — GAUCKLER. Le beau et son histoire. — *1 vol. in-18. Paris, Germer Baillière*, 1873.

1148. — GAUSSEN (Maxime). Le matérialisme et le socialisme devant le sens commun (l'idée religieuse, l'homme, le travail, la richesse, le devoir social). — *1 vol. in-18. Paris, Dupont, impr.*, 1875.

1149. — GONCOURT (Ed. et J. de). Idées et sensations. — *1 vol. gr. in-8°. Paris, A. Lacroix et Comp., édit.*, 1866.

1150. — GUYAU (M.). La morale d'Épicure et ses rapports avec les doctrines contemporaines.

1151. — HÉGEL. Esthétique ; traduction française par Renard. — *2 vol. in-8°. Paris, Germer Baillière*, 1875. = La Poétique; précédée d'une préface et suivie d'un examen critique, par Ch. Benard. — *2 vol. in-8°. Paris, Joubert, édit.*, 1855.

1152. — HUMPHRY (sir Davy). Les derniers jours d'un philosophe; entretiens sur la nature, les sciences, les métamorphoses de la terre et du ciel, l'humanité, l'âme et la vie éternelle; traduit de l'anglais, accompagné d'une préface et de notes, par C. Flammarion.— *1 vol. in-18. Paris, Didier et Comp., libr.-édit.*,1869.

1153. — JOLY (H.). L'Imagination, étude psychologique. — *1 vol. in-8°. Paris, Hachette et Comp.*, 1883.

1154. — JOUFFROY. Nouveaux mélanges philosophiques, précédés d'une notice et publiés par Damiron ; 3e édition.— *1 vol. in-18. Paris, Hachette et Comp.*, 1872.

1155. — JOUFFROY. Cours d'Esthétique; suivi de la thèse du même auteur sur le sentiment du beau et de deux fragments inédits. — 1 vol. in-18. Paris, Hachette, 1863.

1156. — LANFREY (P.). L'Église et les Philosophes au XVIIIe siècle. — 1 vol. in-12. Paris, Lecou, édit., 1855.

1157. — LA ROCHEFOUCAULD (de). Maximes et réflexions morales. — 1 vol. in-22. Paris, Ménard, 1817.

1158. — LAROMIGUIÈRE. Leçons de Philosophie sur les principes de l'intelligence ou sur les causes et sur les origines des idées; 6e édition. — 2 vol. in-12. Paris, Fournier, 1844.

1159. — LAUGEL. Les problèmes de la nature et de la vie de l'âme. — 1 vol. in-8°.

1160. — LÉOPARDI (G.). Opuscules et pensées; traduit de l'italien et précédé d'une préface, par DAPPLES. — 1 vol. in-18. Paris, Germer Baillière et Comp., 1880.

** — LEROUX de LINCY. Livre des Proverbes français, précédé d'un essai sur la philosophie de Sancho Pança, par Ferdinand DENIS. — 2 vol. in-12. Paris, Paulin, édit.,1842. — (Voir N° 46.)

1161. — LETOURNEAU (CH.). Physiologie des passions. — 1 vol. in-18. Paris, Ch. Reinwald et Comp., lib., 1878.

1162. — LÉVÊQUE (CH.). Les Harmonies providentielles, avec 4 eaux fortes; 3e édition. — Paris, Hachette et Comp., 1877.

1163. — LIARD (L.). Les Logiciens anglais contemporains; 2e édition. — 1 vol. in-18. Paris, Germer Baillière et Comp., 1883.

1164. — LIARD (L.). La Science positive et la Métaphysique. — 1 vol. in-8°. Paris, Germer Baillière et Comp., 1879.

1165. — LOGIQUE, ou art de penser, contenant en outre les règles communes. — 1 vol. in-12. Paris, Desprez, 1738.

1166. — LORDAT. Preuve de l'Insénescence des sens intimes de l'homme et application de cette vérité à la détermination du Dynamisme humain, etc. — 1 vol. in-8°. Montpellier, Castel, 1844.

1167. — MAGY (F.). De la Science et de la Nature, essai de philosophie première. — *1 vol. in-8°. Paris, Ladrange, libr.*, 1865.

1168. — MARGOLLÉ et ZURCHER. L'Énergie morale; ouvrage illustré de 15 vignettes, par Frézel. — *1 vol. in-18. Paris, Hachette*, 1882.

1169. — MAUDSLEY (H.). Physiologie et Pathologie de l'esprit ; traduit de l'anglais, par A. Hergen. — *2 vol. in-8°. Paris, Reinwald*, 1879.

1170. — MEIGNAN (abbé). Les Évangiles et la Critique au XIX° siècle. — *1 vol. in-8°. Paris, H. Lagny*, 1864.

1171. — MILL (John Stuart). Philosophie de Hamilton; traduit de l'anglais, par Cazelles. — *1 vol. in-8°. Paris, Baillière, libr.-édit.*, 1869.

1172. — MILSAND (J.). L'Esthétique anglaise, étude sur John Ruskin. *1 vol. in-18. Paris, Germer Baillière, libr.-édit.*, 1864.

1173. — MONTAIGNE (Michel). Essais. Nouvelle édition précédée d'une lettre de Villemain sur l'éloge de Montaigne par P. Christian. — *1 vol. in-18. Paris, Lavigne, libr.-édit.*, 1842.

1174. — MONTAIGNE (Michel). Essais. Nouvelle édition sur les notes de tous les commentateurs, choisies et complétées par M. J.-V. Leclerc; précédée d'une nouvelle étude sur Montaigne, par Prévost-Paradol. — *4 vol. in-8°. Paris, Garnier frères*, 1866.

1175. — MONTESQUIEU. Esprit des lois, avec les notes de l'auteur et un choix des observations de Dupin, Crenier, Voltaire, Mably, La Harpe, Servan, etc. — *1 vol. in-12. Paris, F. Didot*, 1845.

1176. — MOREAU (L.-J.). Rousseau et le siècle philosophe. — *1 vol. in-18, Paris, Palmier*, 1870.

1177. — MULLER (Max). Origine et développement de la religion étudiés à la lumière des religions de l'Inde; traduit de l'anglais, par J. Darmesteter. — *1 vol. in-8°. Paris, C. Reinwal et Comp., libr.-édit.*, 1879.

1178. — MULLER (Max.). La Science de la Religion, traduit de l'anglais, par H. Dietz. — *1 vol. in-18. Paris, Germer Baillière*, 1873.

1179. — NICOLAS (A.). Études philosophiques sur le Christianisme; quatrième édition. — *4 vol. in-8°. Paris, Vaton, édit.,* 1864.

1180. — NICOLAS (A.). La divinité de Jésus-Christ. — *1 vol. in-8°.*

* * — NOLEN. La Critique de Kant et la Métaphysique de Leibnitz. — (Voir N° 1089.)

1181. — PASCAL. Pensées sur la religion et sur quelques autres sujets qui ont été trouvés après sa mort parmi ses papiers. — *1 vol. in-12. Paris, Duprez,* 1678.

1182. — PAUW. Recherches philosophiques sur la Grèce. — *1 vol. in-12. Paris, Deeker,* 1788.

1183. — PEZZANI (André). La pluralité des existences de l'âme; troisième édition. — *1 vol. in-12. Paris, Didier et Comp.,* 1865.

1184. — PLATON. OEuvres complètes; publiées sous la direction de E. Saisset, traduction Dacier et Gron, avec notes et arguments par E. Chauvet et A. Saisset. — *10 vol. in-18. Paris, Charpentier, libr.-édit.,* 1875; avec une table au commencement de chaque vol.

1185. — POMPEYO-GÉNER. La Mort et le Diable, histoire et philosophie des deux négations suprêmes. — *1 vol. in-8°. Paris, Reinwald, libr.-édit.,* 1880.

1186. — PORT-ROYAL. La Logique; nouvelle édition, avec introduction et éclaircissements par Alfred Feuillé. — *1 vol. in-18. Paris, Bellin, libr.,* 1878.

1187. — PROUDHON (P.-J.). La Guerre et la Paix, recherches sur le principe de la constitution du droit des gens; troisième édition. — *2 vol. in-18. Paris, E. Dentu, édit.,* 1861. = Du principe de l'art; — De la révolution sociale. — *2 vol. in-18. Paris, Garnier frères,* 1865. = Du principe fédératif et de la nécessité de reconstituer le parti de la révolution. — *1 vol. in-18. Paris, E. Dentu,* 1863.

1188. — QUATREFAGES (A. de). Charles Darwin et ses précurseurs français, étude sur le transformisme. — *1 vol. in-8°. Paris, Germer Baillière, libr.-édit.,* 1870.

1189. — RENAN (E.). De l'origine du Langage; troisième édition.—

1 vol. in-8°. Paris, Lévy frères, libr.-édit., 1859. = Dialogues et fragments philosophiques. — *1 vol. in-8°. Paris, Calmann-Lévy, libr.-édit.*, 1876. = Essais de morale et de critique. — *1 vol. in-8°. Paris, Lévy frères*, 1860.

1190. — REVUE PHILOSOPHIQUE de la France et de l'étranger paraissant tous les mois. — *20 vol. in-8°. Paris, F. Alcan, édit.*

1191. — RIBOT (Th.). Les maladies de la Volonté. — *1 vol. in-18. Paris, Germer Baillière et Comp.*, 1883. = Maladies de la Mémoire. — *1 vol. in-18. Paris, Germer Baillière et Comp.*, 1885. = L'Hérédité psychologique. — *1 vol. in-18. Baillière*, 1882.

1192. — RICHARD (Ch.). Esquisse d'une Philosophie synthésiste ; critère du jugement; conception générale du monde; règle de conduite. — *1 vol. in-18. Paris, Didier*, 1875.

1193. — RICHARD (L.). Principes de science générale; extrait du Bulletin de 1879. — *1 vol. in-8°.*

1194. — ROBERTY (E. de). La Sociologie. Essai de Philosophie sociologique. — *1 vol. in-8°. Paris, Germer Baillière, et Comp., édit.*, 1885.

1195. — ROUSSEAU (J.-J.). Lettres écrites de la Montagne et Contrat social. — *1 vol. in-18. Amsterdam, Rey*, 1765.

1196. — SCHOPENHAUER (Arthur). Aphorismes sur la sagesse dans la vie; trad. Cantacuzène. — *1 vol. in-8°. Germer Baillière et Comp.*, 1180.

** — SÉNÈQUE le philosophe. OEuvres complètes; traduites par Regnault. — *Paris, Didot*, 1874. — (V^r N° 38.)

1197. — SIMON (Jules). OEuvres. — *8 vol. in-18. Paris, Hachette.*
    I. Le Devoir. — II. La Religion naturelle. — III. La Liberté politique. — IV. La Liberté civile. — V. La Liberté de conscience. — VI. Le Travail. — VII. L'École. — VIII. L'Ouvrière.

1198. — SPENCER (H.). Classification des sciences; traduit de l'anglais par Rhétoré. — *1 vol. in-18. G. Baillière.* = Principes de Psychologie; traduit par Ribat et Espinas. — *2 vol. in-8°. Paris, Germer Baillière et Comp.*, 1875. = Essais de morale, de science et d'esthétique; traduit par Burdeau. — *1 vol. in-8°.*

Paris, Germer Baillière et Comp., 1879. = Introduction à la science sociale; 6° édit. — *1 vol. in-18. Paris, Germer Baillière et Comp.*, 1882. = Les bases de la morale évolutionniste. — *1 vol. in-18.*

1199. — SULLY (James). Les Illusions des sens et de l'esprit. — *1 vol. in-8°. Paris, Germer Baillière et Comp.*, 1883. = Les Illusions des sens et de l'esprit. — *1 vol. in-8°.* = Le Pessimisme (histoire et critique); traduit de l'anglais par Bertrand et P. Girard. — *1 vol. in-8°. Paris, Germer Baillière*, 1882.

1200. — TAINE. Essais de critique et d'histoire. — *1 vol. in-18. Paris, Hachette*, 1865. = Philosophie de l'art en Grèce. — *1 vol. in-18. Paris, Germer Baillière*, 1882. = De l'Idéal dans l'art; 2° édition. — *1 vol. in-18. Paris, Baillière*, 1879. = De l'Intelligence; 2° édition. — *2 vol. in-8°. Paris, Hachette*, 1880. = De l'Intelligence; 2° édition. — *2 vol. in-8°. Paris.* — Philosophie de l'art en Italie. — *1 vol. in-18. Paris, Baillière*, 1880. = Des Philosophes français au XIX° siècle. — *1 vol. in-18.*

1201. — VAUVENARGUES. Connaissance de l'esprit humain, suivi de réflexions et de maximes. — *1 vol. in-12. Paris, Briasson*, 1746.

1202. — VÉRON (Eug.). L'Esthétique; 2° édition. — *1 vol. in-12. Paris, Ch. Reinwald, libr.-édit.*, 1883.

1203. — VIARDOT (H.). Libre examen, apologie d'un incrédule; 6° édition. — *1 vol. in-18. Paris, Reinwald*, 1881.

1204. — VICO. La Science nouvelle. — *1 vol. in-18. Paris, Renouard*, 1844.

1205. — VOLNEY. OEuvres complètes; précédées d'une notice sur la vie et les écrits de l'auteur. — *1 vol. in-4°. Paris, F. Didot*, 1876.

** — VOLTAIRE. Philosophie, Dialogues; 6° vol. des œuvres complètes. — *Gr. in-8°. Paris, Didot*, 1874. — (Voir N° 298.)

1206. — WHITNEY (D.). La vie du langage; 3° édition. — *2 vol. in-8°. Paris, Germer Baillière et Comp.*, 1880.

1207. — ZELLER (E.). La Philosophie des Grecs considérée dans son développement historique. — *2 vol. in-8°. Paris, Hachette et Comp.*, 1877.

QUATRIÈME SECTION.

MORALE.

—

1208. — AUGUSTIN (Saint). Les Confessions ; traduction nouvelle par de St-Victor, avec une préface de Lamennais et une notice historique sur les Manichéens. — *1 vol. in-12. Paris, Charpentier, libr.-édit.,* 1841.

1209. — BARNI (Jules). La morale dans la démocratie. — *1 vol. in-8°. Paris, Baillière,* 1868.

* — BOSSUET. OEuvres. — (Voir N° 183.)

1210. — CARACCIOLI. Éloge historique de Benoist XIV et religion de l'honnête homme. — *1 vol. in-18. Paris, Bassompière,* 1766.

1211. — CICÉRON. Entretiens sur les vrais biens et sur les vrais maux. — *1 vol. in-12. Paris, Meusier,* 1721.

1212. — CORBIÈRE. De la réorganisation de la société par le rétablissement des idées morales. — *1 vol. in-18. Toulouse, Delhorbe,* 1850.

1213. — DABRY de THIERSANT. La piété filiale en Chine ; ouvrage orné de 25 vignettes chinoises. — *1 vol. in-12. Paris, Leroux, édit.,* 1877.

1214. — GLADE (P.-V.). Du progrès religieux. — *3 vol. in-8°. Paris, Delaunay, libr.,* 1838.

1215. — LABRUYÈRE (de). Les Caractères. — *2 vol. in-22.* = Les Caractères de Théophraste, traduits du grec avec des notes nouvelles et un discours sur l'auteur. — *1 vol. in-22. Beaune, Simon, impr., édit.,* 1832. = Les Caractères de Théophraste et la suite, traduits du Grec ; avec les Caractères et les mœurs de ce siècle ; 14e édition. — *3 vol. in-12 (le 3e manque). Lyon, Declanstre,* 1747.

1216. — LACOMBE (P.). Le Patriotisme ; 2° édition, illustrée de 4 héliogravures. — *1 vol. in-18. Paris, Hachette et Comp.,* 1881.

1217. — LARCHER. Les Femmes jugées. — *1 vol. in-18*. — (Voir Martin.)

1218. — LAROCHEFOUCAULD (de). Maximes et réflexions morales. — *1 vol. in-22. Paris.*

* * — MARTIN et LARCHER. — Les Femmes jugées. — *1 vol. in-12.* — (Voir N° 49 et 1217.)

1219. — MASSON (M.). Le Dévouement ; 2ᵉ édition, illustrée de 14 gravures dessinées sur bois par Philippotaux. — *1 vol. in-18. Paris, Hachette,* 1877.

1220. — MAURETTE (Omer). Les heures de l'homme sage. — *1 vol. in-8°. Paris, A. Réné, impr. édit.,* 1843.

1221. — MONTAIGNE (M.). Essais ; nouvelle édition, avec les notes de tous les commentateurs, par Leclerc ; précédée d'une nouvelle étude sur Montaigne, par Prévost-Paradol. — *4 vol. in-8°. Paris, Garnier frères, libraire édit.,*1865.

1222. — PELLICO (Silvio). Des devoirs des hommes, discours à un jeune homme. — *1 vol. in-18. Paris, Gaume frères, libr.,* 1834.

1223. — RENAUD (A.) L'Héroïsme, ouvrage illustré de 15 gravures. — *1 vol. in-18. Paris, Hachette,* 1876.

1224. — ROUX (de Cette). Le droit au crime ou la morale d'un athée.

1225. — SÉNÉMAND. Étude sur le duel. — *1 vol in-18.*

* * — SPENCER. Les bases de la morale évolutioniste. — *1 vol. in-8°. Paris, Germer Baillière,* 1880. — (Voir N° 1198.)

1226. — VALERY (M.). La science de la vie, ou principes de conduite religieuse, morale et politique. — *1 vol. in-8°. Paris, Amyot, libr.-édit.,* 1842.

CINQUIÈME SECTION.

ÉDUCATION ET INSTRUCTION.

* * — BOSSUET. De l'instruction du Dauphin ; 1er vol. des œuvres complètes. — (Voir N° 183.)

1227. — BROUARD et DEFORDON. Inspection des écoles primaires; ouvrage à l'usage des aspirants aux fonctions d'inspecteur primaire. — *1 vol. in-12. Paris, Hachette*, 1874.

1228. — BUISSON (F.). Rapport sur l'instruction primaire à l'exposition universelle de Philadelphie en 1876, et à Vienne en 1873. — *2 vol. in-4° Paris, Imprimerie nationale.*

1229. — CELMART (Mme). Manuel complet de la bonne compagnie, ou guide de la politesse et de la bienséance, dédié à la Société française et à la jeunesse des deux sexes ; 3° édition. — *Paris, Ancelle, libr.,* 1832.

* * — FÉNELON. 3° et 4° vol. des œuvres complètes. — (Voir N° 186.)

1230. — FILASSIER (J.-Jacques). Eraste, ou l'ami de la jeunesse ; entretiens familiers, dans lesquels on donne aux jeunes gens de l'un et de l'autre sexe des notions suffisantes sur la plupart des connaissances humaines, etc. — *1 vol. in-8°.* 1790.

1231. — GALLAND (P.-J.). Cours complet d'instruction à l'usage des jeunes demoiselles ; 2° édition. — *6 vol. in-12. Paris, A. Timéry,* 1825.

* * — ROLLIN. Traité des Études; édition revue par Letronne et accompagnée des remarques de Crévier. — *Paris.* — (Voir N° 126.)

* * — ROUSSEAU (J.-J.). Émile, etc. — (Voir *Œuvres complètes*, N° 553.)

1232. — SIMON (J.). La réforme de l'enseignement secondaire ; 2° édition. — *1 vol. in-18. Paris, Hachette, libr.,* 1874.

* * — SIMON. L'École. — (Voir N° 1197.)

* * — VALLON (Eug.). La vie morale et intellectuelle des ouvriers. — (Voir N° 1093.)

SIXIÈME SECTION.

POLITIQUE.

—

1233. — ARGENSON (d'). Considérations sur le gouvernement ancien et présent de la France. — *1 vol. in-12. Amsterdam, Rey.* 1765.

1234. — BENEDETTI (de). Ma mission en Prusse; 3ᵉ édition. — *1 vol. in-8°. Paris, Plon,* 1871.

1235. — BONAPARTE (L.-Napoléon). Discours et messages, depuis son retour en France jusqu'au 2 décembre 1852. — *1 vol. in-8°. Paris, Plon frères,* 1853.

** — BOSSUET. OEuvres; 1ᵉʳ vol. des œuvres complètes. — (Vʳ Nº 183.)

1236. — BRUNSWIK (B.). Le traité de Berlin, annoté et commenté. — *1 vol. in-18. Paris, E. Plon,* 1838.

1237. — CHARBONNIER. Organisation électorale et représentation de tous les pays civilisés. — *1 vol. in-8°. Paris, Guillaumin,* 1874.

1238. — COURCELLE (H. de). De l'abolition des octrois en France. — *1 vol. in-8°. Rouen, Lapierre,* 1867.

1239. — CROZAT (E.). La Politique à la portée de tout le monde, ou notions de droit public. — *1 vol. in-16. Paris, Jemmape-Dupin.*

1240. — DUPUY DE LA SERRA. L'art des lettres de change. — *1 vol. in-12. Lyon Périsse,* 1783.

1241. — FRANCE, roi, cour et gouvernement (texte anglais). — *1 vol. in-8°. New-York, Weley et Putnam,* 1840.

1242. — GASPARIN (A.). Discours politiques. — *1 vol. in-18.*

** — LAMARTINE. Mémoires politiques; 37ᵉ, 40ᵉ tomes des œuvres complètes. — (Voir Nº 252.)

1243. — LAMARTINE. France parlementaire (1834-51); œuvres oratoires et écrits politiques. — 6 vol. in-8°. Lacroix, édit., 1864.

1244. — LAMENNAIS. Affaires de Rome. — 1 vol. in-8°. Paris, 1836.

1245. — LANFREY. Histoire politique des Papes. — 1 vol. in-18. Paris, Charpentier et Comp.

1246. — LOUVOIS. Testament politique, où l'on voit ce qui s'est passé de plus remarquable en France jusqu'à sa mort. — 1 vol. in-18. Cologne, 1645.

1247. — MAISTRE (J. de). Du Pape. — 1 vol. in-18.

** — MENIPPÉE. Satire. — (Voir N° 827.)

1248. — PHILIPPE, roi de France. Discours, allocutions et réponses de S. M. Louis-Philippe en 1830. — 1 vol. in-8°. Paris, Vve Agasse, 1833.

1249. — Politique de tous les cabinets de l'Europe pendant les règnes de Louis XV et de Louis XVI, contenant : des pièces authentiques sur la correspondance secrète du comte de Broglie; un ouvrage sur la situation de toutes les puissances de l'Europe, dirigé par lui et exécuté par M. Favier ; les Doutes sur le Traité de 1756, par le même; plusieurs Mémoires du Cte de Vergennes, etc.; Manuscrits trouvés dans le cabinet de Louis XVI; seconde édition, augmentée de notes et commentaires, et d'un Mémoire sur le Pacte de famine par L.-P. Ségur l'aîné, ex-ambassadeur. — 3 vol. in-8°. Paris, F. Buisson, impr., 1801.

1250. — PROUDHON. La Fédération et l'Unité en Italie. — 1 vol. in-18. Paris, Dentu, libr.-édit., 1862.

1251. — PROUDHON. Le Coup d'État du 2 Décembre ; 4e édition. — 1 vol. in-18. Paris, Garnier frères, libr., 1852.

** — ROUSSEAU (J.-J.). Politique ; 1er vol. des Œuvres complètes. — (Voir N° 553.)

1252. — ROYER-COLLARD. Sa vie politique, ses discours et ses écrits; par de Barante; 3e édition. — 2 vol. in-22. Paris, Didier et Comp., 1878.

** — SOREL (A.). Histoire diplomatique de la guerre franco-allemande. — 2 vol. in-8°. *Paris, Plon,* 1875. — (Voir N° 879.)

** — TÉNOT (Eug.). La Province en décembre 1851, étude historique sur le Coup d'État; 9° édition. — *1 vol. in-12. Paris, Armand Lechevalier,* 1868. — (Voir N° 802.)

1253. — TOCQUEVILLE (A. de). De la Démocratie en Amérique; 16° édition. — *3 vol. in-8°. Paris, Michel Lévy,* 1874.

SEPTIÈME SECTION.

ÉCONOMIE POLITIQUE.

—

1254. — AUDIGANNE (A.). Les populations ouvrières de la France dans le mouvement social du XIX° siècle. — *1 vol. in-8°. Paris, Capelle, libr.-édit.,* 1854.

1255. — BARRAU (H.). Conseils aux ouvriers sur les moyens d'améliorer leur condition; ouvrage couronné par l'Académie. — *1 vol. in-18. Paris, Hachette,* 1880.

1256. — BASTIAT. Œuvres complètes; mises en ordre et annotées d'après les manuscrits de l'auteur, par M. Paillottet, et précédées d'une notice biographique par Fontenay; 2° édition. — *7 vol. in-12. Paris, Guillaumin et Comp., libr.,* 1862.

 I. Correspondance, premiers écrits, mélanges. — II. Le libre échange. — III. Colden et la Ligue, ou l'agitation anglaise pour la liberté des échanges. — IV-V. Sophismes économiques, Pamphlets. — VI. Harmonies économiques. — VII. Essais, ébauches, correspondance.

1257. — CHANNING. Œuvres sociales; traduction française, précédée d'un essai sur sa vie et de notices par E. Laboulaye. — *1 vol. in-18. Paris, Charpentier, libr.-édit.,* 1874.

1258. — CHILD (Josias). Traités sur le Commerce et sur les avantages qui résultent de la réduction de l'intérêt de l'argent; suivi d'un traité sur l'Usure, par Culpeper. — *1 vol. in-12. Amsterdam, Néaulme*, 1754.

1259. — CHILD. Essai sur l'état du Commerce d'Angleterre, d'après l'ouvrage de Cary. — *2 vol. in-12. Nyon*, 1755.

1260. — ESSAI sur la nature du Commerce en général; traduit de l'anglais. — *1 vol. in-12. Londres, Fletcher Gyles*, 1756.

1261. — FORBONNAIS (F.). Recherches et considérations sur les finances de France depuis 1595 jusqu'en 1721. — *6 vol. in-12. Liège*, 1758.

1262. — FOULON. Étude sur les Octrois. — *1 vol. in-8°. Nantes, Morel, libr.-édit.*, 1870.

1263. — GARELLO (Fr.). Trattato generale de Commerci; 2° edizione. — *1 vol. in-8°. Genova, Pellas*, 1844.

1264. — GARNIER (Joseph). Premières notions d'Économie politique, sociale et industrielle. — *1 vol. in-12. Paris, Garnier frères*, 1879. = Traité d'Économie politique, sociale ou industrielle. — *1 vol. in-12. Paris, Garnier frères*, 1880.

1265. — GERMAIN (A.). Histoire du Commerce de Montpellier antérieurement à l'ouverture du port de Cette. — *2 vol. in-8°. Montpellier, Martel*, 1861.

1266. — INTÉRÊTS DE LA FRANCE mal entendus dans les branches de l'agriculture, population, finances, commerce, industrie. — *3 vol. in-12. Amsterdam, Jacques Cœur*, 1756.

1267. — JOURNAL DES ÉCONOMISTES, revue de la science économique et de la statistique. — *20 vol. in-8°*. 1879 *et suivantes.* — (Voir N° 1068.)

1268. — JULLIANY (J.). Essai sur le Commerce de Marseille. — *1 vol. in-8°. Marseille, J. Basile et Boulonnet*, 1834.

* ⁱ — LAGET DE PODIO. Traité et questions sur les Assurances maritimes. — *2 vol. in-8°. Marseille*, 1847. — (Voir N° 123.)

1269. — LEMALE. Monnaies, poids, mesures et usages commerciaux de tous les États du monde. — *1 vol. in-8°. Paris, Hachette, édit.*, 1875.

1270. — LOIX municipales et économiques du Languedoc. — 6 vol. in-4° (le 3° manque). Montpellier, Rigaud et Pons, 1780.

1271. — MILL (John Stuart). Principes d'Économie politique, avec quelques-unes de leurs applications à l'Économie sociale ; tranuit de l'anglais par Dussard et Courcelle Seneuil ; 3° édition. — 2 vol. in-8°. Paris, Guillaumin, libr., 1873.

1272. — PIGEONNEAU (L.). Manuel encyclopédique du Commerce. — 1 vol. in-8°. Paris, 1879.

1273. — PINÈDE (A.). Des sociétés de secours mutuels et de leurs applications. — 1 vol. in-18. Paris, Amyot, libr.-édit., 1865.

1274. — PROUDHON et BASTIAT. Intérêt et principal. Discussion sur l'intérêt des capitaux (Extrait de la *Voix du Peuple*). — 1 vol. in-12. Paris, Garnier frères, 1850.

1275. — PROUDHON (P.-J.). Des réformes à opérer dans l'exploitation des chemins de fer, et des conséquences qui peuvent en résulter. — 1 vol. in-12. Paris, Garnier, libr., 1855.

1275. bis. — PROUDHON (P.-J.). Réforme des chemins de fer ; revue bi-mensuelle traitant des chemins de fer, des canaux et de la marine marchande. — 4 vol. in-8°. Paris, 1879.

1276. — RÉGIME administratif et financier. — 1 vol. in-8°. Paris, Thunot.

1277. — RELIGION St-Simonienne. Moyens de supprimer immédiatement tous les impôts des boissons, l'impôt sur le sel et la loterie ; examen pratique de la question de l'amortissement. — 1 vol. in-8°. Paris, Bureau du Globe, 1831.

1278. — SAVARY (J.). Dictionnaire du Commerce, d'histoire naturelle et des arts et métiers ; continué, sur les mémoires de l'auteur, par Savary. — 4 vol. in-fol. Genève, Cramer et Philibert, 1750.

1279. — SAY (J.B.). Cours complet d'Économie politique ; ouvrage destiné à mettre sous les yeux des hommes d'État, des propriétaires fonciers et des capitalistes ; 3° édition. — 2 vol. in-8°. Paris, Guillaumin et Comp., 1852.

1280. — SMITH (A.). Recherches sur la nature et les causes de la richesse des nations, traduit par Roucher; 4° édition. — *5 vol. in-12. Neuchatel, Fauche-Borel*, 1792. = Recherches, etc.; 4° édition. — *3 vol. in-12. Paris, Guillaumin, libr.*, 1859.

1281. — THIERS (A.) De la Propriété. — *1 vol. in-18. Paris, P. Lheureux et Comp.*, 1848.

1282. — THIERS (A.). Discours sur l'Emprunt des 2 milliards, prononcé dans la séance du 20 mars 1871 à l'Assemblée nationale. — *1 vol. in-8°. Paris, Wittershein et Comp.*, 1871.

1283. — TOCQUEVILLE (A. de). Études économiques et politiques. — *1 vol. in-8°.*

1284. — VIGNES (E.). Traité des Impôts en France; 4° édition, mise au courant de la législation par Vergniaud. — *2 vol. in-8°. Paris, Guillaumin et Comp.*, 1880,

** — YANOSKI. Abolition de l'esclavage ancien au moyen-âge et de sa transformation en servitudes de la glèbe. — *1 vol. in-8°. Paris, imprimerie impériale*, 1860. — (Voir N° 1097.)

CINQUIÈME SÉRIE.

JURISPRUDENCE.

PREMIÈRE SECTION.

POLYGRAPHIE LIMITÉE A LA JURISPRUDENCE

1285. — ARBAUD, de Draguignan. Loi du 20 mai 1838 sur les vices rédhibitoires et la garantie dans les ventes et échanges d'animaux domestiques. — *1 vol. in-8°. Draguignan, Garcin, impr.-libr.*, 1840.

1286. — BLONDEAU (Claude). Journal du Palais, ou recueil des principales décisions de tous les Parlemens et Cours souveraines de France; 4ᵉ édition, revue, corrigée et augmentée par Guignard et Robustel. — *2 vol. in-folio. Paris, Brunet*, 1737.

1287. — BORNIER (Philippe). Conférences des ordonnances de Louis XIV. — *2 vol. in-4°. Paris*, 1744.

1288. — COCHET DE SAVIGNY et PERRÈRE. Dictionnaire de la Gendarmerie. — *1 vol. in-8°. Paris, Lautay, édit.*, 1873.

1289. — DUVERGER, avocat. Dictionnaire national de Droit français. — *1 vol. in-8°. Paris, librairie scientifique*, 1851.

1290. — FERRIER. Manuel pour les receveurs municipaux, les maires, les agents-voyers; 3ᵉ édition. — *1 vol. in-8°. Valence, Chanet*, 1875.

1291. — FILLAU. Traité de l'engagement des équipages des bâtiments du commerce. — *1 vol. in-18. Bordeaux, Pellars*, 1844.

1292. — FOUILLÉE (A.). L'Idée moderne du Droit; 2ᵉ édition, revue, augmentée. — *1 vol. in-18. Paris, Hachette*, 1883.

1293. — GIRARDIN (E. de). Le Spectre noir. — *1 vol. in-8°. Paris, H. Plon*, 1864.

1294. — LAGET DE PODIO. Nouvelle juridiction des Consuls de France à l'étranger, et des devoirs et obligations qu'ont à remplir ces fonctionnaires. — *12 vol. in-8°. Marseille*, 1844.

1295. — LAVAUX. Manuel des tribunaux et des arbitres en matière de commerce et de manufactures. — *1 vol. in-12. Paris, Longchamps*, 1873.

1296. — LEVASSEUR. Manuel des justices de paix; 8° édition. — *1 vol. in-8°. Paris, Roret*, 1828.

* * — LOIX municipales et économiques du Languedoc. — (V^r N° 1270.)

1297. — MAUGER (J.). Le Code de tout le monde. — *1 vol. in-8°. Saintes, Fontanier, édit.*, 1860.

1298. — NODIER (Ch.). Questions de Littérature légale : du plagiat, de la supposition des Auteurs, des supercheries qui ont rapport aux livres. — *1 vol. in-8°. Paris, Crapelet, impr.*, 1828.

1299. — ORDONNANCES de la marine, de 1681. — *1 vol. in-8°*.

1300. — ORDONNANCES, déclarations et arrêts qui dépendent au Parlement de Toulouse, à la Cour des Comptes, Aydes et Finances de Montpellier, et à tous autres juges de la province du Languedoc, de connaître des délibérations des États généraux de la dite province et assiettes des diocèses, et des ordonnances des commissaires du roy qui président aux dites assemblées. — *33 vol. in-4° (dont plusieurs en double). Montpellier, J. Martel*, de 1702 à 1786.

1301. — PARDESSUS. Collection des lois maritimes antérieures au XIX° siècle. — *1 vol. in-4°. Paris, Impr. royale*, 1838.

* * — PIGEONNEAU (Lévy). Manuel du Commerce. — *1 vol. in-8°. Paris, Fouraut et fils*, 1879. — (V^r N° 1272.)

1302. — PROCÈS de Noé contre Villemessant et consorts. — *1 vol. in-18. Paris, Librairie centrale*, 1863.

1303. — RAVELET (A.). Code manuel de la Presse. — *1 vol. in-18. Paris, V. Palmé*, 1868.

1304. — RENDU (A.). Les Avocats d'autrefois. — *1 vol. in-18*.

1305. — RIGAULD et MAULDE. Répertoire général d'administration municipale et départementale. — 2 vol. in-4°. Paris, Bureau du Journal des Communes, 1870.

1306. — ROGRON. Codes français expliqués par leurs motifs, par des exemples et par leur jurispudence. — 7 vol. in-18. Paris, E. Plon et Comp., impr.-édit., 1863.

1307. — SAUVAN (A.). Traité des actes de l'État civil et des questions d'Etat qui s'y rattachent selon la législation actuelle. — 1 vol. in-8°. Lyon, Vve Mougin, 1858.

1308. — STYLE GÉNÉRAL des huissiers et sergents ; nouvelle instruction. — 1 vol. in-12. Paris, libraires associés, 1776.

1309. — VALIN (R.-J.). Nouveau commentaire sur l'Ordonnance de la marine du mois d'août 1681. — 2 vol. in-4°. Larochelle, Légier, 1760.

1310. — VIVARÈS (J.-B.). Ce qu'on a fait du Bureau de bienfaisance. — 1 vol. in-8°.

DEUXIÈME SECTION.

DROIT NATUREL. DROIT DES GENS.

1311. — BURLAMAQUI. Elementos de derecho natural, traducidos del latin al francès par BARLEYRAC, y al castellano par GARCIA SUELTO. — 1 vol. in-18. Paris, libreria de A. Rouret et Hijo, 1874.

C 10

TROISIÈME SECTION.

DROIT POSITIF.

* * — ARBAUD. Des Vices rédhibitoires et de la Garantie. Loi du 20 mai 1838 sur les vices rédhibitoires et la garantie dans les ventes et échanges d'animaux domestiques; 2ᵉ édition. — *1 vol. in-8°. Draguignan*, 1840. — (Vʳ N° 1285.)

1312. — BOULAY-PATY. Cours de droit commercial-maritime. — *4 vol. in-8°. Rennes, Cousin, impr.*, 1821.

1313. — DOMENGET. Du Mandat de la commission et de la gestion d'affaires. — *2 vol. in-8°. Paris, Cotillon, édit.-libr.*, 1862.

1314. — DURAND (de Nancy). Nouveau Guide pratique des Maires et des Conseillers municipaux, contenant un traité complet de l'état civil de la police judiciaire, etc. — *1 vol. in-18. Paris, Garnier frères, libr.-édit.*, 1878.

1315. — EMÉRIGON (B.). Traité des Assurances et des contrats à la grosse. — *2 vol. pet. in-4°. Marseille, J. Nossy*, 1783.

* * — FERRIER. Manuel pour les receveurs municipaux. — (Vʳ N° 1290.)

1316. — GRANDVEAUX. Code pratique des chemins vicinaux, d'après le nouveau règlement général. — *1 vol. in-8° (incomplet). Paris, Dupont.* 1856.

* * — GUICHARD. Code des femmes, de leurs droits, priviléges, devoirs et obligations, ou récits et entretiens dont la simple lecture leur apprend ce qu'il importe le plus de savoir pour être en état de diriger elles-mêmes leurs affaires; 2ᵉ édition. — *2 vol. in-18. Paris, Pichard, libr.-édit.*, 1828. — (Vʳ N° 458.)

1317. — GUY DE ROUSSEAU. Traité des matières criminelles. — *1 vol. in-4°. Paris, E. Legras*, 1772.

1318. — JOUSSE. Nouveau commentaire sur l'Ordonnance civile du mois d'avril 1667. — *2 vol. in-12. Paris, Debure père*, 1767.

** — LAGET DE PODIO. Traité et questions sur les Assurances maritimes. — 2 vol. in-8°. — (V^r N° 1294.) = Nouvelle juridiction des Consuls de France à l'étranger. — 2 vol. in-8°. *Marseille,* 1844. — (Voir N° 1294.)

1319. — LALLEAU. Traité de l'Expropriation pour cause d'utilité publique (refondu et augmenté par Jousselin); 6e édition. — 2 vol. in-8°. *Paris, Cosse, Marchal et Comp.*, 1866.

** — LAVAUX. Manuel des tribunaux et des arbitres en matière de commerce et de manufactures. — *1 vol. in-12.* — (Voir N° 1295.)

** — LEVASSEUR. Manuel des justices de paix. — (V^r N° 1296.)

** — LOIX municipales et économiques du Languedoc. — (Voir N° 1270.)

** — PARDESSUS. Collection de lois maritimes. — (V^r N° 1301.)

** — RAVELET. Code manuel de la Presse. — (V^r N° 1303.)

** — ROGRON. Codes français expliqués. — (V^r N° 1306.)

** — SAUVAN. Traité des actes de l'État civil. — (V^r N° 1307.)

** — VALIN. Nouveau commentaire de l'Ordonnance de la marine. — (V^r N° 1309.)

** — VIGNES (E.). Traité des impôts en France; nouvelle édition, mise au courant de la législation par Vergniaud.. — *2 vol. in-8°. Paris, Guillaumin et Comp.*, 1880. — (V^r N° 1284.)

SIXIÈME SÉRIE.

SCIENCES MATHÉMATIQUES, PHYSIQUES ET NATURELLES.

PREMIÈRE SECTION.

POLYGRAPHIE LIMITÉE AUX SCIENCES MATHÉMATIQUES PHYSIQUES ET NATURELLES.

1320. — COMPTES RENDUS hebdomadaires ou séances de l'Académie des sciences. — *18 vol. in-4°*, de 1875 à 1883.

1321. — CONGRÈS SCIENTIFIQUE de France, 10° session, tenue à Strasbourg en septembre et octobre 1842. — *2 vol. in-8°*.

1322. — LES ÉCOLIERS EN VACANCES ou exercices et amusements. *1 vol. in-18. Paris, chez Brunot-Labre*, 1812.

1323. — MORIN (prêtre). Abrégé du Mécanisme universel en discours et questions physiques. — *1 vol. in-12. Chartres, Roux, impr.-libr.*, 1735.

1324. — REVUE SCIENTIFIQUE. Revue des cours scientifiques (2° série), avec figures intercalées dans le texte. — *18 vol. in-4°* (de 1874 à 1883). *Paris, Germer Baillière.*

DEUXIÈME SECTION.

MATHÉMATIQUES.

—

1325. — BALLOT (abbé). Traité d'Arithmétique. — *1 vol. in-18. Besançon, J. Jacquin, impr.-édit.,* 1853.

1326. — BERTIN (L.-E.). Données théoriques et expérimentales sur les vagues et les roulis. — *1 vol. in-8°. Paris, Gautier Villars,* 1874.

1327. — BERTRAND (Jh.). Traité d'Algèbre. — *1 vol. in-8°.*

1328. — BRIOT et BOUQUET. Leçons de Géométrie analytique; 10° édition. — *1 vol. in-8°. Paris, Charpentier et Comp.,* 1874.

1329. — CATALAN (Eug.). Théorèmes et problèmes de Géométrie élémentaire; 6° édit., r. et augm. — *1 vol. in-8°. Paris, Dunot, édit.,* 1879.

1330. — CHASLES. Traité de Géométrie supérieure; 2° édition. — *1 vol. in-8°. Paris, Gauthier Villars,* 1880.

1331. — DELAMBRE. Rapport historique sur les progrès des sciences mathématiques depuis 1789 et sur leur état actuel. — *1 vol. in-8°. Paris, impr. imp.,* 1810.

1332. — DELAUNAY (Ch.). Cours élémentaire de Mécanique théorique et appliquée; 9° édition, avec 550 figures dans le texte. — *1 vol. in-12. Paris, Garnier,* 1878.

1333. — DUMONT (J.-M.). Connaissances mathématiques. — *1 vol. in-12. Paris, chez l'auteur,* 1874.

1334. — DUPUIS (J.). Tables des Logarithmes à cinq décimales. — *1 vol. in-18. Paris, Hachette, édit. stéréotype,* 1874.

1335. — FRÉNET (F.). Recueil d'exercices sur le calcul infinitésimal; 4° édition. — *1 vol. in-8°. Paris, Gauthier Villars,* 1882.

1336. — JORDAN (M.-C.). Cours d'Analyse de l'École polytechnique. — *2 vol. in-8°. Paris, Gauthier Villars, impr.,* 1882.

1337. — KIAES (J.). Traité élémentaire de Géométrie descriptive. — 4 vol. in-8°. (2 de texte et 2 de planches). Paris, Hachette et Comp., 1882.

1338. — LACROIX (S.-F.). Éléments d'Algèbre à l'usage de l'École centrale des Quatre Nations. = Traité élémentaire d'Arithmétique. — 2 vol. in-8°. Paris, Courcier, 1811.

1339. — LAURENT (H.). Traité de mécanique rationnelle; 2ᵉ édit. — 2 vol. in-8°. Paris, Gauthier Villars, 1878.

1340. — LEROY (G.-F.-A.). Traité de Géométrie descriptive, suivi de la méthode des plans cotés et de la théorie des engrenages cylindriques et coniques, avec une collection d'épures composée de 71 planches; 3ᵉ édition. — 2 vol. in-4° (1 texte, 1 planches). Paris, Bachelier, 1850.

1341. — LONCHAMPT (A.). Recueil de problèmes posés dans les examens d'admission à l'École polytechnique, à l'École centrale, etc.; énoncés et solutions. — 1 vol. gr. in-8°. Paris, Gauthier Villars, 1865.

1342. — MANNHEIM (A.). Cours de Géométrie descriptive de l'École polytechnique, comprenant les éléments de la géométrie cinématique, illustré de 249 figures dans le texte. — 1 vol. in-8°. Paris, Gauthier Villars, 1880.

1343. — MASCART. Éléments de Mécanique; 4ᵉ édition. — 1 vol. in-8°. Paris, Hachette et Comp., 1880.

1344. — OLIVIER. Arithmétique usuelle. — 1 vol. in-12.

1345. — PONCELET (J.-V.). Applications d'Analyse et de Géométrie, qui ont servi de principal fondement au traité des propriétés projectives des figures. — 2 vol. in-8°. Paris, Mallet-Bachelier, 1862.

1346. — RÉSAL (H.). Traité de Mécanique générale. — 6 vol. in-8°. Paris, Mallet-Bachelier, impr. libr., 1862.

1347. — RÉSAL (H.). Traité de Cinématique pure. — 1 vol. in-8°. Paris, Mallet-Bachelier, impr. libr., 1862.

1348. — ROUCHÉ et DE COMBEROUSSE. Traité de Géométrie. — 2 vol. in-8°. Paris, Gauthier Villars, 1879.

1349. — SAINT-GERMAIN (de). Recueil d'exercices sur la Mécanique rationnelle. — *1 vol. in-8°. Paris, Gauthier Villars,* 1882.

1350. — SALMON (G.). Traité de Géométrie analytique à trois dimensions; traduit de l'anglais sur la 4° édition, par O. Chemin. — *1 vol. in-8°. Paris, Gauthier Villars,* 1882.

1351. — SCHRON (E.). Tables de Logarithmes à 7 décimales pour les nombres depuis 1 jusqu'à 108000 et pour les fonctions trygonométriques de dix en dix secondes. — *1 vol. gr. in-8°. Paris, Gauthier Villars,* 1882.

1352. — SERGENT (E.). Traité pratique et complet de tous les mesurages, métrages, jaugeages de tous les corps; 3° édition. — *2 vol. texte in-8° et 1 atlas in-folio. Paris, Auguste Lemoine.*

1353. — SERRET (J.-A.). Traité d'Arithmétique; 6° édition revue et mise en harmonie avec les derniers programmes officiels par J.-A. Serret et Ch. de Comberousse. — *1 vol. in-8°. Paris, Gauthier Villars, impr.,* 1873. = Traité de Trigonométrie. — *1 vol. in-8°. Paris, Bachelier, impr. libr.,* 1850. = Cours de calcul différentiel et intégral; 2° édition. — *2 vol. in-8°. Paris, Gauthier Villars,* 1879. = Cours d'Algèbre supérieure; 4° édition. — *2 vol. in-8°. Paris, Gauthier Villars,* 1877.

1354. — SERRET (Paul). Théorie nouvelle géométrique et mécanique des lignes à double courbure. — *1 vol. in-8°. Paris, Mallet-Bachelier,* 1860.

1355. — TERQUEM (O.). Manuel de Géométrie, ou exposition élémentaire des principes de cette science. — *Paris, Roret, libr.,* 1829.

1356. — TEYSSÈDRE (A.). Notions élémentaires d'arithmétique, de géométrie, de mécanique, de physique, de dessin linéaire, perspective et architecture; 2° édition. — *1 vol. in-12. Paris, Delongchamps, libr.-édit.,* 1825.

1357. — TISSERAND (F.). Recueil complémentaire d'exercices sur le calcul infinitésimal. — *1 vol. in-8°. Paris, Gauthier Villars. impr. libr.,* 1877.

1358. — TOMBECK (H.-E). Traité d'Arithmétique; 9° édition. — *1 vol. in-8°. Paris, Hachette, et Comp.,* 1882.

TROISIÈME SECTION.

PHYSIQUE ET MÉTÉOROLOGIE.

1359. — ANNALES DE CHIMIE ET DE PHYSIQUE, par Chevreul, Dumas, Boussingault, Wurtz et Berthelot. — *37 vol. in-8°* (année 1875 et suivantes). — *Paris, Gauthier Villars,* 1875.

1360. — BIOT (J.-B.). Traité de Physique expérimentale et mathématique. — *4 vol. in-8°. Paris, Deterville, libr.,* 1826.
<small>I. Des phénomènes généraux et des moyens d'observation. — II. De l'acoustique, de l'électricité. — III. Magnétisme, lumière. — IV. Suite de la lumière, calorique.</small>

1361. — BORIUS (A.). Recherches sur le climat du Sénégal. — *1 vol. in-8° avec planches et carte. Paris, Gauthier Villars,* 1875.

1362. — BOUANT (E.). Les grands froids; édition illustrée de 31 vignettes par Th. Weber. — *1 vol. in-18. Paris, Hachette et Comp., libr.,* 1881.

1363. — BULLETIN INTERNATIONAL de l'Observatoire de Paris. — *8 vol. in-4°,* 1875-1883.

1364. — CASTILLON (A.). Récréations physiques, illustrées de 38 vignettes; 6° édition. — *1 vol. in-12. Paris, Hachette,* 1879.

1365. — CAZIN (A.). La Chaleur; 4° édition, illustrée de 94 vignettes dessinées sur bois par Jahandier. — *1 vol. in-18. Paris, Hachette et Comp.,* 1881. = Les forces physiques; 3° édition, illustrée de 73 vignettes dessinées sur bois par Johandier. — *Paris, Hachette et Comp.,* 1881. = L'étincelle électrique; 2° édition, illustrée de 90 gravures sur bois par Bonafoux, etc. — *1 vol. in-18. Paris, Hachette,* 1880.

1366. — DAGUIN (P.-A.). Traité élémentaire de physique théorique et expérimentale avec les applications à la météorologie et aux arts industriels. — *4 vol. in-8°. Paris, Delagrave, édit.,* 1868.
<small>I. Notions générales des corps; Pesanteur des corps considérés sous les trois états : liquide, gazeux, solide; des corps en vibration, Acoustique. — II. De la Chaleur. — III. Électricité et Magnétisme. — IV. Optique.</small>

1367. — DORTOUS DE MAIRAN. Dissertation sur la Glace, ou explication physique de la formation de la glace et de ses divers phénomènes. — *1 vol. in-12. Paris, imprimerie royale*, 1843.

1368. — FONVIELLE. Éclairs et tonnerres. — *1 vol. in-12. Paris*, 1880.

1369. — GUILLEMIN (A.). Le monde physique, avec planches et vignettes insérées dans le texte. — *4 vol. in-4°. Paris, Hachette*, 1884.
    I. La Pesanteur et la Gravitation universelle, le Son.—II. La Lumière. — III. Le Magnétisme et l'Électricité. - IV. La Chaleur, la Physique moléculaire, la Météorologie.

1370. — JANIN (J.). Cours de Physique de l'École polytechnique ; 3° édition. — *3 vol. in-8°. Paris, Gauthier Villars, impr.*, 1882.
    I. Gravitation, Électricité. — II. Calorimétrie, ou théorie mécanique de la chaleur. — III. Acoustique, Optique.

1371. — LUC (de). Recherches sur les modifications de l'atmosphère, contenant la critique du baromètre et un traité sur la construction de ces instruments. — *2 vol. in-4°. Genève*, 1771.

1372. — MARGOLLÉ et ZURCHER. — *4 vol. in-18 illustrés. Paris. Hachette*, 1876.
    I. Les Météores. — II. Les Volcans et les Tremblements de terre. — III. Les Glaciers. — IV. Trombes et Cyclones.

1373. — MARIÉ-DAVY. Météorologie générale, les mouvements de l'atmosphère et les variations du temps, avec 24 cartes tirées en couleur et de nombreuses figures dans le texte. — *1 vol. in-8°. Paris, Masson.*

1374. — MARION (F.). L'Optique ; 3° édition, illustrée de 68 vignettes et d'une planche tirée en couleur. — *1 vol. in-18. Paris, Hachette*, 1874.

1375. — MOITESSIER (A.). L'Air et la Lumière. — *2 vol. in-18 illustrés. Paris, Hachette et Comp.*, 1880.

1376. — OHM (G.-S.). Théorie mathématique des courants électriques ; traduction, préface et notes de J. Gougain. — *1 vol. in-8°. Paris, Hachette, édit.*

1377. — PIERRE (J.). Exercices sur la Physique, ou recueil de questions susceptibles de faire l'objet de compositions écrites dans les lycées, etc. — *1 vol. in-8°. Paris, Bachelier, impr. libr.*, 1862.

1378. — RADEAU. L'Acoustique, ou phénomènes du son; 3° édition, illustrée de 116 vignettes. — *1 vol. in-18. Paris, Hachette et Comp.*, 1880. = Le Magnétisme. — *1 vol. in-18. Paris, Hachette et Comp.*, 1880.

1378 bis. — ZURCHER et MARGOLLÉ. Trombes et Cyclones. = Volcans et Tremblements de terre. — *2 vol. in-18 illustrés. Paris, Hachette, libr.-édit.*, 1876.

QUATRIÈME SECTION.

CHIMIE.

1379. — ANNALES DE CHIMIE ET DE PHYSIQUE, par Chevreul, Dumas, Boussingault, Wurtz et Berthelot. — *37 vol. in-8°.* (années 1875 et suivantes). *Paris, Gauthier Villars*, 1875.

1380. — BOERHAAVE. Elementa Chemiæ quæ anniversario labore docuit in publicis privatisque scholis. — *2 vol. in-4°. Lugduni Batavorum, sumptibus Rudolphi. In hoc*, 1732.

1381. — CAHOURS (Aug.). Traité de Chimie générale élémentaire; chimie organique. — *3 vol. in-12. Paris, Gauthier Villars*, 1874. = Traité de Chimie générale; chimie inorganique; 4° édition. — *3 vol. in-12*, 1879.

1382. — CASTILLON (A.). Récréations chimiques, illustrées de 34 vignettes; 4° édition. — *1 vol. in-12. Paris, Hachette*, 1879.

1383. — CHAPTAL (A.). Éléments de Chimie et Chimie appliquée aux Arts. — *7 vol. in-8°. Paris, Deterville, libr.*, 1803 et 1807.

1384. — DEHERRYPON. Les merveilles de la Chimie; 3° édition, illustrée de 54 gravures dessinées sur bois par Ferac. — 1 vol. in-18. Paris, Hachette, 1879.

1385. — FRESSENIUS (R.). Traité d'Analyse chimique quantitative et qualitative. — 2 vol. in-8°. Paris, Savy, 1875.

1386. — PELOUZE et FREMY. Abrégé de Chimie. — 3 vol. in-12. Paris, Masson, 1876.

1387. — REGNAUD. Cours de Chimie, à l'usage des facultés et des établissements d'enseignement; 6° édition. — 4 vol. in-18. Paris, Garnier frères, 1869.

1388. — RIFFAUT (J.). Manuel de chimie amusante, ou nouvelles récréations chimiques. — 1 vol. in-12.

1389. — SCHUBARTH. Lehbuch der theorestichen chemic. — 1 vol. in-8°. Berlin, Bucker, 1829.

1390. — WURTZ (Ad.). Dictionnaire de Chimie pure et appliquée, comprenant la chimie organique; la chimie appliquée à l'industrie, à l'agriculture et aux arts. — 5 vol. in-8°. Paris, Hachette, 1874.

CINQUIÈME SECTION.

ASTRONOMIE ET GÉODÉSIE.

1391. — ANDRÉ et BAYET. L'Astronomie pratique et les obsertoires en Europe et en Amérique depuis le milieu du XVII° siècle jusqu'à nos jours. — 1 vol. in-18. Paris, Gauthier Villars, impr., 1874.

1392. — ARAGO (François). OEuvres complètes; nouvelle édition. — 17 vol. in-8°. Paris, L. Guérin, 1867.

1393. — ARAGO (François). Astronomie populaire. — 4 vol. in-8°. Paris, Gide et Baudry, édit., 1854.

1394. — BAILLY (M.). Manuel d'Astronomie, ou traité élémentaire de cette science d'après l'état actuel de nos connaissances. — *1 vol. in-12. Paris, Roret, libr.*, 1827.

** — BULLETIN INTERNATIONAL de l'Observatoire de Paris. — *8 vol. in-4°* (1875 à 1883). — (Voir N° 1363.)

1395. — BUREAU DES LONGITUDES. Connaissance des temps ou des mouvements célestes, à l'usage des astronomes et des navigateurs, pour l'an 1858. — *4 vol. in-8°. Paris, Mallet-Bachelier, impr. libr.*, 1855.

1396. — COULIER (Ph.-J.). Tables des principales positions géonomiques du globe. — *1 vol. in-8°. Paris, Dossange*, 1828.

1397. — FAYE (M.-H.). Cours d'Astronomie nautique. — *1 vol. in-8°. Paris, Gauthier Villars, impr.*, 1880. = Cours d'Astronomie de l'École polytechnique. — *1 vol. in-8°. Paris, Gauthier Villars*, 1881.

1398. — FLAMMARION (C.). Astronomie populaire ; description générale du ciel ; illustrée de 360 figures, planches, cartes célestes, etc. — *1 vol. in-4°. Paris, Marpon et Flammarion*, 1880.

1399. — FLAMMARION (C.). Les merveilles célestes. — *1 vol. in-12.*

1400. — FLAMMARION (C.). Les terres du ciel ; description astronomique, physique, climatologique, géographique des planètes qui gravitent avec la terre autour du soleil, et de l'état probable de la vie à leur surface. — *1 vol. gr. in-8°. Paris, Didier et Comp.*, 1877. = La pluralité des mondes habités ; 27° édition. — *1 vol. in-12. Paris, Didier*, 1880.

1401. — GARCET (H.). Leçons de Cosmographie. — *1 vol. in-8°. Paris, Delagrave*, 1880.

1402. — GUILLEMIN (A.). Le Ciel ; notions d'astronomie à l'usage des gens du monde et de la jeunesse ; illustré de 40 planches dont 12 en couleur et de 192 vignettes insérées dans le texte ; 3° édition. *1 vol. gr. in-8°. Paris, Hachette*, 1866.

1403. — GUILLEMIN (A.). Les Mondes, causeries astronomiques ; 2° édition, r., augmentée. — *1 vol. Paris, Michel Lévy frères, libr.-édit.*, 1863.

1404. — HERSCHEL. Traité d'Astronomie; traduit de l'anglais par Cournet et augmenté d'un chapitre sur l'application de la théorie des chances à la série des orbites des comètes. — *1 vol. in-18. Paris, Paulin, libr.-édit.*, 1836.

1405. — LEMAIRE. Astronomie. Maître Pierre ou le savant du village. — *1 vol. in-18. Paris, Levrauld, libr.*, 1830.

1406. — LIAIS (Emm.). Traité d'Astronomie appliquée à la géographie et à la navigation, suivi de la séodésie pratique. — *1 vol. in-18. Paris, Garnier frères*, 1867.

** — MANILIUS (Marcus). Astronomiques (même vol. que Stace. — Voir Bibliothèque latine, N° 38.)

1407. — SWEDENBORG. De telluribus in mundo nostro solari quæ vocantur planetæ, et de telluribus in cœlo astrifero deque illarum incolis ; tum de spiritibus et angelis ibi; ex auditis et visis.

SIXIÈME SECTION.

HISTOIRE NATURELLE.

** — BADIN (A.). Grottes et cavernes. — *1 vol. in-18.* — (V^r N° 964.)

1408. — BAYLE (A.-L.-J.). Manuel d'Anatomie descriptive ou description succincte des organes de l'homme. — *Paris, Gabon et Comp., libr.*, 1826.

1409. — BELL PETTIGREW (J.). La locomotion chez les animaux, ou marche, natation et vol; suivie d'une dissertation sur l'aéronautique ; ouvrage illustré de 131 gravures sur bois. — *1 vol. in-8°. Paris, Germer Baillière*, 1874.

1410. — BERNSTEIN (J.). Les sens, avec 91 figures dans le texte; 2e édition.— *1 vol. in-8°. Paris, Germer Baillière et Comp.*, 1877.

1411. — BESSE (M.). Anatomie ; recherche analytique de la structure des parties du corps humain, où l'on explique leur ressort, leur jeu et leur usage. — *1 vol. in-12. Toulouse, Camusat, libr.*, 1701.

1412. — BEUDANT (M.-F.-S.). Minéralogie; 14ᵉ édition. — *1 vol. in-18. Paris, Hachette,* 1871.

1413. — BLANCHARD (E.) Métamorphoses, mœurs et instincts des insectes; 2ᵉ édition, illustrée de 200 figures intercalées dans le texte et 40 planches. — *1 vol. in-8°. Paris, Germer Baillière et Comp.*, 1877.

1414. — BOCQUILLON (L.). La vie des plantes; 2ᵉ édition, illustrée de 192 dessins sur bois par Faguet. — *1 vol. in-18, Paris, V. Masson,* 1871.

1415. — BOURDON (Isid.). Principes de Physiologie comparée. — *1 vol. in-8°. Paris, Baillière,* 1830.

1416. — BOYER (Baro). Traité complet d'Anatomie, ou description de toutes les parties du corps humain; 4ᵉ édition. — *4 vol. in-8°. Paris, Migneret, impr.*, 1815.

1417. — BRÉANT (V.). Traité de la culture des fleurs et arbustes d'agrément. — *1 vol. in-12. Paris, Dentu,* 1855.

1418. — BREVANS (A. de). La migration des oiseaux; 2ᵉ édition, illustrée de 91 vignettes. — *1 vol. in-18. Paris, Hachette,* 1880.

1419. — BUFFON. Œuvres complètes, mises en ordre et précédées d'une notice historique, par Richard; suivies de la classification comparée d'après Cuvier, etc. — *5 vol. gr. in-8° (en 10 tomes). Paris, Boulanger et Legrand, libr.-édit.,* 1872.

    I. De la Terre, des Minéraux, des Éléments. — II. Suite des Minéraux, Expériences sur les Végétaux, Histoire des Animaux, de l'Homme. — III. Des Animaux domestiques, sauvages. — IV. Des Oiseaux. — V. Des Oiseaux.

1420. — BUFFON. Œuvres complètes, avec les suppléments, augmentées de la classification de Cuvier et accompagnées de belles vignettes gravées sur acier, représentant plus de 800 animaux. — *9 vol. in-8°. Paris, P. Dumenil, édit.*, 1837.

1421. — CANDOLLE (Alfred de). Origine des plantes cultivées; 2ᵉ édit. — *1 vol. in-8°. Paris, Germer Baillière et Comp.*, 1883.

1422. — CHATAIN (G.-A.). Anatomie comparée des végétaux, comprenant : 1° les plantes aquatiques ; 2° les plantes aériennes ; 3° les plantes parasites ; 4° les plantes terrestres. — *2 vol. in-8°. (Texte et planches). Paris, Baillière, 1857.*

1423. — CLAIRS. Traité de Zoologie ; 2ᵉ édition française, traduite de l'allemand sur la 4ᵉ édition, entièrement refondue et considérablement augmentée, par G. MOQUIN-TANDON, avec 4192 gravures dans le texte. — *1 vol. gr. in-8°. Paris, 1880.*

1424. — CLERMONT. Recueil d'observations physiologiques et cliniques sur les eaux minérales de Vals (Ardèche). — *1 vol. in-8°. Paris, G. Baillière et fils.*

1425. — CLOQUET (JULES). Manuel d'Anatomie descriptive du corps humain, représentée en planches lithographiques. — *5 vol. in-4°. Paris, Béchet, libr., 1825.*

1426. — CROSSE et FISCHER. Journal de Conchyliologie, comprenant l'étude des mollusques vivants et fossiles. — *18 vol. in-8° (le 11ᵉ manque). Paris, Crosse, 1864.*

1427. — CUVIER. Discours sur les révolutions du globe ; avec des notes et un appendice d'après les travaux récents de HUMBOLDT, FLOURENS, LYELL, etc.; dirigés par le docteur HOEFER. — *1 vol. in-12. Paris, Firmin Didot, 1877.*

1428. — DARWIN (CH.). L'origine des espèces au moyen de la sélection naturelle, ou la lutte pour l'existence dans la nature ; traduit sur l'édition anglaise définitive par Ed. BARBIER. — *1 vol. gr. in-8°. Paris, C. Reinwald, libr.-édit., 1882.*

1429. — DARWIN (CH.). L'expression des émotions chez l'homme et les animaux ; traduit de l'anglais par les docteurs S. POZZI et R. BENOIT; avec 21 gravures sur bois et 7 planches photographiques ; 2ᵉ édit. revue et corrigée. — *1 vol. gr. in-8°. Paris, Reinwald et Comp., libr.-édit., 1877.*

1430. — DARWIN (CH.). La descendance de l'homme et la sélection sexuelle; traduit par E. BARBIER, d'après la 2ᵉ édition anglaise, revue et augmentée par l'auteur, préface de Carl VOGT; 3ᵉ édit. française. — *1 vol. gr. in-8°. Paris, Baillière, libr.-édit., 1881.*

1431. — DARWIN (CH.). Étude sur le Transformisme, par A. QUATREFAGES. — *1 vol. in-18. Paris, Baillière, libr.-édit., 1870.*

1432. — DESGOUSÉE (A. Laurent). Guide du sondeur ou traité théorique et pratique des sondages, avec figures dans le texte. — 3 vol. in-8°.

1433. — DIEULAFAIT. Diamants et pierres précieuses ; 2ᵉ édition illustrée de 130 vignettes sur bois par Bonafoux. — 1 vol. in-18. Paris, Hachette, 1874.

1434. — DUCLAUX (E.). Ferments et maladies, avec 12 planches hors texte et figures intercalées. — 1 vol. in-8°. Paris, Masson, 1882.

1435. — DUFRENOY (Mᵐᵉ). Cabinet du petit naturaliste, orné de gravures ; 3ᵉ édition revue et corrigée. — 1 vol. in-18. Paris, A. Eyméric, 1818.

1436. — DUMÉRIL (Constant). Éléments des sciences naturelles ; 3ᵉ édit. avec planches. — 2 vol. in-8°. Paris, Deterville, 1825.

1437. — EAUX MINÉRALES diverses. — 1 vol. in-12.

1438. — EAUX MINÉRALES sulfureuses de divers endroits. — 2 vol. dont l'un in-8° et l'autre in-12.

> Vol. in-8° : Vernet, Thermes Mercadet (Pyrénées-Orientales), Bagnères-de-Bigorre, Allevardo (près Grenoble), Euzet-les-Bains (Gard), Balaruc-les-Bains, près Cette (Hérault), Vals (Ardèche), Condillac (Drôme), St-Didier, près Vaucluse ; Dié (Drôme), Mont-Dore (Puy-de-Dôme) ; Lamalou-le-Haut, près Bédarieux ; Bondonneau (Drôme), Vergèze (Gard), Montmayou, près Cazouls-les-Béziers. — Vol. in-12 : Aix-les-Bains (Savoie), Vichy, Lamalou-le-Haut, Euzet-les-Bains, Cauvalat (Gard), Greoulx (Basses-Alpes), Vernet-les-Bains dit des Commandants.

1439. — FERRIER (D.). Les fonctions du cerveau ; traduit de l'anglais par Henri C. de Varigny, avec 68 figures dans le texte. — 1 vol. in-8°. Paris, Germer Baillière et Comp., 1878.

1440. — FONVIELLE (W. de). Les merveilles du monde invisible ; 5ᵉ édit., r., c., illustrée de 120 vignettes. — 1 vol. in-18. Paris, 1880.

1441. — FOSSATI (J.). Manuel pratique de Phrénologie, ou physiologie du cerveau. — 1 vol. in-12. Paris, Germer Baillière, libr.-édit., 1845.

1442. — FOURCAULT (A.). Lois de l'organisme vivant, ou application des lois physico-chimiques à la physiologie. — 2 vol. in-8°. Paris, Rouen frères, libr.-édit., 1829.

1443. — FUCH. Les volcans et les tremblements de terre ; 3ᵉ édit., avec 36 figures dans le texte et une en couleur. — *1 vol. in-8°. Paris, Germer Baillière et Comp.*, 1881.

1444. — GARNIER (E.). Les nains et les géants ; illustré de 42 vignettes par l'auteur. — *1 vol. in-18. Paris, Hachette*, 1884.

1446. — GIRARD (Jules). Les explorations sous-marines. — *1 vol. in-8°. Paris, Savy*, 1874.

1447. — GIRARD (Jules). Les Plantes étudiées au microscope ; ouvrage illustré de 208 gravures sur bois. — *1 vol. Paris, Hachette, et Comp.*, 1873.

1448. — GOTSCHALK. Minéralogie, ou description générale des substances. — *2 vol. in-8°, Paris, Durand*, 1753.

1449. — GRANGER (Albert). Catalogue des Mollusques testacés observés sur le littoral de Cette. — *1 vol. in-8°. Bordeaux*.

1450. — GRATIOLET (Pʳᵉ). De la Physionomie et de ses mouvements d'expression ; suivie d'une notice sur sa vie, ses travaux et la nomenclature de ses ouvrages. — *1 vol. in-18. Paris, Hetzel.*

1451. — GRIMARD (Ed.). La Goutte de sève, histoire de la vie végétale. — *1 vol. in-18. Paris, Hetzel.*

1452. — JUSSIEU (A.). Cours élémentaire d'histoire naturelle ; 9ᵉ édition avec 812 figures. — *1 vol. in-18. Paris, Garnier frères*, 1870.

1453. — LANDRIN (A.). Les Plages de la France ; 4ᵉ édit., illustrée de 187 vignettes par Mesnel. — *1 vol. in-18. Paris, Hachette et Comp.*

1454. — LANDRIN (A.). Les Monstres marins ; 3ᵉ édition, illustrée de 66 gravures sur bois. — *1 vol. in-18. Paris, Hachette et Comp.*, 1877.

1455. — LANOYE (F. de). L'Homme sauvage ; 2ᵉ édition, illustrée de 35 vignettes sur bois par Bayard. — *1 vol. in-18. Paris, Hachette et Comp.*, 1877.

1456. — LAPPARENT (A. de). Traité de Géologie, avec 610 gravures dans le texte. — *1 vol. gr. in-8°. Paris, F. Savy, libr.*, 1883.

1457. — LAVATER. La Physionomie, ou l'art de connaître les hommes d'après les traits de leur physionomie, leurs rapports avec les divers animaux, leurs penchants ; illustrée de 750 gravures et d'un portrait gravé sur acier ; traduction nouvelle par BACHARACH, précédée d'une notice par A. d'ALBANIO. — *1 vol. in-4°. Paris, G. Havard.*

1458. — LAVATER. La Physionomie, avec planches. — *1 vol. in-4°.*

1459. — LE PILEUR (A.). Le Corps humain ; 5e édition avec 46 vignettes. — *1 vol. in-18. Paris, Hachette et Comp., 1883.*

1460. — LESBAZEILLES. Les Forêts ; ouvrage illustré de 45 vignettes. — *1 vol. in-18. Paris, Hachette et Comp., 1884.*

1461. — LORDAT. Leçons de Physiologie, extraites du cours fait à la Faculté de Médecine de Montpellier en 1835 et 1836. — *Montpellier, Castel, libr.-édit.*

1462. — LORET et BARANDON. Flore de Montpellier, comprenant l'analyse descriptive des plantes vasculaires de l'Hérault. — *2 vol. in-18. Montpellier, Coulet, libr.-édit., 1876.*

1463. — LYELL (S.-Ch.). Éléments de Géologie, ou changements anciens de la terre et de ses habitants ; traduits de l'anglais sur la 5e édit. par G. GINESTOU ; 6e édition illustrée de 770 gravures sur bois. — *2 vol. in-8°. Paris, Garnier frères.*

1464. — MARION. Les merveilles de la végétation ; 4e édition, illustrée de 46 gravures d'après les dessins de Lancelot. — *1 vol. in-18. Paris, Hachette, 1881.*

1465. — MENAULT (E.). L'intelligence des animaux ; 4e édition, illustrée de 58 vignettes sur bois, par BAYARD. — *1 vol. in-18. Paris, Hachette, 1872.*

1466. — L'AMOUR MATERNEL chez les animaux ; 2e édition, illustrée de 78 vignettes sur bois, par A. MESNEL. — *1 vol. in-18. Paris, Hachette, 1877.*

1467. — MEUNIER (Mme STANISLAS). L'écorce terrestre ; illustré de 75 vignettes dessinées sur bois. — *1 vol. in-18. Paris, Hachette, 1882.*

1468. — MILLET (C.). Les merveilles des fleurs et des ruisseaux ; 2e édition, illustrée de 66 vignettes sur bois, par MESNEL. — *1 vol. in-18. Paris, Hachette et Comp., 1875.*

1469. — MILNE (Ed.). Éléments de Zoologie. — *4 vol. in-12. Paris, Crochard*, 1834.

1470. — MILNE (Ed.), JUSSIEU et BEUDANT. Cours élémentaire d'histoire naturelle, zoologie, minéralogie et botanique. — *2 vol. in-12. Paris, Garnier frères*, 1871.

1471. — MORGANI (Baptiste). Adversaria anatomica — epistola anatomica. — *3 vol. in-4°. Lugduni-Batavorum, Langerak*, 1723.

1472. — ORBIGNY (d'). Dictionnaire universel d'histoire naturelle, par une société de savants, et enrichi d'un atlas de planches gravées sur acier. — *16 vol. in-8° (dont 3 vol. atlas). Paris, Renard, Martinet et Comp.*, 1847.

1473. — PARAMELLE. L'art de découvrir les sources. — *1 vol. in-8°. Paris, Delmont et Dunot, libr.-édit.*, 1859.

1474. — PAYER (J.-B.). Traité d'Organogénie comparée de la fleur. — *2 vol. in-8° raisin. Paris, Masson, libr.*, 1857.

** — PLINE L'ANCIEN. Œuvres complètes; traduites par Littré. — *1 vol. gr. in-8°. Paris, Didot, libr.*, 1874. — (Voir Bibliothèque latine, N° 38.)

1475. — PORGES (G.). Carlsbard, ses eaux thermales; analyse physiologique de leurs propriétés et de leur action spécifique sur le corps humain. — *1 vol. in-8°. Paris, Baillière et fils*, 1858.

1476. — PORTA (J.-B.). La Physionomie humaine. — *1 vol. in-8°. Rouen, Berthelin*, 1660.

1477. — QUATREFAGES (E. de). Charles Darwin et ses précurseurs français; étude sur le Transformisme. — *1 vol. in-8°. Germer Baillière*, 1870. = L'Espèce humaine; 6ᵉ édition. — *Paris, Germer Baillière*, 1880.

1478. — RENDU (V.). L'Intelligence des bêtes. — *1 vol. in-18. Paris, Hachette et Comp.*, 1863.

1479. — REYNAUD (Jean). Histoire élémentaire des minéraux usuels; 6ᵉ édition, illustrée de 2 planches en couleur et d'une planche en noir. — *1 vol. in-18. Paris, Hachette et Comp.*, 1881.

1480. — RICHARD (A.). Nouveaux éléments de Botanique et de Physiologie végétale; 2ᵉ édition. — *1 vol. in-8°. Paris, Béchet*, 1822.

1481. — ROSENTHAL (J.). Les nerfs et les muscles. — *1 vol. in-8°. Paris, Germer Baillière*, 1883.

1482. — ROUVILLE (Paul de). Introduction à la description géologique du département de l'Hérault; avec une carte par arrondissement; 2° édit. — *1 vol. in-8° et 4 cartes sur toile. Montpellier, Boehm et fils*, 1876.

1483. — SIMONIN (L.). Les merveilles du monde souterrain; 4° édition, r., c., avec 18 vignettes dessinées sur bois. — *1 vol. in-18. Hachette et Comp.*, 1878.

1484. — SONREL (L.). Le fond de la mer; 4° édition, illustrée de 95 vignettes sur bois. — *1 vol. in-18. Paris, Hachette*, 1880.

1485. — SPALLANZANI. Histoire de la génération des animaux et des plantes, avec une ébauche de l'histoire des êtres organisés avant leur fécondation, par J. Senebier. — *1 vol. in-8°. Genève, Cherol*, 1785.

1486. — SWEDEMBORG. Regnum animale, anatomica, physica et philosophice. — *2 vol. in-4°. Hagæ Comitum*, 1744.

1487. — TEULÉ (J.-C.). Étude des mouvements de l'homme. — *1 vol. in-8°. Paris*, 1831.

1488. — TICIER (N.). Capvern, ses eaux minérales. — *1 vol. in-18. Toulouse, E. Privat, libr.-édit.*, 1871.

1489. — TISSANDIER. Les Fossiles; 2° édition, illustrée de 188 vignettes. — *1 vol. Paris, Hachette et Comp.*, 1881.

1490. — TOUSSEL (A.). Le monde des oiseaux; ornithologie passionnelle. — *1 vol. in-8°. Paris, E. Dentu, libr.-édit.*, 1866.

1491. — VIREY (J.-J.). Histoire des mœurs et de l'instinct des animaux, avec les distributions méthodiques et naturelles de toutes leurs classes; cours fait à l'Athénée royal de Paris. — *3 vol. in-12. Paris, Déterville, libr.-édit.*, 1822. = Histoire naturelle du genre humain. — *3 vol. in-12. Paris, Crochard, libr.-édit.*, 1824.

1492. — WINSLOW. Expositio anatomica structuræ corporis humani. — *1 vol. in-8°. Venetiis*, 1758.

SEPTIÈME SÉRIE.

SCIENCES MÉDICALES.

PREMIÈRE SECTION.

POLYGRAPHIE LIMITÉE AUX SCIENCES MÉDICALES

1493. — ABEILLE MÉDICALE, ou revue des journaux, des ouvrages de Médecine. — *1 vol. in-8°. Paris*, 1844.

1494. — LITTRÉ et ROBIN. Dictionnaire de Médecine. — *1 vol. gr. in-8°.*

1495. — MARÉCHAL DE POCHE (le), qui apprend comment il faut traiter son cheval en voyage et quels sont les remèdes pour les accidents ordinaires qui peuvent lui arriver en route; avec une planche qui montre l'âge du cheval par ses dents; traduit de l'anglais par Th. HAMMOND. — *Paris, Ve Thibourt*, 1777.

1496. — NYSTEN. Dictionnaire de Médecine, de Chirurgie, de Pharmacie, des sciences accessoires de l'art vétérinaire; 4e édition. — *1 vol. in-8°. Paris, Bresson*, 1824.

DEUXIÈME SECTION.

MÉDECINE ET CHIRURGIE.

1497. — ALIBERT (Baron). Monographie des Dermatoses ; précis théorique et pratique des maladies de la peau ; 2° édit. — 2 vol. gr. in-8°. Paris, Germer Baillière, libr.-édit., 1835.

1498. — ALIBERT (J.-L.). Thérapeutique ; nouveaux éléments de thérapeutique et de matière médicale, suivis d'un essai français-latin sur l'art de formuler et d'un précis sur les eaux minérales les plus usitées. — 2 vol. in-8°. Paris, Caille.

1499. — ALPINI (P.). De Medicina Ægyptorum. — 1 vol. in-4°. Parisiis, apud Duval, 1646.

1500. — ALTONS. Materia medica ; Lectures on the materia medica. — 2 vol. in-4°. London, 1770.

1501. — ANGLADA (C.). Traité de la Contagion, pour servir à l'histoire des maladies contagieuses et des épidémies. — 1 vol. in-8°. Montpellier, Savy et Sevalle, libr., 1853.

1502. — ARRÉAT (Ch.). Éléments de Philosophie médicale, ou théorie fondamentale de la science des faits medico-biologiques. — 1 vol. in-8°. Paris, Germer Baillière, libr.-édit., 1858.

1503. — ART MÉDICAL. Journal de médecine générale et de médecine pratique. — 35 vol. gr. in-8°. Paris, Charavay, libr.-édit., 1855.

1504. — ASTRUC (Joanne). De morbis veneris in quibus disseritur tum de origine, propagatione et contagione hominee affectuum in genere, etc. — 3 vol. in-4°. Lutetiæ Parisiorum apud Guillelmum Cavelier, 1736.

1505. — AUBRY (M.). Les Oracles de Cos. Traitement des maladies aiguës ; 2° édit. — 1 vol. in-8°. Montpellier, imprimerie Gersu, an X.

1506. — BAGLIVUS (Georgius). Baglivi opera medica, opera omnia medico-practica et anatomica. — 1 vol. in-4°. Bruysset, 1735.

1507. — BALLY (François-Pariset). Histoire médicale de la fièvre jaune en Espagne et particulièrement en Catalogne (1821). — 1 vol. in-8°. Paris, Imprimerie royale, 1823.

1508. — BARRE (L.). Mélanges de médecine, recherches physiques et philosophiques pour servir à l'histoire de la maladie de Bright. — 1 vol. in-8°. Montpellier, Sevalle et Castel, 1842.

1509. — BARREAU (Ferdinand). Le Magnétisme humain en Cour de Rome et en Cour de cassation, sous le rapport religieux, moral et scientifique ; suivi d'une méthode pratique par Barreau. — 1 vol. in-12. Paris, Sagnayer, libr.-édit., 1845.

1510. — BARTHEZ (P.-J.). Questiones medicæ duodecim ab illustrissimis viris propositæ. — 1 vol. in-8°. Montpellier, Picot, 1776.

1511. — BARTHEZ (P.-J.). Traité des maladies goutteuses. — 2 vol. in-8°. Paris, Deterville, libr., 1802.

1512. — BARTHEZ (P.-J.). Consultations de médecine ; ouvrage posthume publié par Lordat, héritier des manuscrits de l'auteur. — 1 vol. in-8°. Paris, Michaud frères, impr. libr., 1810.

1513. — BARTHEZ (P.-J.). Doctrine médicale et mémoires sur la vie de ce médecin, par Lordat, professeur d'anatomie à la Faculté de Médecine de Montpellier. — 1 vol. in-8°. Paris, Gabon, libr., 1818.

1514. — BAUMES (J.-B.-T.). Questiones medicæ duodecim ab illussimis viris propositæ. — 1 vol. in-4°. Nemausi, apud Castorem Belle, 1790.

1515. — BAUMES (P.). Nouvelle Dermatologie, ou précis théorique et pratique sur les maladies de la peau, avec exposé sur les eaux minérales naturelles, avec un formulaire spécial. — 2 vol. in-8°. Lyon, Savy, libr.-édit., 1842.

1516. — BEAUVAIS, de S¹-Gratien. Clinique homœopathique, ou recueil de toutes les observations pratiques publiées jusqu'à nos jours. — 9 vol. in-8°. Paris, Baillière, libr., 1837.

1517. — BÉCHET (J.-J.). Les harmonies de l'homéopathie, médicales et philosophiques. — 1 vol. in-8°. Avignon, Roumanille, libr.-édit., 1873.

1518. — BÉCHET (J.-J.). Revue médicale homéopathique. — *4 vol. in 8°. Avignon, Bonnet, 1834.*

1518 *bis*. — BERMONT (Marc). Contribution à l'étude des signes physiques des anévrismes artériels. — *1 vol. in-8°. Paris, 1885.*

1519. — BERTRAND (A.). Du Magnétisme animal en France et des jugements qu'en ont porté les sociétés savantes; suivi de considérations sur l'apparition de l'extase. — *1 vol. in-8°. Paris, Baillière, libr.-édit., 1826.*

1520. — BIBLIOTHÈQUE HOMÉOPATHIQUE, par une société de médecine. — *2 vol. in-4°. Paris, Baillière, 1868.*

1521. — BICHAT (Xav.). Recherches physiologiques sur la vie et la mort; 3° édit. — *1 vol. in-8°. Paris, Brosson, libr.-édit., 1805.*

1522. — BIMONT (G.). Elementos de homeopathia. — *1 vol. in-12. Vernambuco, typographia de Faria, 1851.*

1523. — BLANDIN (Ph.-F.). Traité d'Anatomie topographique, ou anatomie des régions du corps humain; 2° édition. — *1 vol. in-8°. Paris, Germer Baillière, libr., 1834.*

1524. — BORDEU. Maladies chroniques. Recherches sur ces maladies, leurs rapports avec les maladies aiguës, leurs périodes, leur nature. — *1 vol. in-8°. Paris, Ruault, libr., 1775.*

1525. — BOUCHUT (E.). Histoire de la médecine et des doctrines médicales. — *2 vol. in-8°. Paris, Germer Baillière, 1873.*

1526. — BOYER, CHANCEREL, etc. Journal de médecine homéopathique. — *3 vol. in-8°. Paris, Baillière et fils, 1867 et 1868.*

1527. — BRIAND (Jh.) et BROSSON (J.-V.). Manuel complet de médecine légale, ou résumé des meilleurs ouvrages publiés jusqu'à ce jour sur cette matière; 3° édition. — *1 vol. in-8°. Paris, J. S. Chandé, édit.*

1528. — BUCHAN (G.). Médecine domestique, ou traité complet des moyens de se conserver en santé et de guérir les maladies par le régime et les remèdes simples. — *5 vol. in-8°. Paris, Moutardier, impr. libr., 1802.*

1529. — BULLETIN de la Société de médecine homéopathique de Paris. — *8 vol. in-8°. Paris, Baillière, libr., 1845.*

1530. — BULLETIN de la Société homéopatique de France — *12 vol. in-8°. Paris, Baillière*, 1860.

1531. — CABANIS (P.-J.-G.). Du degré de certitude de la médecine. — *1 vol. in-8°. Paris, Crapard, libr.*, 1803. = Physique et moral de l'homme. — *1 vol. in-8°.*

1532. — CABANIS. Coup d'œil sur les résolutions et sur la réforme de la médecine. — *1 vol. in-8°.* 1804.

1533. — CAYOL (J.-B.). Revue médicale française et étrangère; journal des progrès de la médecine hippocratique pour les années 1839-1858. — *18 vol. in-18. Paris, Bureau de la Revue.*

1534. — CAZEAUX (P.). Traité théorique et pratique de l'art des accouchements; ouvrage adopté par le Conseil supérieur de l'instruction publique et placé par décision ministérielle au rang des livres classiques destinés aux élèves sages-femmes de la maternité de Paris. — *1 vol. in-8°. Paris, libr. Chamerot et Launereyan*, 1867.

* * — CELSE. Traité de la Médecine. — (Voir N° 38.)

1535. — CHARGÉ (A.). De l'Homéopathie. — *1 vol. in-8°. Paris, Baillière et fils*, 1864.

1536. — CHASSAGNAC. Traité de l'écrasement linéaire; nouvelle méthode pour prévenir l'effusion du sang dans les opérations chirurgicales, avec 40 figures intercalées dans le texte. — *1 vol. in-8°. J.-B. Baillière*, 1856.

1537. — CHAUSSIER (H.). Contre-poisons, ou moyens reconnus les plus efficaces dans les différents empoisonnements, mis à la portée des personnes étrangères à l'art de guérir. — *1 vol. in-8°. Paris, Méquignon-Morris, libr.*, 1819.

1538. — CHRESTIEN (J.-A.). De la méthode iatraleptique, ou observations pratiques sur l'efficacité des remèdes administrés par la voie de l'absorption cutanée dans le traitement de plusieurs maladies internes et externes, et sur un nouveau remède dans le traitement des maladies vénériennes et lymphatiques. — *1 vol. in-8°. Paris, Croullebois*, 1811.

1539. — CHURCHIL (F.). Traité pratique des maladies des femmes hors l'état de grossesse, pendant la grossesse et après l'accouchement; traduit de l'anglais sur la 5e édition par A. WIELAND et DUBRISAY, et contenant l'exposé des travaux français et étrangers les plus récents, avec 291 figures intercalées dans le texte. — *1 vol. gr. in-8°. Paris, Baillière et fils,* 1866.

1540. — COMBES (de Castres). Mélanges de Médecine de Montpellier ; classification des maladies. — *1 vol. in-8°. Montpellier, Boehm, impr.,* 1839.

1541. — CONGRÈS MÉDICAL de Paris. — *1 vol. in-8°.*

1542. — CORAY. Esquisse d'une histoire de médecine et de chirurgie. — *1 vol. in-12. Paris, Fluchs, libr.,* 1798.

1543. — CORAY. Traité d'Hippocrate. — *2 vol. in-12. Paris, Baudelat, impr.,* 1800.

1544. — COULIER (M.-P.). Manuel pratique de Microscopie appliquée à la médecine, avec 12 planches dessinées et gravées par l'auteur. — *1 vol. in-18. Paris, Dezobry et Comp.,* 1859.

1545. — DEBAY (A.). Hygiène des plaisirs selon les âges, les tempéraments et les saisons; 2e édition. — *1 vol. in-18. Paris, E. Dentu, libr.-édit.,* 1864.

1546. — DÉCLAT. Nouvelles applications de l'acide phénique, en médecine et en chirurgie, aux affections occasionnées par les myérophytes, les virus, etc.; ouvrage orné de 5 photographies. — *1 vol. gr. in-8°. Delahaye, édit.,* 1865.

1547. — DELEUZE (J.-P.-F.). Instruction pratique sur le Magnétisme animal ; nouvelle édition. — *Paris, Germer Baillière, édit.,* 1853.

1548. — DELPECH (J.). Maladies chirurgicales. — *3 vol. in-8°. Paris, Méquignon, libr.,* 1816.

1549. — DESPERRIÈRES. Traité sur les maladies des gens de mer ; 2e édition. — *2 vol. in-12. Paris, Imprimerie royale,* 1780.

1550. — DICTIONNAIRE DE MÉDECINE ET DE CHIRURGIE PRATIQUE, par plusieurs médecins. — *15 vol. in-8°. Paris, Gabon, libr.-édit.,* 1829.

1551. — DICTIONNAIRE DES SCIENCES MÉDICALES, par une

Société de médecins et de chirurgiens. — *59 vol. in-8° (le 45e manque). Paris, Crapart, libr.*, 1812.

1552. — DICTIONNAIRE DES SCIENCES MÉDICALES, publié, sous la direction de Raize, Delorme et A. Dechambre, par divers docteurs (ouvrage en cours de publication). — *80 vol. in-8°. Paris, Masson et fils.*

1553. — DOLOEI (J.). Encyclopedia medicinæ theoretico-praticæ. — *1 vol. in-4°. Amstelodami*, 1686.

1554. — DOUBLE (F.-J.). Séméiologie générale, ou traité des signes ou de leur valeur dans les maladies. — *3 vol. in-8°. Paris, Troullebois, libr.*, 1811.

1555. — DUBREUIL (J.). Observations et réflexions sur les anévrismes de la portion ascendante et de la crosse de l'aorte. — *1 vol. in-8°. Montpellier, Martel*, 1841.

1556. — DUGÈS (Ant.). Manuel d'Obstétrique, ou traité de l'art des accouchements, contenant l'exposé des maladies de la femme et de l'enfant nouveau-né ; 2° édition, avec 46 figures. — *1 vol. in-22. Paris, Gabon, libraire.*

1557. — DUMAS (C.-L.). Doctrine générale des maladies chroniques, pour servir de fondement à la connaissance théorique et pratique de ces maladies. — *1 vol. in-8°. Paris, Deterville*, 1812.

1558. — DUMAS (C.-L.). Principes de Physiologie, ou introduction à la science expérimentale philosophique et médicale de l'homme vivant. — *4 vol. in-8°. Paris, Deterville*, 1800.

1559. — DUPOTET. Le Magnétisme opposé à la médecine ; journal du magnétisme de 1840-1852. — *11 vol. in-8°. Paris, Réné, imprimeur.*

1560. — DUPOTET. Traité complet du Magnétisme animal ; 3e édit. — *1 vol. gr. in-8°. Paris*, 1856.

1561. — DUPOTET. Manuel de l'étudiant magnétiseur. — *1 vol. in-18. Paris, Germer Baillière*, 1854.

1562. — DUPOTET. Journal du Magnétisme, rédigé par une société de magnétiseurs et de médecins. — *6 vol. in-8°. Paris*, 1861.

1563. — DUPUIS (L.). Manuel d'hygiène et de santé, ou le médecin de la maison; suivi d'un traité de pharmacie. — *1 vol. in-8°. Paris, librairie scientifique*, 1852.

1564. — ENCYCLOPÉDIE DES SCIENCES MÉDICALES, traité général, méthodique et complet des diverses branches de l'art de guérir. — *1 vol. in-8°. Paris*, 1837.

1565. — ENCYCLOPÉDIE DES SCIENCES MÉDICALES, ou traité général, méthodique et complet des diverses branches de l'art de guérir. — *6 vol. in-8°. Paris*, 1835.

1566. — FABRE. Dictionnaire des dictionnaires de médecine français et étrangers, ou traité complet de médecine et de chirurgie pratiques. — *8 vol. in-8°. Paris, Bureau de la Gazette des hôpitaux*, 1840.

1567. — FAUCONNEAU-DUFRESNE. Traité de l'affection calculeuse du foie et du pancréas, avec cinq cartes lithographiées. — *1 vol. in-12. Paris, Masson*, 1851.

1668. — FLEURY (Louis). *Le Progrès*, journal des sciences et de la profession médicale; annales de l'hydrothérapie rationnelle. — *2 vol. in-8°. Paris, Labé, édit.-libr.*, 1858.

1569. — FOISSAC (M.-P.). Le Magnétisme animal; rapports et discours de l'Académie royale de médecine, recueillis par un sténographe et publiés avec des notes explicatives. — *1 vol. in-8°. Paris, Baillière*, 1833.

1570. — FONSSAGRIVES. Dictionnaire de la santé, ou répertoire d'hygiène pratique. — *1 vol. in-8°. Paris, Delagrave*, 1876.

1571. — FONTENELLE (Julia de). Recherches médico-légales sur l'incertitude des signes de la mort, le danger des inhumations précipitées, les moyens de constater les décès et de rappeler à la vie. — *1 vol. in-8°. Paris, Rouvier*, 1834.

1572. — FOSSATI (J.). Manuel pratique de Phrénologie, ou physiologie du cerveau. — *1 vol. in-12. Paris, Germer Baillière, libr.-édit.*, 1845. — (Voir N° 1441.).

1573. — FOURCADE PRUNET (J.-G.). Maladies nerveuses des auteurs, rapportées à l'irritation de l'encéphale, des nerfs cérébrorachidiens et splanchniques, avec ou sans inflammation. — *1 vol. in 8°. Paris, Delaunay, libr.*, 1826.

1574. — FOY (F.). Formulaire des médecins praticiens, avec les anciens et les nouveaux poids décimaux; 3ᵉ édition. — *1 vol. in-22. Montpellier, L. Castel, libr.*, 1840.

1575. — FRANCK (P.). Traité de Médecine pratique; traduit du latin par Gonderau. — *6 vol. in-8°. Paris, Migneret, impr.*, 1820.

1576. — FRANCK (J.). Encyclopédie des sciences médicales; pathologie interne. — *5 vol. in-8°. Paris, bureau de l'Encyclopédie.*

1577. — GAILLARD, de Bruges. L'Homéopathie vengée. — *1 vol. in-8°. Paris, Baillière.*

1578. — GAZETTE HOMÉOPATHIQUE de Bordeaux. — *1 vol. in-8°. Paris, Baillière, libr.*, 1848.

1579. — GRIMAUD. Cours complet des fièvres. — *3 vol. in-8°. Montpellier, Picot,* 1791.

1580. — GUEYRARD. Mélanges homéopathiques; des doctrines médicales homéopathiques, examinées sous les rapports théorique et pratique. — *1 vol, in-8°, Paris, Baillière,* 1834.

1581. — GUISLAIN. Lettres médicales sur l'Italie, avec quelques renseignements sur la Suisse; résumé d'un voyage fait en 1838. — *1 vol. in-8°, avec 32 planches. Gand, Gyselynck, édit.*, 1840.

1582. — HAHNEMANN (L.). Maladies chroniques, caractères des médicaments, exposition de la doctrine homéopathique. — *4 vol. in-8°. Paris, Baillière,* 1832.

1583. — HAHNEMANN (L.). Doctrine et traitement homéopathique des maladies chroniques; traduit par Jourdan; seconde édition. — *3 vol. in-8°. Paris,* 1846.

1584. — HAHNEMANN (L.). Exposition de la doctrine médicale homéopathique, ou organe de l'art de guérir; suivie d'opuscules de l'auteur; traduit de l'allemand par le docteur Jourdan. — *1 vol. in-8°. Paris, Baillière,* 1845.

1585. — HALLER (Albertus). Institutiones medicæ; Disputatio

morborum; Historiæ morborum; Disputatio chirurgicorum. — *16 vol. in-4°. Venetus apud Simonem*, 1751.

1586. — HARTMANN (F.). Thérapeutique homéopathique des maladies aiguës et des maladies chroniques. — *2 vol. in-8°. Paris, Baillière*, 1842.

1587. — HIPPOCRATE. Médecine; traduit par Daremberg. — *1 vol. in-12. Paris, Lefèvre, édit.*, 1843.

1588. — HIPPOCRATE. Aphorismes; latin-français, trad. par Pariset; 3e édition. — *1 vol. in-32. Méquignon, libr.*, 1830.

1589. — HOLLERII (Jacobi). Opera practica. — *1 vol. in-4°. Coloniæ Allobrogum*, 1523.

1590. — HUFFLAND (C.-G.). Manuel de Médecine pratique; traduit de l'allemand par Jourdan; 2e édit. — *1 vol. in-8°. Paris, Germer Baillière, libr.-édit.*, 1848.

1591. — JOHR (G.-M.). Traitement homéopathique des affections nerveuses et des maladies mentales. — *1 vol. in-12. Paris, Baillière*, 1854.

1592. — JOHR (G.-H.). Bulletin de l'art de guérir par des remèdes spécifiques rationnellement indiqués. — *4 vol. gr. in-8°. Paris, Bureau du journal*, 1861-1862.

1593. — JOHR (G.-H.). Nouveau Manuel de médecine homéopathique. — *4 vol. in-18. Paris, J. Baillière et fils*, 1862.

1594. — JOURNAL DE MÉDECINE homéopathique ou hahnémanisme. — *8 vol. in-8°. Paris, Baillière*, 1867-1868.

1595. — JOURNAL DE LA SOCIÉTÉ GALLICANE de médecine. — *12 vol. in-8°*, de 1850 à 1860.

1596. — JOURNAL DE MÉDECINE ET DE CHIRURGIE pratiques, à l'usage des médecins praticiens. — *1 vol. in-8°. Paris, Decourchant*, 1835.

1597. — JOURNAL DE MÉDECINE de Montpellier. — *1 vol. in-8°. Montpellier, Martel, impr.*, 1846.

1598. — JOURNAL DES CONNAISSANCES MEDICO-CHIRURGICALES. — *3 vol. gr. in-8°*. 1855-1857.

— 175 —

1599. — JOURNAL COMPLÉMENTAIRE du Dictionnaire des sciences médicales. — 4 vol. in-8°. Paris, Panckoucke, édit., 1818.

1600. — JOURNAL DE MÉDECINE ET DE CHIRURGIE pratiques, à l'usage des médecins praticiens. — 1 vol. in-8°. Paris, Crapelet, 1855.

1601. — JOURNAL DE LA SOCIÉTÉ HAHNEMANIENNE de Paris. — 5 vol. in-8°. J. Baillière, 1846.

1602. — LAENNEC (R.-T.-H.). Traité de l'auscultation et des maladies des poumons et du cœur. — 2 vol. in-8°. Paris, Chaudé, libr.-édit., 1826.

1603. — LAFITTE (P.-J.). Symptomatologie homéopathique, ou tableau synoptique de toute matière médicale par l'aide duquel se trouve immédiatement tout symptôme. — 1 vol. in-4°. Lyon, Savary, 1844.

1604. — LAFONTAINE (Ch.). L'art de magnétiser, ou le magnétisme animal considéré sous le point de vue théorique, pratique et thérapeutique. — 1 vol. in-8°. Paris, Germer Baillière, libr.-édit., 1860.

1605. — LAFONTAINE (Th.). Mémoires d'un magnétiseur, suivis de l'examen phrénologique de l'auteur, par le docteur Castle. — 2 vol. in-12. Paris, Germer Baillière, libr., 1866.

1606. — LEBON (Gustave). La vie, physiologie humaine appliquée à l'hygiène et à la médecine; ouvrage orné de 339 gravures sur bois. — 1 vol. in-8°. Paris, Rothschild, édit., 1874.

1607. — LEURET (F.). Fragments psychologiques sur la folie. — 1 vol. in-8°. Paris, Crochard, libr.-édit., 1834.

1608. — LIEUTAUD. Précis de la médecine pratique, contenant l'histoire des maladies dans un ordre tiré de leur siège. — 1 vol. in-8°. Paris, Vincent, impr. libr., 1759.

1609. — MACQUART (M.). Manuel sur les propriétés de l'eau, particulièrement dans l'art de guérir. — 1 vol. in-8°. Paris, Nyon l'aîné, libr., 1783.

1610. — MAGNÉTISME ANIMAL. — 1 vol. in-8°.

1611. — MAGNÉTISME ET SOMNAMBULISME devant les corps savants, la cour de Rome et les théologiens. — 1 vol. in-8°. Paris, Baillière, libr.-édit., 1864.

1612. — MALADIES VÉNÉRIENNES. Traité pratique de l'inoculation appliquée à l'étude des maladies vénériennes. — 1 vol. in-8°.

1613. —MALAISE (L.). Clinique homéopathique, à l'usage des médecins et des gens du monde. — 1 vol. in-8°. Bruxelles, Maline, libr., 1837.

1614. — MARTINET (L.). Manuel de Clinique médicale, suivi d'un exposé des signes de maladies et d'un précis d'anatomie pathologique; 3ᵉ édition. — 1 vol. in-18. Paris, Gabon, 1830.

1615. — MATIÈRE MÉDICALE PURE. — 4 vol. in-8° (le 2ᵉ manque). Paris, Baillière, 1850.

1616. — MATIÈRE MÉDICALE SPÉCIFIQUE, par une société de médecins. — 6 vol. in-12. Paris, Baillière, 1840.

1617. — MAUDSLEY (H.). Le crime et la folie; 2ᵉ édition. — 1 vol. in-8°. Paris, Germer Baillière, 1876.

1618. — MAUDSLEY (H.). La Pathologie de l'esprit; traduit de l'anglais, par Germont. — 1 vol, in-8°. Paris, Germer Baillière et Comp., 1883.

1619. — MAURY (F.). Traité complet de l'art du dentiste, avec un atlas de 40 planches. — 1 vol. in-8°. Paris, 1833.

1620. — MÉDECINE HOMÉOPATHIQUE, ou archives de la médecine; publiées par une société de médecins. — 6 vol. in-12. Paris, Baillière, libr., 1834.

1621. — MEYRANX (P.). Observations sur la constitution médicale des mois de novembre, décembre et janvier des années 1819-1820, et sur les maladies qui se sont présentées pendant ce trimestre. — 1 vol. in-8°. Montpellier, Tournel, impr., 1821.

1622. — MIALHE. Traité de l'art de formuler, ou leçons de pharmacologie appliquée à la médecine. — 1 vol. in-12. Paris, Fortin, libr., 1845.

1623. — MOOR (Ch. de). Matière médicale pure; journal de la Société Gallicane de médecine homéopathique. — 2 vol. in-8°. Paris, Baillière, 1857.

1624. — MUNARET. Le Médecin des villes et campagnes; mœurs et science. — *1 vol. in-12. Paris, Baillière, libr.*, 1866.

1625. — NILS-ROSEN. Traité des maladies des enfants; traduit du suédois par Lefebvre. — *1 vol. in-8°. Paris, Carelier, libr.*, 1778.

1626. — OLLIVIER. Traité du Typhus. — *1 vol. in-8°*.

1627. — PAILLOUX (Xavier). Le Magnétisme, le Spiritisme et la Possession; entretien sur les esprits entre un théologien, un avocat et un philosophe. — *1 vol. in-12. Paris, Lecoffre, libr.-édit,*, 1863.

1628. — PATHOGÉNÉSIE des médicaments. — *1 vol. in-8°. Paris, Baillière*, 1850.

1629. — PEISSE (Louis). La Médecine et les médecins: philosophie, doctrines, institutions, critiques, mœurs et biographies médicales. — *2 vol. in-12. Paris, Baillière*, 1857.

1630. — PERRUSSEL, disciple d'Hahnemann. La vérité en médecine, suivie de quelques-unes des sciences qui lui prêtent leur concours. — *1 vol. in-8°. Paris, Baillière*, 1847.

1631. — PERRY, docteur. Mélanges d'Homéopathie. — *1 vol. in-8°. Paris, Baillière*, 1855.

1632. — PETIT (J.-L.). Bibliothèque chirurgicale. — *1 vol. in-8°. Limoges, Chapoland, impr.*, 1837.

1633. — PIGEAIRE (J.). Magnétisme vital; de ses rapports avec la physique, la philosophie et la médecine, ou puissance de l'électricité animale. — *1 vol. in-8°. Paris, Dentu*, 1839.

1634. — POMME (Pierre). Maladies nerveuses, vulgairement appelées maux de nerfs, ou traité des affections vaporeuses des deux sexes. — *1 vol. in-4°. Paris, impr. royale*, 1782.

1635. — RACIBORSKI (A.). Précis pratique et raisonné de diagnostic. — *1 vol. in-12. Paris, Baillière, libr.-édit.*, 1837.

1636. — RADEL (Petit). Institutions de Médecine, ou exposé sur la théorie et la pratique de cette science, d'après les auteurs anciens et modernes. — *2 vol. in-8°. Paris, Agasse*, an X.

C 12

1637. — RAPOU (Auguste). Doctrine homéopathique, son état actuel dans les principales contrées de l'Europe. — *2 vol. in-8°. Paris, G. Baillière*, 1847.

1638. — RAU (G.-L.). Mélanges d'Homéopathie, ou exposition de la méthode homéopathique dans son état actuel. — *1 vol. in-8°. Paris, Baillière, libr.-édit.*, 1839.

1639. — RECUEIL ALPHABÉTIQUE des pronostics dangereux et mortels sur les différentes maladies de l'homme. — *1 vol. in-18. Paris, Didot*, 1770.

1640. — RECUEIL DE DISCOURS prononcés à la Faculté de médecine de Montpellier, par les professeurs de cette faculté.—1820.

1641. — RECUEIL DE THÈSES de médecine. — *2 vol. in-4°. Montpellier*, 1831.

1642. — REQUIN. Éléments de Pathologie médicale. — *3 vol. in-8°. Paris, Baillière, libr.-édit.*, 1843.

1643. — REVUE HOMÉOPATHIQUE du Midi. — *1 vol. in-8°. Marseille, Barlatier*, 1848.

1644. — RICARD (J.-J.-A.). Cours théorique et pratique de Magnétisme animal. — *1 vol. in-8°. Toulouse*, 1839.

1645. — RICHARD, de Nancy. Traité pratique de la maladie des enfants. — *1 vol. in-8°. Paris, Baillière*, 1839.

1646. — RICHERAND (Anthelson). Nosographie chirurgicale. — *3 vol. in-8°. Paris, Crapart, libr.*, 1805.

1647. — ROUCHER (P.-J.). Traité de Médecine clinique sur les principales maladies des armées. — *1 vol. in-8°. Montpellier, Renaud, an VI.*

1648. — ROUX, de Cette. Brochures diverses sur l'Homéopathie. — *1 vol. in-8°. Paris, Baillière*, 1857.

1649. — RUCCO. L'Esprit de la Médecine. — *1 vol. in-8°. Paris, J.-B. Baillière*, 1846.

1650. — SAUREL (L.-J.). Chirurgie navale, ou études cliniques sur les maladies chirurgicales que l'on observe le plus souvent à bord des bâtiments de guerre. — *1 vol. in-8°. Paris, Baillière.*

1651. — SAUREL (L.-J.). Revue thérapeutique du Midi; Gazette médicale de Montpellier. — *13 vol. in-8°. Montpellier.*

1652. — SCHEYDT (Ernest). Les bains de mer de Cette. — *1 vol. in-8°. Montpellier, Bohem et fils,* 1886.

1653. — SCREIBER (J.-F.). Almagestum medicum conscriptum a Screiber. — *1 vol. in-4°. Lipsiæ,* 1757.

1654. — SÉJOUR DES THONS. Les secrets de la beauté du visage et du corps de l'homme et de la femme; traité complet d'hygiène, de physionomie et d'embellissement. — *1 vol. in-18. Paris,* 1857.

1655. — SÉMANAS. Du mal de mer, recherches théoriques et pratiques sur ses causes, sa nature et son traitement. — *1 vol. in-8°. Paris, Baillière, libr.,* 1850.

1656. — SERRE, professeur. Éloge historique du professeur Delpech, prononcé en 1834. — *1 vol. in-8°. Montpellier, Martel.*

1657. — SERRE (M.). Traité sur l'art de restaurer les difformités de la face. — *1 vol. in-8°. Paris, Baillière.*

1658. — SICHEL (J.). Traité de l'Ophthalmie, la cataracte et l'amaurose. — *1 vol. in-8°. Paris, B. Baillière, libr.-édit.,* 1837.

1659. — SPRENGEL (Kurt). Essai d'une histoire pragmatique de la médecine; traduit sur la deuxième édition, par Guger. — *2 vol. in-8°. Paris, impr. impér.,* 1809.

1660. — STAHL (G.-E.). OEuvres medico-philosophiques et pratiques; traduites et commentées par Blondin. — *5 vol. in-8°. (Le 1ᵉʳ manque.) Paris, Baillière,* 1859.

1661. — SWEDIAUR. Traité complet sur les symptômes, les effets, la nature et le traitement des maladies syphilitiques. — *2 vol. in-8°. Paris,* 1817.

1662. — SWIÉTEN (Van). Constitutiones epidemicæ et morbi potissimum Lugduni Batavorum observati. — *6 vol. in-4°. Coloniæ Allobrogum,* 1787.

1663. — SYDENHAM (Thomas). Opera medica in tomos duos divisa. — *2 vol. Generæ, Detournos,* 1736.

1664. — TESSIER (J.-P.). Homéopathie ; recherches cliniques sur le traitement de la pneumonie et du choléra suivant la méthode de Hahnemann. — *1 vol. in-8°. Paris, Baillière*, 1850.

1665. — TESSIER et autres. L'Art médical, journal de médecine générale et de médecine pratique. — *35 vol. gr. in-8°. Paris, Charavay, libr.-édit.*

1666. — TESTE, docteur médecin. Le Magnétisme animal expliqué. — *1 vol. in-8°. Paris, Baillière*, 1845.

1667. — TESTE. Matière médicale homéopathique. — *1 vol. in-8°. Paris, Baillière.*

1668. — TESTE. Comment on devient homéopathe. — *1 vol. in-12.*

1669. — TESTE. Manuel pratique du Magnétisme animal ; 4ᵉ édition. — *1 vol. in-12.* 1853.

1670. — TORTI (Francisci). Therapeuthice specialis ad febres periodicas perniciosas. — *1 vol. in-4°. Francofurti et Lipsiæ in officina Fleischeriana*, 1756.

1671. — TRALLER (D.-B.-L.). Usus opii salubris et noxius in morborum medela solidis et certis principiis.

1672. — TROUSSEAU (A.). Traité de Thérapeutique et de matière médicale. — *2 vol. in-8°. Paris, Béchet*, 1841.

1673. — TYNDALL (J.). Les Microbes ; traduit de l'anglais par L. Dolle. — *1 vol. in-8°. Paris, F. Savy*, 1882.

1674. — UNION MAGNÉTIQUE, journal de la Société de magnétisme de Paris. — *7 vol. in-8°. Paris*, 1862.

1675. — VELLER. Traité théorique et pratique des maladies des yeux. — *1 vol. in-8°. Paris, Baillière*, 1832.

1676. — VELPEAU (A.-L.-M.). Nouveaux éléments de Médecine opératoire, accompagnés d'un atlas de 22 planches formant 1 vol. in-4°, gravées. — *4 vol. in-8°. Paris, Baillière*, 1839.

1677. — VELPEAU. Traité des Accouchements, ou tocologie théorique et pratique, avec un abrégé des maladies qui compliquent la grossesse, le travail et les couches. — *2 vol. in-8°. Paris, Baillière*, 1835.

1678. — VIDAL (Aug.), de Cassis. Traité de Pathologie externe et de médecine opératoire. — *1 vol. Paris, J.-B. Baillière*, 1840.

1679. — VIDART (Paul). Etudes pratiques sur l'Hydrothérapie, ou traitement des maladies par l'eau froide; 2° édit. — *1 vol. in-8°. Paris, Cherbuliez, libr.-édit.*, 1855.

1680. — VILLEBRUNE (de). Traité des maladies des enfants. — *1 vol. in-8°. Paris, Cavalier, libr.*, 1778.

TROISIÈME SECTION.

PHARMACIE.

1681. — BORIES (P.). Formulaire médical de Montpellier, précédé d'un tableau de matière médicale; 3° édition. — *1 vol. in-22. Montpellier, Castel*, 1839.

1682. — BOUILLON-LAGRANGE. Manuel du pharmacien. — *1 vol. in-8°. Paris, Bernard*, 1803.

1683. — BRUGNATELLI (L.). Pharmacie générale, à l'usage des pharmaciens et des médecins modernes, ou Dictionnaire des préparations pharmaceutico-médicales simples et composées. — *2 vol. in-8°. Paris, Colas, impr. libr.*, 1811.

1683 *bis*. — ROUGET (F.). Connaissance des plantes médicinales. — *1 vol. in-18. Toulouse, impr. Caillot*, 1865.

HUITIÈME SÉRIE.

ARTS ET SCIENCES APPLIQUÉES.

PREMIÈRE SECTION.

POLYGRAPHIE LIMITÉE AUX ARTS ET SCIENCES APPLIQUÉES.

* * — ARMINGAUD frères. — (Voir ENCYCLOPÉDIE DU GÉNIE INDUSTRIEL, N° 1690.)

1684. — AUDIGANNE (A.). Les populations ouvrières et les industries de la France dans le mouvement social du XIX° siècle. — *1 vol. in-8°, en 2 tomes. Paris, Capelle, libr.-édit.*, 1854.

1685. — BAST (AMÉDÉE de). Merveilles du génie de l'homme, découvertes, inventions, récits historiques sur l'origine et l'état actuel des découvertes et inventions les plus célèbres. — *1 vol. in-4°. Paris, P. Boisard.*

1686. — BERNARDO d'ULLOA. Rétablissement des manufactures et du commerce d'Espagne; traduction française. — *1 vol. in-12. Amsterdam*, 1753.

1687. — BRARD (C.-P.). Maître Pierre, ou le savant du village; entretiens sur l'industrie française. — *3 vol. pet. in-18. Paris, Levrault*, 1831.

1688. — DELAMONT (E.). Notice historique sur la poste aux lettres dans l'antiquité et en France. — *1 vol. in-8°. Bordeaux, Veray*, 1870, N° 671.

1689. — DICTIONNAIRE UNIVERSEL théorique et pratique du commerce et de la navigation. — *2 vol. gr. in-8°. Paris, Guillaumin*, 1859.

1690. — ENCYCLOPÉDIE DU GÉNIE INDUSTRIEL (Armingaud frères). — *40 vol. gr. in-8°, illustrés de 500 dessins intercalés dans le texte et de 515 planches gravées hors texte formant 4 vol. obl.*

1691. — FIGUIER (Louis). Les Merveilles de la science, ou description populaire des inventions modernes. — *4 vol. in-4°. Paris, Furne, Jouvet et Comp., édit.*

1692. — FIGUIER (Louis). Les Merveilles de l'industrie, ou description des principales industries modernes. — *4 vol. in-4°. Paris, Furne et Comp., édit.*

1693. — FIGUIER (Louis). Les grandes Inventions modernes dans les sciences, l'industrie et les arts. — *1 vol. in-8°. Paris, Hachette et Comp.,* 1880.

1694. — FOUCAUD (Édouard). Les Artisans illustres. — *1 vol. in-4°., avec figures dans le texte. Paris, Béthune et Plon,* 1841.

1695. — JACOB (P.-L.). Curiosités de l'histoire des arts. — *1 vol. in-18. Paris, A. Delahaye, libr.-édit.,* 1858.

1696. — LABOULAYE (Ch.). Dictionnaire des arts et manufactures et de l'agriculture; description des procédés de l'industrie française et étrangère; 4ᵉ édition. — *4 vol. in-4°. Paris,* 1877.

1697. — LACROIX (F.). Carnet de l'ingénieur; recueil de tables, de formules et de renseignements usuels et pratiques sur les sciences appliquées à l'industrie. — *1 vol. in-12. Paris, Lacroix, libr.-édit.,* 1875.

1698. — SAVARY (Jacques). Dictionnaire universel de commerce, d'histoire naturelle et des arts et métiers, continué sur les mémoires de l'auteur par Savary. — *4 vol. in-fol. Genève, Cramer et Philibert,* 1750.

1699. — TURGAN. Les grandes usines de France, tableau de l'industrie française au XIXᵉ siècle. — *1 vol. gr. in-8°. Paris, Bourdillat, édit.,* 1860.

DEUXIÈME SECTION.

MÉCANIQUE INDUSTRIELLE ET MACHINES.

1700. — ARMENGAUD aîné. Traité des Moteurs à vapeur. — *2 vol. in-4° de texte et 1 vol. atlas in-4° oblong. Paris, A. Morel,* 1869.

1701. — ARMENGAUD aîné. Traité théorique et pratique des Moteurs hydrauliques. *1 vol. in-4° de texte et 1 atlas in-4° oblong. Paris, Morel,* 1868.

1702. — CASTEL (Albert). Les Tapisseries, ouvrage illustré de 22 vignettes sur bois par Sellier; 2° édition. — *1 vol. in-18. Paris, Hachette,* 1879.

1703. — COLIGNON (E.). Les Machines; 3° édition illustrée de 87 vignettes gravées sur bois. — *1 vol. in-18. Paris, Hachette et Comp.,* 1882. = Cours de Mécanique appliquée aux constructions; nouvelle édition. — *2 vol. gr. in-8°. Paris, Dunod, édit.,* 1877.

1704. — FREMENVILLE (de). Cours pratique de Machines à vapeur marines. — *1 vol. in-8° texte et 1 vol. in-fol. atlas. Paris, A. Bertrand.*

1705. — GRAFFIGNY (de). Les Moteurs anciens et modernes. — *1 vol. in-18, illustré de 106 gravures dessinées sur bois. Paris, Hachette,* 1881.

1706. — JULLIEN (C.-E.). Traité théorique et pratique de la construction des machines à vapeur. — *2 vol. in-4° texte et planches. Paris, Baudry.*

1707. — LEVY (Maurice). Statique graphique et ses applications aux constructions. — *1 vol. in-8°. Paris, Gauthier-Villars, impr. libr.,* 1871.

1708. — MASTAING (L. de). Cours de Mécanique appliquée à la résistance des matériaux; leçons professées à l'Ecole centrale des arts et manufactures, de 1862 à 1872, rédigées par G. Courtés-Lapeyrat. — *1 vol. in-8°. Paris, Dejey et Comp.,* 1874.

1709. — PARIS (C.). Catéchisme du marin et du mécanicien à vapeur, ou traité des machines à vapeur, de leur montage, de leur conduite, de la réparation de leurs avaries ; 2ᵉ édition. — *1 vol. in-8°. Paris, Bertran, édit.*

* * — RESAL (H.). Traité de Mécanique générale. — *6 vol. in-8°. Paris, Gauthier Villars,* 1873. — (Voir N° 1346.)

1710. — THURSTON (R.-N.). Histoire de la Machine à vapeur, avec planches et figures dans le texte. — *2 vol. in-8°. Paris, Germer Baillière et Comp.,* 1880.

TROISIÈME SECTION.

SCIENCES PHYSIQUES APPLIQUÉES.

1711. — BAILLE (J.). L'Électricité; 5ᵉ édition, illustrée de 76 vignettes sur bois, par JAHAUDIER. — *1 vol. in-18. Paris, Hachette,* 1882.

1712. — BONANT (E.). Les Merveilles du feu ; illustré de 97 vignettes dessinées sur bois. — *1 vol. in-18. Paris, Hachette,* 1883.

1713. — CALLAUD (A.), Ingénieur. Traité des Paratonnerres ; leur utilité, leur théorie, leur construction. — *1 vol. gr. in-8°. Paris, Ducher et Comp.,* 1874.

1714. — CHAPTAL. Éléments de Chimie, et Chimie appliquée aux arts.

1715. — CLAUDON (E.). Fabrication du vinaigre fondée sur les études de M. Pasteur. — *1 vol. in-8°. Paris, F. Savy,* 1875.

1716. — DAVANNE (A.). Les progrès de la Photographie, résumé comprenant les perfectionnements apportés aux divers procédés photographiques. — *1 vol. in-8°. Paris, Gauthier-Villars, impr. libr.,* 1877.

1717. — DEHARME (E.). Les Merveilles de la locomotion ; 2ᵉ édition, illustrée de 77 vignettes dessinées sur bois par BONNAFOUX. — *1 vol. in-18. Paris, Hachette,* 1878.

1718. — DELEVEAU (F.). La Matière et ses transformations; ouvrage illustré de 89 figures. — *1 vol. in-18. Paris, Hachette et Comp.*, 1882.

1719. — DU MONCEL (Th.). Exposé des applications de l'Électricité. — *5 vol. gr. in-8°. Paris, Lacroix, impr. édit.*, 1872.

1720. — DU MONCEL (Th.). Le Téléphone; 4° édition, illustrée de 145 figures dessinées sur bois par Bonnafoux. — *1 vol. in-18. Paris, Hachette,* 1882.

1721. — GARNIER (J.). Le Fer, ouvrage illustré de 70 gravures sur bois. — *1 vol. in-18. Paris, Hachette,* 1878.

1722. — GUILLEMIN. La Vapeur, ouvrage illustré de 117 vignettes. — *1 vol. in-18. Paris, Hachette,* 1881.

1723. — HÉLÈNE. La poudre à canon et les nouveaux corps explosifs; ouvrage illustré de 44 vignettes. — *1 vol. in-18. Paris, Hachette et Comp.,* 1878.

1724. — JACQUEMART (A.). Les Merveilles de la céramique, ou l'art de façonner et de décorer les vases en terre cuite, faïence, etc. depuis les temps les plus reculés jusqu'à nos jours. — *1 vol. illustré de 62 gravures. Paris, Hachette et Comp.,* 1875.

1725. — LASTEYRIE (F. de). Histoire de l'Orfèvrerie depuis les temps les plus reculés jusqu'à nos jours. — *1 vol. illustré de 62 gravures. Paris, Hachette,* 1883.

1726. — MAGNAC (de) et Yvon de VILLARCEAU. Nouvelle navigation astronomique. — *1 vol. in-4°. Paris, Gauthier-Villars,* 1877.

1727. — MARION (F.). Les Ballons et les voyages aériens; 2° édition, illustrée de 30 vignettes. — *1 vol. in-18. Paris, Hachette,* 1879.

1728. — MARZY. L'Hydraulique, 3° édition, illustrée de 39 gravures dessinées sur bois. — *1 vol. in-18. Paris, Hachette,* 1883.

1729. — NADAR. Mémoires du Géant, avec une introduction par Babiner de l'Institut. — *1 vol. in-18. Paris, E. Dentu,* 1864.

1730. — NADAR. Le droit au vol. — *1 vol. in-18. Paris, Hetzel, libr.-édit.*

1731. — PASTEUR (L.). Etudes sur le vin; ses maladies, causes qui les provoquent; procédés nouveaux pour les conserver et pour les vieillir. — *1 vol. in-8°. Paris, Savy,* 1875.

1732. — RIFFAUT (J.). Manuel du Teinturier, ou l'art de teindre la laine, le coton, la soie, le fil, etc. — *1 vol. in-12. Paris, Borel,* 1827.

1733. — ROBERT D'HUROCURT. Atlas de l'éclairage au gaz ; 2° édition. — *1 vol. texte in-8° et 1 atlas in-4°. Paris, Dunod,* 1883.

1734. — SAUZAY (A.). La Verrerie, depuis les temps les plus reculés jusqu'à nos jours. — *1 vol. in-12. Paris, Hachette, édit.,* 1876.

1735. — SIMONIN. L'or et l'argent. — *1 vol. in-18, illustré de 64 vignettes sur bois. Paris, Hachette,* 1880.

1736. — TISSANDIER (G.). Simples notions sur les ballons et la navigation aérienne, avec 36 vignettes. — *1 vol. in-18. Paris.*

1737. — TISSANDIER. Histoire de nos ascensions, récits de 24 voyages aériens ; 2° édition. — *1 vol. in-18.*

1738. — TISSANDIER. La Houille ; 3° édition, illustrée de 66 gravures. — *1 vol. in-18. Paris, Hachette,* 1878.

1739. — TISSANDIER. La Photographie ; 3° édition, illustrée de 79 vignettes. — *1 vol. in-18. Paris, Hachette,* 1882.

1740. — TISSANDIER. L'Eau ; 4° édition, illustrée de 86 vignettes. — *1 vol. in-18. Paris, Hachette,* 1878.

1741. — TYNDALL (John). La Chaleur, mode de mouvement ; 2° édition, traduite de l'anglais par Moigno. — *1 vol. in-12. Paris, Gauthier-Villard,* 1874.

1742. — WURTZ (Ad.). Dictionnaire de Chimie pure et appliquée, comprenant la chimie organique, la chimie appliquée à l'industrie, à l'agriculture et aux arts. — *5 vol. in-8°. Paris, Hachette,* 1874.

QUATRIÈME SECTION.

ARTS DE CONSTRUCTION, TRAVAUX PUBLICS.

1743. — ANNALES (nouvelles) de la Construction ; Revue mensuelle des documents les plus récents et les plus intéressants relatifs à la construction. — 2 vol. in-fol.

1744. — AUBINEAU (dit POITEVIN LA FIDÉLITÉ). Traité complet et pratique des escaliers en charpente et en pierre ; atlas composé de 30 planches renfermant 51 dessins d'escaliers avec le texte. — 1 vol. in-folio, Paris, Mollet et Baudy, libr.-édit., 1865.

1745. — BONY (J.-A.). Tables des surfaces et des dimensions des profils avec compensation avec les déblais et les remblais pour des routes de 8 et de 6 mètres en plaine et mi-côte, etc. — 1 vol. in-8°. Paris, Bachelier, imp.-lib., 1859.

1746. — BOURGEOIS D'ORVANNE. Lavoirs et bains publics gratuits et à prix réduit ; traité pratique avec plans d'un établissement modèle. — 1 vol. in-8°. Paris, Maison, 1854.

* * — CARTES du canal royal du Languedoc. Ces cartes sont collées sur toile en 4 parties : la 1re, de Toulouse à Renneville ; la 2°, de Renneville à Trèbes ; la 3°, de Trèbes à Capestang ; la 4°, de Capestang à l'étang de Thau. Il y a une 5° carte pour les rigoles ; en tout 5 cartes. — (Voir N° 982.)

1747. — CHABAT (P.). Dictionnaire des termes employés dans les constructions et concernant la connaissance et l'emploi des matériaux. — 2 vol. gr. in-8°. Paris, Morel et Comp., édit., 1875.

1748. — CHATONEY et RIVET. Considérations générales sur les matériaux employés dans la construction à la mer. — 1 vol. in-8°. Paris, Dalmont, 1856.

1749. — CHEMIN DE FER de Cette à Montpellier ; notice. — 1 vol. in-18. Montpellier, 1839.

1750. — CHÉROT (Aug.). Le régime nouveau des chemins de fer ; revue bi-mensuelle. — *4 vol. in-8°. Paris, libr. moderne, 1879.*

1751. — CHEVALIER (Michel). Voies de communication des États-Unis. — *2 vol. de texte in-4°, 1 atlas in-folio, publié par Gosselin. Paris, 1840.*

1752. — CHRISTOPHLE (Albert). Traité théorique et pratique des travaux publics. — *2 vol. in-8°. Paris, Marenq, 1862.*

1753. — CLAUDEL, ingénieur. Formules, tables et renseignements usuels ; aide-mémoire des ingénieurs, des architectes. — *3 vol. in-8°. Paris, 1815.*

1754. — CORDIER (Eugène). Équilibre stable des charpentes en fer, bois et fonte. — *1 vol. in-4°. Paris, Dunod, 1872.*

1755. — DEGEN (L). Les constructions en briques. — *2 vol. petit in-folio. Paris, Ducher.* = Les constructions en bois. — *2 vol. petit in-folio.*

1756. — DOULIOT (J.-P.). Traité spécial de la coupe des pierres. — *2 vol. in-4°, texte et planches. Paris, Dunod, édit., 1869.*

1757. — DUCOURNAU (J.). Analyse et perfectionnements nouveaux pour l'emploi des ciments dans les ouvrages à l'air. — *1 vol. in-8°. Paris, Lefèvre, 1877.*

1758. — DUMONT (Aristide). Les eaux de Nimes. — *1 vol. texte in-4°, 1 vol. atlas in-folio. Paris, Dunod, édit., 1874.*

1759. — DUPRAT. Rapport fait au nom de la commission chargée de l'examen du projet de loi relatif au chemin de fer de Bordeaux à Cette et à l'embranchement de Castres sur ce chemin. — *1 vol. in-8°. Paris, Henry, 1845.*

1760. — DUPUIT (J.). Traité théorique et pratique de la conduite et de la distribution des eaux. — *1 vol. in-4°, 1 vol. atlas in-4°. Paris, Dunod, édit., 1865.*

1761. — EMY (A.-R.). Traité de l'art de la Charpenterie. — *3 vol. texte in-4° et un atlas in-fol. Paris, Dunod, 1869.*

1762. — EMY (A.-R.). Traité de l'art de la Charpenterie ; suivi des Éléments de Charpenterie métallique, par L.-A. Barré. — *1 vol. in-4°. Paris, Dunod, édit., 1870.*

1763. — FONSSAGRIVES (J.-B.). Hygiène et assainissement des villes — 1 vol. in-8°. = La Maison ; l'étude d'Hygiène et bien-être domestique. — 1 vol. in-12. Delagrave, libr.-édit., 1871.

* * — FRONTIN. Des Aqueducs de Rome, par RONDELET. — 1 vol. gr. in-8°. Paris, Didot, 1874. — (Voir N° 38.)

1764. — GRIMAUD DE CAUX. Des eaux publiques et de leur application aux besoins des grandes villes, des communes et des habitations rurales ; principes fondamentaux. — 1 vol. in-8°. Paris, Dezobry, édit., 1863.

1765. — GUILLEMIN (A.). Les chemins de fer à voie et les ouvrages d'art, illustrés de 96 gravures sur bois ; 7e édition. — 1 vol. in-18. Paris, Hachette et Comp., 1884.

1766. — HÉLÈNE (M.). Les galeries souterraines ; 2e édition, illustrée de 35 vignettes sur bois par FERAT. — 1 vol. in-18.

1767. — JOURNAL DE MENUISERIE, spécialement destiné aux architectes, aux menuisiers et aux entrepreneurs ; publié sous la direction de A. MANGEANT (il n'y a que les 13 premières années, de 1863 à 1877). — 13 vol. in-4°. Paris, Morel et Comp., 1863-1877.

1768. — JOURNAL DE SERRURERIE (revue mensuelle). — 4 vol. in-4° Paris, Morel et Comp., 1874-1877.

1769. — LALANDE (de). Des canaux de navigation et spécialement du Canal du Languedoc. — 1 vol. in-fol. Paris, Ve Desaint, 1778.

1770. — LEPRINCE (D.). Le Canal des deux mers, les travaux de l'étang de Thau. Le commerce de Cette. — 1 vol. in-8°. Cette, 1880.

* * — LÉVY (MAURICE). Statique graphique et ses applications aux constructions. — 1 vol. in-8°. Paris, Gauthier. — (Voir N° 1707.)

1771. — MANDAR. Etude d'architecture civile.

1771. bis — MARQUELEZ. Etablissement de la distribution d'eau à la ville de Lille ; rapport avec pièces à l'appui — 1 vol. texte in-8°, 1 vol. planches in-fol. Paris, Dunod, 1872.

1772. — MATHIEU (ALC.). Projet de canaux maritimes et d'eau

douce à travers l'Europe. — *1 vol. in-fol. Paris, J. Baudry, libr.édit.*, 1880.

1773. — MONITEUR DES ARCHITECTES. Revue mensuelle de l'art architectural et des travaux publics. — *10 vol. in-4° (les 8 premiers manquent). Paris, A. Levy*, 1874-1886.

1774. — MORIN (Arthur). Manuel pratique du chauffage et de la ventilation. — *1 vol. in-8°. Paris, Hachette*, 1868.

1775. — NARJOUX. Histoire d'un pont. — *1 vol. in-12.* = Architecture communale.

1776. — OPPERMANN. Nouvelles Annales de la construction, documents les plus récents relatifs à la construction française et étrangère. — *2 vol. in-fol. Année 1873. Paris*.

1777. — OPPERMANN. Portefeuille des machines. — *2 vol. in-fol.*

1778. — PLANAT (P.). Cours de construction civile, salles d'asile et maisons d'école. — *1 vol. in-4°. Paris, Ducher et Comp.*, 1882.

1779. — PORTEFEUILLE ÉCONOMIQUE des machines, de l'outillage et du matériel relatif à la construction. — *2 vol. in-4° texte et atlas. Paris, Dunod*, 1873.

1780. — PORTS MARITIMES de la France; cartes et plans. — *1 carton in-fol. et 4 vol. texte comprenant* :
I. De Dunkerque à Etretat. — II. Du Hâvre au Becquet. — III. De Cherbourg à Argenton. — IV. D'Ouessant à Pouliguen.

1780 bis. — REVUE GÉNÉRALE de l'Architecture et des travaux publics. — *4 vol. planches ou texte. Paris, J. Claye.*

1781. — RONNA. Assainissement des villes et des cours d'eau, égouts et irrigations. — *1 vol. in-8°. Paris, Viéville et Capiomont*, 1872.

1782. — SANGUINETTI (A.). La Serrurerie au XIXe siècle. — *1 vol. in-4° oblong. Paris, Bureau de publication.*

* * — SIMONIN. Les ports de la Grande Bretagne. — *1 vol. in-18. Paris, Hachette*, 1881. — (Voir N° 987.)

* * — VIOLLET-LE-DUC. I. Histoire d'un Dessinateur; II. D'une Maison; III. D'une Forteresse; IV. De l'Habitation humaine; V. D'un Hôtel de Ville et d'une Cathédrale. — *5 vol. in-8°. Paris, Hetzel.* — (V^r N° 908.)

CINQUIÈME SECTION.

AGRICULTURE ET GÉNIE RURAL.

—

** — BELGRAND. La Seine; études hydrauliques, régime de la pluie, des sources, des eaux courantes; application à l'agriculture. — *2 vol.* (Voir N° 979.).

1783. — BONNET (Ire). Compte rendu du Concours régional de Montpellier en 1860. — *2 vol. in-8°. Montpellier, Gras, impr. libr.*, 1860.

1784. — BASSIN. Le Melon vert à rames. — *1 vol. in-18. Paris, Blériot, édit.*, 1875.

** — CATON. Les Agronomes latins. — (Voir Bibliothèque latine, N° 38.)

1785. — CHATEAUNEUF. Nouvelle Maison rustique; Manuel de toutes les sciences et de tous les arts; 3e édition. — *1 vol. in-8°. Paris, Ardant.*

1786. — CHEVALIER (M.). L'immense trésor des sciences et des arts, ou les secrets de l'industrie dévoilés; contenant 84 recettes et procédés nouveaux inédits; 10e édition. — *1 vol. in-8°. Saintes, Fontaine, libr.-édit.*, 1861.

** — COLUMELLE. De l'Agriculture. — (Voir Bibliothèque latine, N° 38.)

1787. — DAUBENTON. Instruction pour les bergers et pour les propriétaires de troupeaux. — *1 vol. in-8°. Paris, De Pierres, impr.*, 1782.

1788. — FABRE (L.). Le bon Magnanier; Manuel de l'éleveur des vers à soie. — *1 vol. in-8°. Montpellier, Imprimerie Centrale du Midi*, 1874.

1789. — FAUCON. Instruction pratique sur le procédé de la submersion. — *1 vol. in-8°. Montpellier, Coulet, libr.-édit.*, 1874.

1790. — GACON-DUFOUR. Manuel des habitants de la campagne et de la bonne fermière, ou guide pratique des travaux à faire dans la campagne. — *1 vol. in-22. Paris, Roret*, 1826.

1791. — GACON-DUFOUR. Manuel de la maîtresse de maison et de la parfaite ménagère, ou guide pratique pour la gestion d'une maison à la ville et à la campagne. — *1 vol. in-22. Paris, Roret,* 1822.

1792. — LANÇON (H.). Agriculture et industrie de Vaucluse. — *1 vol. in-8°.*

1793. — MENIER, manufacturier. Premier mémoire sur la pulvérisation des engrais et sur les meilleurs moyens d'accroître la fertilité des terres. — *1 vol. in-8°. Paris, Masson,* 1855.

1794. — MINISTÈRE DE L'AGRICULTURE. Enquête agricole. — *26 vol. in-4°. Paris, impr. impériale,* 1867.

1re Série, tome III. Séances et travaux de la Commission supérieure depuis le 16 juillet jusqu'au 24 décembre 1869. — IV. Séances et travaux de la Commission supérieure depuis le 15 février jusqu'au 1er avril 1870, deuxième et dernier rapport à l'Empereur.

2e Série, tome I. Manche, Calvados, Eure. — II. Orne, Mayenne, Sarthe, Maine-et-Loire. — III. Morbihan, Finistère, Côtes-du-Nord, Ille-et-Vilaine. — IV-V. Somme, Oise, Seine-Inférieure, Aisne, Pas-de-Calais, Nord. — VI. Eure-et-Loir, Seine-et-Marne, Seine-et-Oise, Seine. — IX. Cher, Indre-et-Loire, Loir-et-Cher, Allier, Puy-de-Dôme, Nièvre. — XI. Loiret, Aube, Marne, Yonne. — XII. Meuse, Ardennes, Moselle, Meurthe. — XIV. Haute-Marne, Côte-d'Or, Saône-et-Loire. — XV. Haute-Vienne, Charente-Inférieure, Charente. — XVI. Dordogne, Lot-et-Garonne, Gironde. — XVII. Basses-Pyrénées, Hautes-Pyrénées, Landes. — XVIII. Gers, Haute-Garonne, Tarn-et-Garonne. — XIX. Lot, Aveyron, Tarn. — XX. Cantal, Haute-Loire, Lozère, Corrèze. — XXI. Aude, Pyrénées-Orientales, Ariège. — XXII. Gard, Hérault, Bouches-du-Rhône. — XXIII-XXIV. Vaucluse, Drôme, Ardèche, Basses-Alpes, Var, Alpes-Maritimes. — XXVI. Doubs, Vosges, Haute-Saône, Orne. — XXVII. Jura, Ain, Loire, Rhône. — XXVIII. Corse.

3e Série. Ensemble des dépositions reçues par la Commission supérieure dans une enquête orale à laquelle elle a procédé elle-même.

4e Série. Elle comprend les documents envoyés en réponse à un questionnaire émanant de l'administration, par nos agents diplomatiques ou consulaires à l'étranger, sur la situation de l'agriculture dans les pays de leurs résidences. — Tome I. Royaume uni de la Grande Bretagne et de l'Irlande, Belgique, Pays-Bas, Prusse et Allemagne du Sud, Suisse. — II. Russie, Portugal, Espagne, Royaume d'Italie, Etats Pontificaux; Table des matières.

C 13

** — PALLADIUS. De l'Agriculture. — (Voir Bibliothèque latine, N° 38.)

1795. — PICAMILH. Statistique des Basses-Pyrénées. — *2 vol. in-8°.*

1796. — PICARD (Paul). Principes de Chimie agricole. — *1 vol. in-12. Paris, F. Didot,* 1856.

1797. — RÉCOLTES des céréales et des pommes de terre de 1815 à 1876. — *1 vol. gr. in-4°. Paris, imprimerie nationale,* 1878.

1798. — REGIMBEAU. Le Chêne yeuse ou Chêne vert dans le Gard. — *1 vol. in-12. Paris, Crapelet,* 1845.

1799. — ROBERT-DUTERTRE. Histoire d'un grain de blé. — *1 vol. in-18. Laval, C. Bonnieux,* 1875.

** — RONNA (A.). Assainissement des villes et des cours d'eau; égouts et irrigations. — *1 vol. in-8°. Paris, Vierille et Capiemont,* 1872. — (Voir N° 178.)

** — VARRON, agronome. Œuvres sur l'Agriculture. — (Voir Bibliothèque latine, N° 38.)

1800. — VERNOUILLET. Rome agricole; de l'état actuel de l'agriculture dans les États Romains. — *1 vol. in-12. Paris, Guillaumin, édit.,* 1857.

1801. — WRAY (Léonard). Manuel pratique du planteur de canne à sucre selon les procédés les plus récents et les plus perfectionnés. — *1 vol. in-8°. Paris, Dusacq, libr.,* 1853.

1802. — WURTZ (Ad.). Dictionnaire de Chimie pure et appliquée, comprenant la chimie organique, la chimie appliquée à l'industrie, à l'agriculture et aux arts. — *5 vol. in-8°. Paris.*

SIXIÈME SECTION.

MARINE.

1803. — BAUDIN (L.-S.). Manuel du Pilote de la Méditerranée, adopté par le gouvernement pour le service de la marine impériale. — 2 vol. in-8°. Paris, Robignet, libr., 1857.

** — BERTIN (L.-E.). Données théoriques et expérimentales sur les vagues et les roulis. — 1 vol. gr. in-8°. Paris, Gauthier-Villars, 1874. — (Voir N° 1326.)

1804. — BUREAU DES LONGITUDES. Connaissance des temps ou des mouvements célestes, à l'usage des astronomes et des navigateurs, pour l'an 1858. — 4 vol. in-8°. Paris, Mallet-Bachelier, impr., libr., 1855. — (Voir N° 1393.)

1805. — COMMENTAIRE sur l'ordonnance de la marine d'août 1681. — 2 vol. in-4°. La Rochelle, J. Legier, impr. libr., 1760.

1806. — CONSOLIN (B.). Manuel du Voilier, revu et corrigé par ordre de l'amiral HAMELIN, ministre de la marine; ouvrage approuvé pour l'instruction des élèves de l'école navale et pour celle des voiliers des arsenaux. — 1 vol. gr. in-8°. Paris, impr. impériale, 1859.

1807. — COULIER. Description générale des phares et fanaux et des principales remarques existant sur le littoral maritime du globe, à l'usage des navigateurs. — 1 vol. in-12. Paris, Robignet, libr., 1853.

1808. — DISLÈRE. La guerre d'escadre et la guerre des côtes; les nouveaux navires de combat. — 1 vol. in-8°. Paris, 1876.

1809. — DUCHESNE. Manuel commercial et administratif du capitaine au long cours. — 1 vol. in-8°.

1810. — DUCONS (P.). Cours d'observations nautiques, contenant les meilleures méthodes et toutes les tables nécessaires aux différents calculs de la navigation; 3ᵉ édition, revue et augmentée. — 1 vol. in-8°. Bordeaux, Ducam, 1858.

1811. — ESSAIS sur la Marine Française, l'escadre de la Méditerranée ; note sur l'état naval des forces de la France. — *1 vol. in-12. Paris, Amyot*, 1833.

1812. — JOURNAL de la Société générale des naufragés, dans l'intérêt de toutes les nations. — *1 vol. in-8°. Paris, Belin, impr.*, 1838.

* * — JOUSSE. Nouveau Commentaire sur l'ordonnance civile du mois d'avril 1667. — *2 vol. in-18. Paris, Debure père*, 1767. — (V^r N° 1318.)

* * — JURIEN DE LA GRAVIÈRE. Souvenirs d'un amiral. — *2 vol. in-12.* = Les Stations du Levant. — *2 vol. in-12.* — (Voir N° 1033.)

1813. — JURIEN DE LA GRAVIÈRE. Guerres maritimes sous la République et l'Empire, avec les plans des batailles navales du Cap St-Vincent, d'Aboukir, de Copenhague, de Trafalgar, et une carte du Sund, dressée et gravée par Dufour; 6e édition. — *2 vol. in-18. Paris, Charpentier, édit.*, 1879. = La Marine des anciens, la revanche des Perses, les tyrans de Syracuse, la bataille de Salamines, et l'expédition de Sicile. — *2 vol. in-18. Paris, E. Plon, impr.-édit.*, 1880.

1814. — KERHALLET (Ph.). Considérations générales sur l'Océan Atlantique. — *1 vol. in-8°. Paris, Dupont*, 1852.

1815. — LAPRIMAUDAIE (de). Le commerce et la navigation de l'Algérie avant la conquête française. — *1 vol. in-8°. Paris, Lahure*, 1861.

1816. — LEGRAS. Album des pavillons, flammes de toutes les puissances maritimes, avec texte. — *1 vol. in-4°. Paris, A. Bry*, 1858.

1817. — LEMÉTHEYER. Dictionnaire moderne des termes de marine et de la navigation à vapeur. — *1 vol. in-12. Hâvre, Lamy, impr.*, 1843.

1818. — MAGEN. Les Galions du Vigo. — *1 vol. in-18*.

1819. — MANUEL du Canonnier marin. — *1 vol. in-18. Paris, Robignet*, 1856.

1820. — MINISTÈRE DU COMMERCE et des travaux publics. Description sommaire des phares et fanaux allumés sur les côtes de France au 1er janvier 1861. — *1 vol. in-8°.*

1821. — MINISTÈRE DE LA MARINE. Manuel du Gabier ; publié par ordre du Ministère de la marine et des colonies. — *1 vol. in-12. Paris, Dumaine, libr.-édit.*, 1875.

1822. — MINISTÈRE DES TRAVAUX PUBLICS. Atlas des ports étrangers. — *1 vol. in-4°. Paris, impr. nationale*, 1874.

1823. — MINISTÈRE DE L'ÉGYPTE. — Statistique, année 1873. — *1 vol. gr. in-8°. Le Caire, Mourès et Comp., édit.*, 1873.

1824. — MINISTÈRE DE LA MARINE. Tableaux des populations de culture, de commerce et de navigation pour 1871. — *1 vol. in-8°. Paris,* 1874.

1825. — MINISTÈRE DES TRAVAUX PUBLICS. Phares et balises; état de l'éclairage et balisage des côtes de France en 1872 et 1876. — *2 vol. gr. in-8°. Paris, impr. nationale.*

1826. — PACINI (Eug.). La Marine : arsenaux, navires, équipages, navigation, atterages, combats; illustration de Morel-Fatis. — *1 vol. in-4°. Paris, Curmer,* 1844.

** — PARIS. Catéchisme du marin et du mécanicien à vapeur, ou traité des machines à vapeur, de leur montage, de leur conduite, de la réparation, de leurs avaries. — *1 vol. in-8°.* — (Voir N° 1709.)

** — PORTS MARITIMES de la France (en cours de publication). — *4 vol. gr. in-8°, avec un atlas gr. in-folio de cartes et plans. Paris, imprimerie nationale.* — (Voir N° 1780.)

1827. — RAYMOND (X.). Lettres sur la marine militaire à propos de la revue de Spithead. — *1 vol. in-8°. Paris, Corréard, libr.-édit.*, 1856.

1828. — RENARD (L.). L'Art naval, ouvrage illustré de 52 vignettes; 3° édition. — *1 vol. in-18. Paris, Hachette et Comp.*, 1873.

1829. — SALVADOR (E.). La Marine marchande à voiles et à vapeur. 2° édition. — *1 vol. in-8°. Paris, Amyot, libr.-édit.*, 1875.

** — SIMONIN. Les Ports de la Grande-Bretagne. — *1 vol. in-18. Paris, Hachette*, 1881. — (Voir N° 1000.)

** — VALIN (R.-J.). Nouveau Commentaire sur l'ordonnance de la marine du mois d'août 1681. — *2 vol.* — (Voir N° 1309.)

1830. — VINCENT (A.). Guide du commandant de navires à vapeur. — *1 vol. in-12. Paris, Carilion, libr.*, 1845.

SEPTIÈME SECTION.

ART MILITAIRE.

* * — AURELLES (d') DE PALADINES. Campagne de 1870-1871 ; la première armée de la Loire; 3ᵉ édition. — 1 vol. Paris, Plon, 1872. — (Vʳ N° 715.)

1831. — BAZAINE (Maréchal). L'armée du Rhin depuis le 12 Août jusqu'au 29 octobre 1870 ; 2ᵉ édition. — 1 vol. in-8°. Paris, H. Plon, 1872.

* * — BIBESCO (Le prince Georges). Campagne de 1870-1871 ; Belfort, Reims, Sedan ; le 7ᵉ Corps d'armée ; 5° édition. — 1 vol. in-8°. Paris, E. Plon, 1878 (N° 722.)

1832. — CAUSES qui ont amené les désastres de l'armée française dans la campagne de 1870, 4ᵉ édition. —1 vol. in-8°. Bruxelles, Lebègue et Comp., 1871.

* * — CHANZY (général). Campagne de 1870-1871 ; la deuxième armée de la Loire ; 7ᵉ édition. — 1 vol. in-8°. Paris, Plon, 1876. — (Voir N° 738.)

1833. — DELMAS (Emile). De Frœschviller à Paris ; notes prises sur les champs de bataille. — 1 vol. in-12. Paris, Lacroix et Comp., édit., 1871.

* * — DUCROT (général). La journée de Sedan ; 6ᵉ édition, augmentée des ordres de mouvements de l'Etat-major allemand. — 1 vol. in-12. Paris, E. Dentu, 1877. — (Voir N° 760.)

1834. — DUPAIN (M.). Les Amusements militaires ; ouvrage également agréable et instructif servant d'introduction aux sciences qui forment les guerriers, avec figures en taille-douce. — 1 vol. in-8°. G. Desprez, 1757.

* * — FAIDHERBE (général). Campagne de l'armée du Nord en 1870-1871, avec une carte, des notes et des pièces justificatives.—1 vol. in-8°. Paris, E. Dentu, 1871. — (Voir N° 771.)

* * — FAVRE (Jules). Gouvernement de la Défense nationale du 30 Juin au 31 Octobre 1870 ; Journée du 4 Septembre ; Entrevue de Ferrières ; Organisation de la défense ; Délégation de Tours ; Journée du 31 Octobre ; 2ᵉ édition. — 3 vol. in-8°. Paris, E. Plon, 1876. — (Voir N° 772.)

* * — FRONTIN. Des Stratagèmes. — (Voir Bibliothèque latine, N° 38.)

1835. — LACOMBE (P.). Les Armes et les armures; 3ᵉ édition, illustrée de 60 vignettes sur bois par CATENACCI. — *1 vol. in-18. Paris, Hachette et Comp.*, 1877.

* * — MARTIN DES PALLIÈRES (Général). Orléans; Campagne de 1870-1871. — *1 vol. in-8°. Paris, E. Plon et Comp., imp.-édit.*, 1874. — (Voir N° 822.)

* * — MODESTUS. Précis des termes de la Milice. — (Voir BIBLIOTHÈQUE LATINE, N° 38.)

1836. — PALIKAO (Général COUZIN DE MONTAUBAN DE). Un ministère de la Guerre de vingt-quatre jours, du 10 août au 4 septembre 1870; 3ᵉ édition. — *1 vol. in-8°. Paris, Plon*, 1874.

1837. — PIOCH (J.-A.). Projet de réorganisation militaire de la France. — *1 vol. in-8°. Nîmes, Roger et Laporte*, 1872.

1838. — PRAISSAC (du). Discours et questions militaires; avec figures. — *1 vol. in-12. Paris, Nicolas*, 1638.

* * — QUESNOY (FERDINAND). Campagne de 1870; armée du Rhin. — *1 vol. in-8°. Paris.* — (Voir N° 856.)

1839. — ROGUET (Cᵗᵉ). L'Officier d'infanterie en campagne; fortification, petite guerre. — *1 vol. in-8°. Paris, Dumaine, libr.-édit.*, 1869.

* * — SEDAN. La bataille de Sedan; Napoléon III, de Wimpffen, Ducrot; avec plan de la bataille. — *1 vol. in-12. Paris, Armand Le Chevalier*, 1872. — (Voir N° 876.)

* * — TÉNOT (EUG.). Campagne des armées de l'Empire en 1870; étude critique. — *1 vol. in-12.* — (Voir N° 883.)

1840. — VAUBAN (de). Traité de la défense des places; ouvrage original. — *1 vol. in-8°. Paris, Jombert*, 1769.

* * — VÉGÈCE. Les Institutions militaires; trad. BOUGARS. — *1 vol. gr. in-8°.* — (Voir BIBLIOTHÈQUE LATINE, N° 38.)

* * — VINOY (Général). Siège de Paris; Opérations du 13ᵉ corps et de la 3ᵉ armée; 3ᵉ édition. — *1 vol. in-8°. Paris, E. Plon*, 1874. — (Voir N° 906.) = L'Armistice et la Commune; opérations de l'armée de Paris et de l'armée de réserve. — *1 vol. in-8°. Paris, H. Plon*, 1874. — (Voir N° 907.)

* * — XÉNOPHON. Retraite des dix mille; traduit par Claude LEYSSEL. — *(Manuscrit in-4°) relié en parchemin*, 1485. — (Voir N° 1096.)

HUITIÈME SECTION.

DIVERS

(ARTS GYMNASTIQUES, ÉCONOMIE DOMESTIQUE, ARTS ALIMENTAIRES, ÉCRITURE, STÉNOGRAPHIE, SCIENCES OCCULTES, etc.).

1841. — ALLAN-KARDEC. Le livre des Médiums, ou guide des médiums et des invocateurs; 4ᵉ édition. — *1 vol. in-18. Paris, Didier et Comp.*, 1862.

1842. — ARPENTIGNY (S. d'). La Science de la Main, ou art de reconnaître les tendances de l'intelligence d'après les formes de la main; 3ᵉ édit. — *1 vol. in-18. Paris, E. Dentu*, 1865.

1843. — BRILLAT-SAVARIN. Physiologie du Goût, ou méditations de gastronomie transcendante, dédiée aux gastronomes parisiens. — *1 vol. in-8°. Paris, Charpentier*, 1874.

1844. — CARÊME (Antoine). Le Pâtissier royal, ou traité élémentaire et pratique de la pâtisserie ancienne et moderne; suivi d'observations utiles aux progrès de cet art et d'une revue critique des grands bals de 1810 et 1811; nouvelle édition, corrigée et augmentée, avec 41 planches dessinées par l'auteur, comprenant 182 sujets gravés au trait. — *2 vol. in-8°. Paris*, 1854.

1845. — CAVAILLÉ (Hercule). Tableaux comparatifs des mesures, poids et monnaies modernes et anciens, cours des changes, usages du commerce de tous les états du monde, comparés avec le système métrique français et les poids et mesures anglais. — *1 vol. in-8°. Paris, Paul Dupont*, 1874.

1846. — COLLIN DE PLANCY. Dictionnaire infernal; répertoire universel des êtres, des personnages, des livres, des faits et des choses qui tiennent aux esprits, aux démons, etc.; 6ᵉ édition, augmentée de 800 articles nouveaux et illustrés de 72 démons, dessinés par L. Brethon. — *1 vol. gr. in-8°. Paris, H. Plon, impr. édit.*, 1863.

1847. — COLOMBAY (E.). Histoire anecdotique du duel dans tous les temps et dans tous les pays. — *1 vol. in-18. Paris, Michel Lévy.*

1848. — CONEN DE PRÉPÉAN. Sténographie exacte, ou l'art d'écrire aussi vite que la parole. — *1 vol. in-8°. Paris, chez l'auteur,* 1815.

1849. — DÉCHAMP. La Franc-maçonnerie, son caractère, son organisation, son extension, ses sources, ses affluents, son but et son secret. — *1 vol. in-22. Bar-le-Duc,* 1874.

1850. — DEPPING. Merveilles de la force et de l'adresse; 3° édition, illustrée de 69 gravures dessinées sur bois. — *Paris, Hachette et Comp., édit.,* 1878.

1851. — DESBAROLLES (Ad.). Les Mystères de la Main; 2° édition. — *1 vol. in-12. Paris, E. Dentu, édit.*

1852. — DUNGLAS (D. Home). Révélations sur ma vie surnaturelle; 2° édition. — *Paris, E. Dentu,* 1863.

1853. — FIGUIER (L.). L'Alchimie et les Alchimistes, ou essai historique et critique sur la philosophie hermétique. — *1 vol. in-12. Paris, Lecon, édit.,* 1855.

1854. — FIGUIER (L.). Histoire du merveilleux dans les temps modernes. — *4 vol. in-12. Paris, Hachette et Comp.,* 1860.

1855. — GASPARIN (Agénor). Des tables tournantes, du surnaturel en général et des esprits. — *2 vol. in-12. Paris, E. Dentu,* 1874.

1856. — GEOFFROY SAINT-HILAIRE. Lettres sur les substances alimentaires et particulièrement sur la viande de cheval. — *1 vol. in-18. Paris, Masson,* 1856.

1857. — HOUAT (L.). Études et séances spirites; morale, philosophie, médecine, psychologie. — *1 vol. in-12. Paris, Ledoyen, libr.-édit.,* 1863.

1858. — JACOB (L.). Curiosités des sciences occultes. — *1 vol. in-12. Paris, A. Delahaye,* 1862.

1859. — JOLY (B.). Tenue de livres commerciale, privée et agricole, sans maître. — *1 vol. in-8°. Paris,* 1858.

1860. — LALANDE (L.). Curiosités des traductions, des mœurs et des légendes. — *1 vol. in-18. Paris, Paulin,* 1847.

1861. — LANDRAIT. Le Musée des jeux, contenant les principaux jeux en usage dans la bonne société. — *1 vol. in-12. Paris, Lebigre, libr.,* 1837.

1862. — LANTERNE MAGIQUE, journal des choses curieuses et amusantes. — *1 vol. in-8°. Paris,* 1833.

1863. — LEFÈVRE. Le Sel; ouvrage illustré de 49 vignettes sur bois. — *1 vol. in-18. Paris, Hachette,* 1882.

1864. — MEUNIER (V.). Les grandes Chasses; 5e édition, illustrée de 38 gravures sur bois, par Lançon. — *1 vol. in-18. Paris, Hachette,* 1883.

1865. — MEUNIER. Les grandes Pêches; 3e édition, illustrée de 85 vignettes sur bois, par Rion. — *1 vol. in-18. Paris, Hachette,* 1878.

1866. — MIRVILLE (de). Pneumatologie des esprits et de leurs manifestations diverses. — *3 vol. in-8° (le 1er manque). Paris,* 1863.

1867. — MORIN, avocat. Du Magnétisme et des sciences occultes. — *1 vol. in-8°. Paris, Baillière, libr.-édit.,* 1860.

1868. — NUS (Eug.). Choses de l'autre monde. — *1 vol. in-12. Paris, E. Dentu, libr.-édit.*

1869. — PELIN (G.). Le Spiritisme, la Démonologie et la Folie. — *1 vol. in-12. Paris, E. Dentu,* 1865.

1870. — PLUCHE (Noel-Antoine). Histoire du Ciel, considérée selon les idées des prêtres, des philosophes et de Moïse, où l'on fait voir l'origine du ciel poétique et de la terre, la conformité de l'expérience avec la seule physique de Moïse. — *2 vol. in-18. Paris,* 1739.

1871. — QUENTIN (Pierre). La Pâtissière de la campagne et de la ville; ouvrage complet, illustré de 95 gravures. — *Paris, Audot,* 1875.

1872. — ROUGET (F.). La Photographie mentale des esprits dévoilée. — *1 vol. in-8°. Toulouse, Bompard, libr.-édit.,* 1870.

NEUVIÈME SÉRIE.

BEAUX-ARTS.

PREMIÈRE SECTION.

POLYGRAPHIE LIMITÉE AUX BEAUX-ARTS

1873. — BRUCHE. Principes scientifiques des beaux-arts ; essais et fragments de théories, suivis de l'Optique et la Peinture, avec 39 gravures dans le texte ; 3ᵉ édition. — *Paris, Germer Baillière et Comp.*, 1881.

1874. — LAJARTE (Th. de). Les Curiosités de l'Opéra. — *1 vol. in-18. Paris, Calmann-Lévy, édit.*, 1883.

1875. — MÉRIMÉE (Prosper). Études sur les arts au moyen-âge. — *1 vol. in-18. Paris, Michel Lévy, édit.*, 1875.

* * — SCHILLER. Esthétique. — *8ᵉ vol. des Œuvres complètes.* — (Voir Nº 437.)

DEUXIÈME SECTION.

DESSIN, PEINTURE, SCULPTURE.

1876. — BLANC (Ch.). Histoire des Peintres : école française. — *3 vol. in-fol. Paris, V° Renouard, libr.-édit., 1865.*

1877. — BURGER (W.). Histoire des Peintres : école anglaise. — *1 vol. in-fol. Paris, V° Renouard, libr.-édit., 1863.*

1878. — DUPLESSIS (G.). Les Merveilles de la Gravure ; 3° édition, illustrée de 34 vignettes sur bois par Sellier. — *1 vol. in-18. Paris, Hachette, 1877.*

1879. — GALERIES HISTORIQUES du palais de Versailles. — *8 vol. gr. in-8° texte et 1 vol. planches in-fol. Paris, impr. royale, 1839.*

1880. — LÉPIC. Comment je devins graveur à l'eau forte. — (Voir Raoul de St-Arroman, même série et section.)

1881. — MARIETTE-BEY. Galerie de l'Égypte à l'exposition ancienne rétrospective du Trocadéro ; description sommaire. — *1 vol. in-8°. Paris, 1878.*

1882. — MONUMENTS DU LANGUEDOC : histoire, antiquités et architectonique de l'abbaye de Valmagne, St-Guilhem du Désert, l'église de Maguelone, et de deux monastères de femmes, le Vignogoul et St-Félix-de-Montseau. — *1 vol. in-4°. Montpellier, Boehm et Comp., 1835.*

1883. — MONUMENTS INÉDITS d'antiquité figurée, grecque, étrusque et romane. — *1 vol. in-fol. texte et planches.*

1884. — MUSÉE DES DEUX MONDES, reproductions en couleurs de tableaux, aquarelles et pastels des meilleurs artistes. — *6 vol. in-fol. (incomplet). Paris, Lemercier et Comp.*

1885. — OWEN (Jounes). Grammaire de l'Ornement, illustrée d'exemples de divers styles d'ornement ; 112 planches. — *1 vol. in-4°. Londres, Day et fils, édit.*

** — SAINT-ARROMAN (Raoul de). La Gravure à l'eau forte. — *1 vol. in-8°. Paris, Ve Cadart, impr. édit.*, 1876. (Même volume que Lépic). — (Voir N° 1880.)

1886. — STIRLING (W.). Vélasquez et ses œuvres ; traduit de l'anglais par Brunet, avec des notes et un catalogue des tableaux de Vélasquez par Burger. — *1 vol. in-8°. Paris, Ve Renouard, libr.*, 1865.

1887. — THIBAULT (J.-F.). Application de la Perspective linéaire aux arts du dessin. — *1 vol. in-fol. Paris*, 1827.

1888. — VIARDOT (L.). Les Merveilles de la Sculpture et de la Peinture. — *2 vol. in-18 illustrés de vignettes. Paris, Hachette*, 1881.

** — VIOLLET-LE-DUC. Histoire d'un Dessinateur. — *1 vol. in-8°.* — (Voir N° 908.)

TROISIÈME SECTION.

ARCHITECTURE.

1889. — ALPHAND (A.). Les Promenades de Paris ; histoire, description des embellissements, dépenses de création et d'entretien des bois de Boulogne et de Vincennes ; Champs-Élysées ; Paris, squares, boulevards, places plantées ; études sur l'art des jardins, etc. — *4 vol. gr. in-fol., 2 vol. de planches et 2 de texte. Paris, J. Rothschild, édit.*, 1873.

1890. — CAUMONT (A. de). Abécédaire ou rudiment d'Archéologie et d'Architecture religieuse ; 5° édition. — *2 vol. in-8°. Paris, Leblanc, libr.-édit.*, 1870.

1891. — DAVIOUD. Le bois de Boulogne, sous la direction d'Alphand. — *1 vol. petit atlas in-fol. Paris, A. Lévy*, 1875.

1892. — LEFÈVRE (A.). Les Merveilles de l'Architecture ; illustré de 66 vignettes sur bois ; 5° édition. — *1 vol. in-18. Paris, Hachette*, 1880. = Les Parcs et les Jardins ; illustré de 29 vignettes ; 2° édition, r., aug. — *Paris, Hachette et Comp.*, 1871.

1893. — MANDAR. Études d'Architecture civile. — *1 vol. in-fol., Paris, Carilian,* 1826.

** — MINISTÈRE DE L'INSTRUCTION PUBLIQUE. Collection de documents inédits sur l'histoire de France, publiés par ordre du Roi. — (V^r N° 970.)

** — MONITEUR DES ARCHITECTES, revue mensuelle de l'art architectural. — (Voir N° 1773.)

1894. —MOYNET (J.). L'Envers du Théâtre, machines et décorations; 2ᵉ édit., illustrée de 60 vignettes sur bois. — *Paris, Hachette,* 1874.

1895. — NARJOUX. Architecture communale. — *2 vol. in-4°.*

** — OWEN (Johnes). Grammaire de l'Ornement. — (Voir N° 1885.)

1896. — PLANAT (Paul). Construction et aménagement des salles d'asile et des maisons d'école. — *1 vol. in-folio.* — (Voir N° 1778.)

1897. — REVUE GÉNÉRALE d'Architecture et des travaux publics. — *4 vol. in-fol. Paris.*

1898. — REYNAUD (L.). Traité d'Architecture. — *2 vol. in-fol.*

1899. — VIOLLET-LE-DUC. Histoire d'une Maison ; d'une Forteresse; de l'Habitation humaine. Histoire d'un Hôtel de Ville et d'une Cathédrale. — *4 vol. in-8°ᵒ avec cartes et dessins dans le texte. Paris, Hetzel et Comp.* — (Voir N° 908.) = Dictionnaire du mobilier français de l'époque Carlovingienne à la Renaissance. — *6 vol. in-8°. Paris, A. Morel et Comp.,* 1872.

** — VITRUVE. De l'Architecture. — (Voir Bibliothèque latine, N° 38.)

QUATRIÈME SECTION.

MUSIQUE.

1900. — BELLINI. La Norma, opéra en 2 actes. — *29 vol. in-4°*. (Musique.)

1901. BLAZE DE BURY (H.). Musiciens contemporains. — *1 vol. in-18. Paris, Michel Lévy frères, libr.-édit.*, 1856.

1902. — CHEVÉ (E.). Méthode élémentaire d'Harmonie. — *1 vol. in-8°. Paris*, 1856.

1903. — COLOMB (C.). La Musique; ouvrage illustré de 119 gravures sur bois par C. Colomb et Gilbert et Bonnafoux; 2ᵉ édition. — *1 vol. in-18. Paris, Hachette, libr.*, 1880.

1904. — DONIZETTI. Don Pasquale (musique); symphonie. — *3 vol. in-4°.*

1905. — ESCUDIER frères. Dictionnaire de Musique théorique et pratique, avec une préface de Halévy; tome I. — *Paris, Michel Lévy, libr.-édit.*, 1854.

1906. — FÉTIS (F.-J.). La Musique mise à la portée de tout le monde; 3ᵉ édition. — *1 vol. in-8°. Paris, Brandus et Comp.*, 1847. = Traité complet de la théorie et de la musique de l'Harmonie, contenant la doctrine de la science et de l'art. — *1 vol. gr. in-8°. Paris, Brandus*, 1858. = Curiosités historiques de la Musique, complément nécessaire de la Musique mise à la portée de tout le monde.

1907. — FLOTOW. Martha, opéra (musique). — *3 vol. in-4°.*

1907 *bis*. — MAROT (Ch.). Les Psaumes de David, mis en rime française par Marot et Ch. de Bèze. — *1 vol. in-18. Charenton, Cellier*, 1666.

1908. — MEYERBEER. Di Ugonetti (musique); 1ᵉʳ et 2ᵉ actes.

1909. — MOZART. Le Nozze di Figaro. — *13 vol. in-4°.*

1910. — RICCI. Crispino et la Comare (musique). — *3 vol. in-4°.*

1911. — ROSSINI. La Gazza Ladra, opéra (musique). — *19 vol. in-4°.*

1912. — ROSSINI. Le Barbier de Séville (musique). — *18 vol. in-4°.*

1913. — VERDI. Rigoletto, opéra en 3 actes. — *19 vol. in-4°.* = La Traviata, opéra en 3 actes. — *24 vol. in-4°.* = Lo Ballo in Mascheria, opéra en 2 actes. — *17 vol. in-4°.* = Le Trouvère, opéra en 4 actes. — *21 vol. in-4°.*

TABLE ALPHABÉTIQUE

DES AUTEURS ET DES OUVRAGES ANONYMES.

A

Abeille médicale. Revue des journaux de médecine, 1493.
ABÉLARD et HÉLOÏSE. Lettres complètes, 357. II-8.
ABOUT (Edmond). Œuvres, 358. — Gaétana, 300.
ACHARD (A.). Parisiennes et provinciales, 359.
ACKERMANN. Contes et poésies, 360.
ADAM (A.). Derniers souvenirs d'un musicien, 361.
Affaires de l'Inde de 1756 à 1785, 707.
AGRIPPA (Corneille). Vanité des Sciences, 1119.
AIMARD (Gustave). Œuvres, 362.
ALBERT (Paul). Œuvres, 7.
ALEXANDRE et PLANCHE. Dictionnaire grec-français, 69.
ALIBERT (Baron). Monographie des Dermatoses, 1497.
ALIBERT (J.-L.). Thérapeutique, 1498.
ALLAN-KARDEC. Le livre des médiums, 1841.
ALLETZS. Les ornements de la mémoire, 193.
ALIGNY (Th.). Vues des sites de la Grèce, 1007.
ALMBERT (A. de). Flâneries parisiennes aux États-Unis, 363.
ALPHAND (A.). Promenades de Paris, 1889.
ALPINI. De medicina Ægyptorum, 1499.
ALTON SHÉE (comte d'). Mes Mémoires, 708.
ALTONS. Materia medica, 1500.
AMADOR don José de Las Rios. Études historiques et littéraires sur les Juifs d'Espagne, 8.
AMELIN. Guide des Voyageurs, 975.
AMPÈRE (J.-J.). Histoire de la formation de la langue française, 142.
AMPÈRE (A.-M. et J.-J.). Philosophie, 1120.
ANCELOT. Une Fortune mystérieuse, 364.
ANDRÉ et BAYET. Astronomie, 1391.
ANDRIEUX (G.-J.-S.). Œuvres, 301.
ANERBACH. Auf der Zöhe, 365.
ANGLADA (C.). Traité de la Contagion, 1501.
Annales de Chimie et de Physique, 1359, 1379.
Annales de la Construction, 1743.
Annuaire encyclopédique, 1.
ANQUETIL. Histoire de France, 709.
ANTÉNOR. Voyages en Grèce, 1008.
Anthologie des poëtes français et des prosateurs, 37.
Anthologie française, 194.
APOLLONE. Histoire d'Apollone de Tyane, 710.
ARAGO (F.). Œuvres, 1392. — Astronomie populaire, 1393.
ARAGO (J.-M.). Voyage autour du monde par l'*Astrolabe*, 1009. — Voyage autour du monde, 1010. — Promenade autour du monde, 1011.
ARBAUD (M.). Des vices rédhibitoires, 1285. V-3.

ARGENSON (d'). Considérations sur le gouvernement de la France, 711, 1233.
ARIOSTE. Roland furieux, 195.
ARISTOPHANE. OEuvres, 9. — Scènes, 10.
ARISTOTE. Métaphysique, 1121.
ARMINGAUD aîné. Traité des moteurs à vapeur, 1700. — Traité des moteurs hydrauliques, 1701.
ARMINGAUD frères. Encyclopédie. Le génie industriel, 1690.
ARNAULD. OEuvres philosophiques, 1122.
ARNAULT (A.-V.). OEuvres, 70. — Théâtre, 70, II-5.
ARNOULD (Ed.). Sonnets et poèmes, 196.
ARNOULD (A.) et ALBOIZE du PUJOL. Histoire de la Bastille, 712.
ARPENTIGNY (d'). De la science de la main, 1842.
ARRÉAT (Ch.). Éléments de philosophie médicale, 1502.
Art médical. Journal de médecine pratique, 1503.
ASSOLANT (A.). OEuvres, 366.
ASTRUC (J.). De morbis venereis, 1504.
Atlas du dictionnaire des dates, 976.
Atlas. Cartes relatives à la guerre de 1870-71, 977.

AUBIGNÉ (Agrippa d'). Mes mémoires, 713.
AUBINEAU dit POITEVIN. Traité des escaliers, 1744.
AUBRY (M.). Les oracles de Cos, 1505.
AUDIGANNE (A.). Les populations ouvrières et les industries de la France avec le mouvement social au XIXe siècle, 1684, 1254.
AUDIN (M.). Histoire d'Henri VIII, 714.
AUGÉ DE LASSUS (L.). Voyage aux sept merveilles du monde, 1012. — Les tombeaux, 1013.
AUGER (E.). Voyage en Californie, 367.
AUGIER (Émile). Théâtre complet et œuvres diverses, 11, II-5. — Le fils de Giboyer, 302.
AUGUSTIN (Saint). Les Confessions, 1208. — La Cité de Dieu, 38.
AURELLES DE PALADINES (d'). Campagnes de 1870-71, 715, VIII-7.
AUTRAN (J.). Sonnets capricieux, 197. — Les poèmes de la mer, 198.
AYNÈS. Dictionnaire universel de géographie, 674, III-5.
AZANZA et O. FABRIL. Mémoires, traduit de l'espagnol, 716.

B

BACON. Analyse de la philosophie, 916, IV-3.
BACON. Résumé de ses principaux ouvrages, 1063. — OEuvres, 1123.
BADIN (A.). Grottes et cavernes, 964, VI-6.
BAGEHOT. Lois scientifiques du développement des nations, 1124.
BAGLIVIUS (Georg.). Opera medica, 1506.
BAILLE (J.). L'Électricité, 1711.
BAILLY (H.). Manuel d'Astronomie, 1394.
BAIN (Alex.). La science de l'éducation, 1125.
BALLOT (abbé). Traité d'Arithmétique, 1305.
BALLY (F.). Histoire de la fièvre jaune, 1507.

BALMÈS (J.). Philosophie pratique, 1126.
BALZAC. OEuvres complètes, 369, II-7. — La femme de 60 ans, 368. — Histoire de l'Empereur, 717.
BANVILLE (Th. de). Les Exilés, 199. — Les Parisiennes, 370.
BAOUR DE LORMIAN. L'Atlantide, 200. — Veillées poétiques, 201.
BARANTE (de). Histoire des ducs de Bourgogne, 718, III-3. — Vie politique de Royer Collard, 917.
BARBAROUX (Ch.). Mémoires, 719.
BARBIER (Aug.). OEuvres, 202, 303.
BARNI (Jules). Napoléon Ier et son historien Thiers, 720. — Morale dans la démocratie, 1209.

BARRAU (H.). Conseils aux ouvriers, 1255.
BARRE (L.). Mélanges de médecine, 1508.
BARREAU (F.). Magnétisme humain, 1509.
BARRIÈRE (Th.) et CRISAFULLI. Le démon du jeu, 304.
BARRILLOT. Mascarade humaine, 203.
BARRUEL. Mémoires, 918.
BARTHE. OEuvres choisies, 305.
BARTHÉLEMY (Ant.). Un philosophe en voyage, 371.
BARTHÉLEMY (J.-J.). L'Énéide en vers, 205. — Histoire grecque, 919. — Voyage d'Anacharsis en Grèce, 1014.
BARTHÉLEMY et MÉRY. Némésis de la Restauration, 204.
BARTHEZ (P.-J.). Questiones medicæ, 1510. — Maladies goutteuses, 1511. — Consultations de médecine, 1512. — Doctrine médicale, 1513.
BAST (A. de). Merveilles du génie de l'homme, 1685.
BASNAGE DE BEAUVAL. Histoire des ouvrages des savants, 663.
BASTIAT. OEuvres, 1256.
BASTIÉ. Description du département du Tarn, 978.
BASVILLE. Mémoires, 675.
BAUDELAIRE. OEuvres, 372.
BAUDIN (L.-S.). Manuel du pilote de la Méditerranée, 1803.
BAUMES (L.-B.). Questiones medicæ, 1514.
BAUMÈS (P.). Nouvelle Dermatologie, 1515.
BAYLE (A.-L.-J.). Manuel d'Anatomie, 1408.
BAYLE (P.). Nouvelles lettres, 643. — Sa vie, 920.
BAZAINE (Maréchal). L'Armée du Rhin, 1831.
BÉAT (L. de Muralt). Lettres sur les Anglais, 644.
BEAUMARCHAIS. OEuvres, 306.
BEAUMONT (de). Marie ou l'esclavage, 310.
BEAUVAIS. Clinique homéopathique, 1516.
BEAUVALLET (L.). Les drames de Montfaucon, 374.
BEAUVOIR (de). Histoires canalières, 375. — Aventures de courtisanes, 375. — Voyages, 1015.
BÉCHARD (F.). Les existences déclassées, 376.
BÉCHET (J.-J.). Harmonies de l'homéopathie, 1517. — Revue médicale, 1518.
BELGRAND. La Seine, 979, VIII-5.
BELL (J.) et PETTIGREW. Locomotion chez les animaux, 1409.
BELLENGER (W.). Conversations françaises et anglaises, 71.
BELLINI. La Norma, 1900.
BELLOY (Marquis de). Les Toqués, 377.
BELMONTEL. Les lumières de la vie, 1064.
BENEDETTI (de). Ma mission en Prusse, 1234.
BÉRANGER. OEuvres complètes, 206. — Ma biographie, 921.
BERBUGGER. Dictionnaire espagnol-français et français-espagnol, 72.
BERGER (A.). Éloquence latine, 182.
BERGIER. Traité de la vraie religion, 1098.
BERLIOZ (Th.). Soirées de l'orchestre, 378.
BERMONT (Marc). Signes physiques des anévrismes artériels, 1518 (bis).
BERNARD. OEuvres, 207.
BERNARD. Les fêtes de l'antiquité, 721.
BERNARDIN DE ST-PIERRE. Paul et Virginie, 379. — Pablo y Virgenia, 380.
BERNARDO D'ULLOA. Rétablissement des manufactures, 1686.
BERNIS (de). OEuvres, 208.
BERNSTEIN (J.). Les Sens, 1410.
BERTHET (E.). Les crimes inconnus, 381.
BERTIN (L.). Données théoriques sur les vagues, 1326, VIII-6.
BERTRAND. Algèbre, 1327.
BERTRAND (A.). Magnétisme animal en France, 1519.
BERTULUS (E.). L'Athéisme au XIXe siècle, 1127.
BESSE (H). Anatomie, 1411.
BEUDANT (M.-F). Minéralogie, 1412.
BIBERSTEIN - KAZIMURSKI. Dictionnaire arabe-français, 143.
BIBESCO. Campagne de 1870, 722, VIII-7.

Bible, 1099.
Bibliothèque homéopathique, 1520.
Bibliothèque latine, 38.
BICHAT (Xav.). Recherches sur la vie et la mort, 1521.
BIMONT (G.). Elementos de homeopathica, 1522.
Biographie universelle, 923.
Biogragraphie universelle ancienne et moderne, 676, III-3.
Biographie des Contemporains, 922.
BIOT (J.-B.). Traité de Physique, 1360.
BLANC (Ch.). Histoire des peintres français, 1876.
BLANC (L.). Histoire de la Révolution française, 723. — Histoire de dix ans, 724.
BLANCHARD (E.). Métamorphoses, 1413.
BLANDIN (Ph.). Traité d'Anatomie, 1523.
BLAZE DE BURY. Épisode de l'histoire du Hanovre, 924. — Musiciens contemporains, 1901.
BLONDEAU (Ch.). Journal du Palais, 1286.
BOCQUILLON (L.). La vie des plantes, 1414.
BOELL (L.). Histoire de la Corse, 725.
BŒRHAAVE. Elementa chemia, 1380.
BOIGNE (Ch. de). Mémoires de l'Opéra, 307.
BOILEAU-DESPRÉAUX. OEuvres, 209, 210. — OEuvres poétiques, 211.
BOISGOBEY. OEuvres, 382.
BOISSIÈRE (P.). Dictionnaire analogique, 144.
BONAPARTE (L.-N.). Discours et messages, 1235, 1065.
BONILLA (Carlos de). La guerre en Espagne, 726.
BONNEL (A.). Langage de l'imagination, 73.
BONNET (C.). La Palingénésie, 1128.
BONNET (I.). Compte rendu du Concours de Montpellier, 1783.
BONY (J.-A.). Tables des surfaces, 1745.
BORDEU. Maladies chroniques, 1524.
BORIES (P.). Formulaire médical, 1681.
BORIUS (A.). Recherches sur le climat du Sénégal, 1361.
BORNIER (Ph.). Conférences sur les ordonnances, 1287.
BOSSIN. Le Melon vert, 1784.
BOSSUET. OEuvres, 183, IV-2, IV-3, IV-4. IV-5. — Discours sur l'histoire, 727. —Extraits, 728.
BOTTA (P.-E.). Monuments de Ninive, 965.
BONANT (E.). Les grands froids, 1362. — Les merveilles du feu, 1712.
BOUCHUT (E.). Histoire de la médecine, 1525.
BOUCOIRAN. Dictionnaire patois, 145.
BOUDIN (J.). Éléments de Statistique, 980.
BOUGEAULT (A.). Littératures étrangères, 74.
BOUILHET (L.). Mélénis, 212. — Faustine, 308. — Dictionnaire d'histoire, 677.
BOUILLON-LAGRANGE. Manuel du pharmacien, 1682.
BOULEY-PATY. Cours de droit commercial, 1312.
BOURDALOUE. OEuvres, 1100.
BOURDON (Isid.). Principes de Physiologie, 1415.
BOURGEOIS-D'ORNANNE. Lavoirs et bains publics, 1746.
BOUTROUX (E.). De la contingence des lois de la nature, 1129.
BOUVIER (A.). Le club des coquins, 383.
BOYER (baron). Traité d'Anatomie, 1416.
BOYER, CHANCEREL, etc. Journal de Médecine, 1526.
BRARD (C.-P.). Le savant du village, 1687.
BRASSEUR DE BOURBOURG. Grammatica quichée, 146. — Popol Vuh, livre sacré, 1101.
BRÉANT. Culture des fleurs, 1417.
BREVANS (A. de). La migration des oiseaux, 1418.
BRIAND (Jh.) et BROSSON. Manuel de Médecine, 1527.
BRICCOLINI. Dictionnaire français-italien, 75.
BRILLAT-SAVARIN. Physiologie du goût, 1843.
BRIOT et BOUQUET. Leçons de Géométrie, 1328.
BROUARDEL et DEFODON. Inspection des écoles primaires, 1227.

— 213 —

Brüche. Principe scientifique des beaux-arts, 1873.
Brugnatelli (L.). Pharmacopée générale, 1683.
Brunswik. Traité de Berlin, 729, 1236.
Brzozowski. La guerre de Pologne, 730.
Buchan (G.). Médecine domestique, 1528.
Buchon. En Provence, 384. — Recherches historiques, 731.
Buffon. OEuvres, 1419, 1420.
Buisson (F.). Rapport sur l'instruction primaire, 1228.
Bulletin de la Société homéopathique de Paris, 1529. — De France, 1530.
Bulletin de l'Observatoire de Paris, 1363, VI-5.
Bulletin archéologique de Béziers, 966.
Bulwers-Lytton (E.). OEuvres, 385.
Bureau des Longitudes, 1395, 1804.
Burette (Th.). Histoire moderne, 732.
Burger (W.). Histoire des peintres anglais, 1877.
Burlamaqui. Elementos de derecho, 1311.
Bussy-Rabutin. Histoire amoureuse des Gaules, 386.
Byron. OEuvres complètes, 309, II-6; 310, II-6.

C

Cabanis. Rapports du physique et du moral de l'homme, 1130. — Du degré de certitude de la médecine, 1531. — Physique et moral de l'homme, 1531. Coup d'œil sur la réforme de la médecine, 1532.
Cahours (Aug.). Traité de Chimie organique et inorganique, 1381.
Calepini (A.). Dictionarium undecim linguarum, 76.
Callaud. Traité des Paratonnerres, 1713.
Calpurnius. Églogues, 38.
Campagne de 1870, traduit du *Times* par Allou, 733.
Campagne de 1870 jusqu'au 1er septembre, par un officier, 734.
Campenon. Poëme : La Maison des champs, 213.
Candole (de). L'origine des plantes, 1421.
Canonge. Poëme : Le Tasse à Sorrente, 214.
Capefigue. L'Europe pendant le Consulat et l'Empire, 735.
Capendu (E.). Le Chasseur de panthères, 887.
Caraccioli. Éloge historique de Benoît XIV, 1210.
Carême (A.). Le Pâtissier royal, 1844.
Caro (E.). Problèmes de morale sociale, 1066. — Le matérialisme et la science, 1131.
Carrey (E.). Les révoltés du Para, 388.
Cartes des anciens diocèses du midi de la France, 981.
Cartes du canal royal du Languedoc, 982, VIII-4.
Casse (A. du). Quatorze de dames, 389.
Castel (Albert). Les Tapisseries, 1702.
Castella (Herbert de). Les Squatters Australiens, 390.
Castellan (Ch.). Les Palmiers, 215.
Casti (G.). Poesie dramatiche, 311.
Castille. Parallèle entre César, Charlemagne et Napoléon, 736.
Castillon. Récréations physiques, 1364. Récréations chimiques, 1382.
Caston (A. de). Les Tricheurs, 391.
Catalan (Eug.). Théorèmes et problèmes de géométrie élémentaire, 1329.
Catalogue des livres légués à la Bibliothèque de Montpellier par M. St-Albin Reynaud, 666.
Catalogue des livres légués à la Bibliothèque de Montpellier par M. Fages, 665.
Catalogue des manuscrits de la Bibliothèque de l'École de Médecine de Montpellier, 664.

CATESBY (Juliette). Lettres à Milady Campley, 645.
CATLIN. Die Indianer Nord-Americas, 678.
CATON. Les Agronomes latins, 38.
CATULLE. OEuvres, 38.
CAUMONT (A. de). Abécédaire ou rudiment d'Archéologie, 1890.
Causes qui ont amené les désastres de l'armée française en 1870, 1832.
CAUVET (E.). Étude sur l'abbaye de Fondfroide, 967.
CAVAILLÉ (Hercule). Tableau comparatif des mesures, poids et monnaies, 1845.
CAYOL (J.-B.). Revue médicale française et étrangère, 1533.
CAZEAUX. Traité des Accouchements, 1534.
CAZIN (A.). La chaleur, 1365. — Les forces physiques, 1365. — L'étincelle électrique, 1365.
CELLINI (Benvenuto). Mémoires, 737.
CELMART. Manuel de la bonne compagnie, 1229.
CELSE. Traité de la Médecine, 38.
CERVANTES. Don Quijote de la Mancha (texte espagnol), 392. — Don Quichotte, 393.
CHABAT. Dictionnaire de la construction, 1747.
CHABRAN et de ROCHA D'AIGLON. Patois des Alpes Cottiennes, 147.
CHAIGNET (A.-Ed.). Philosophie de la science du langage, 148.
CHALANDON. Essai sur Ronsard, 77.
CHAMPFLEURY. OEuvres, 615. — Le Réalisme, 78.
CHANNING. OEuvres sociales, 1257.
Chanson de Roland et le Roman de Ronceveaux, 216.
CHANTREAU. Arté de hablar bien francès (grammatica), 149.
CHANUT. Concile de Trente œcuménique, 1102.
CHANZY. Campagne de 1870-71, 738, VIII-7.
CHAPTAL (A.). Éléments de chimie et chimie appliquée aux arts, 1383, 1714.
CHAPUS (Eug.). Les soirées de Chantilly, 394.
CHARBONNIER. Organisation électorale, 1237.
CHARGÉ (A.). De l'Homéopathie, 1525.
CHARMES (Gabriel). La Tunisie et la Tripolitaine, 679.
CHARTON. Le Journal des Voyages, 1016.
CHASLES. Géométrie, 1330.
CHASLES et EQUEMANN. Mots et genres en allemand, 150.
CHASSAGNAC. Traité de l'écrasement linéaire, 1536.
CHASSANG (A.). Dictionnaire grec-français, 79.
CHATAIN (G.-A.). Anatomie comparée des végétaux, 1422.
CHATEAUBRIAND. Voyage en Amérique, 395, III-6. — Itinéraire de Paris à Jérusalem, 1017. — Vie de Rancé, 925. — Littérature anglaise, 80. — Mémoires sur la captivité de la duchesse de Berry, 739. — Études historiques, 741. — Analyse raisonnée sur l'histoire de France, 740. — Génie du Christianisme, Atala, Natchez, les Martyrs, 396. — OEuvres, 397.
CHATEAUNEUF. Manuel des sciences et arts, 1785.
CHATONEY et RIVET. Considérations sur les matériaux employés dans la construction à la mer, 1748.
CHAUSSIER (H.). Contre-poisons, 1537.
CHARETTE (Eug.). OEuvres, 398.
Chemin de fer de Montpellier à Cette (notice), 1749.
CHENEDOLLÉ. Le génie de l'homme, 217.
CHENIER (M.-J.). De la Littérature française, 81.
CHERBULIEZ. Études littéraires, 82. — OEuvres, 399.
CHÉROT (Auguste). Le régime nouveau des chemins de fer, 1750.
CUERVILLE (G. de). Les Aventures d'un chien de chasse, 400.
CHEVALIER (Michel). Voies de communication des États-Unis, 983, 1751.

CHEVALIER. Trésor des sciences et des arts, 1786.
CHEVÉ (E.). Méthode élémentaire d'Harmonie, 1902.
CHEVIGNARD. Idée du monde, 2.
CHILD (Josias). Traité sur le Commerce, 1258.
CHODZKO. Contes des paysans slaves, 616.
CHOMPRÉ. Dictionnaire de la Fable, 617.
CHRESTIEN. Méthode iatraleptique, 1538.
CHRISTOPHLE (Albert). Traité théorique et pratique des travaux publics, 1752.
CHURCHIL. Maladies des femmes, 1539.
CICÉRON. OEuvres, 38. — Entretien sur les vrais biens et sur les vrais maux, 12, IV-3, 1211. — Académiques, 15. — Entretiens sur la nature des dieux, 14, IV-2. — De la Vieillesse, de l'Amitié, 13.
CLARETIE (Jules). La Guerre nationale, 1870-71, 742. — Paris assiégé, 744. — La France envahie, 743.
CLAUDEL (J.). Formules et aide-mémoire des ingénieurs, 1753.
CLAUDIEN. OEuvres poétiques, 38.
CLAUDON. Fabrication du vinaigre, 1715.
CLAUS. Traité de Zoologie, 1423.
CLÉMENT DE RIS. Portraits à la plume, 82 bis.
CLERMONT. Observations physiologiques sur les eaux minérales, 1424.
CLIFTON et autres. Manuel de la Conversation, 151, II-8.
CLOQUET (J.). Manuel d'Anatomie descriptive, 1425.
CLOUÉ (G.-C.). Renseignements sur la mer d'Azoff, 984.
COCHET DE SAVIGNY. Dictionnaire de la Gendarmerie, 1288.
COLARDEAU. Poésies, 218.
COLBERT, évêque. Catéchisme de Montpellier, 1103.
Collection de documents sur l'histoire de France, 745.
COLLIGNON (E.). Les Machines, 1703. — Cours de Mécanique, 1703.

COLLIN DE PLANCY. Dictionnaire infernal, 1846.
COLOMB (C.). La Musique, 1903.
COLOMBEY (E.). Histoire anecdotique du duel, 1847.
COLUMELLE. De l'Agriculture, 38.
COMBES, de Castres. Classification des maladies, 1540.
COMBES (François). L'abbé Suger, 746.
COMENIUS. La porte des langues, 152.
Commentaire sur l'ordonnance de la marine de 1681, 1805.
Compendium Philosophiæ ad usum seminariorum, 1067.
Comptes rendus de l'Académie des Sciences, 1320.
CONDILLAC. OEuvres complètes, 1068, IV-3.
CONDORCET. De l'esprit humain, 1132.
COUEN DE PRÉPÉAN. Sténographie exacte, 1848.
Congrès médical de Paris, 1541.
Congrès scientifique de France, 1321.
CONSCIENCE (H.). Scènes de la vie Flamande, 401. — Scènes. Le fléau du village, 402.
CONSOLIN (B.). Manuel du voilier, 1806.
CONSTANT (B.). Adolphe et réflexions sur le Théâtre, 312, II-7. — Mémoires sur la vie privée de Napoléon, 747.
Contemporains illustres, 926.
Conteur universel. Recueil d'histoires, 618.
COOCK (capitaine). Ses voyages, 1018.
COOPER (Fenimore). Chefs-d'œuvre, 403.
COOPER (Joseph). Un continent perdu, 1069.
COQUELIN et GUILLAUMIN. Dictionnaire de l'économie politique, 1070.
CORAY. Esquisse d'une histoire de médecine, 1542. — Traité d'Hippocrate, 1543.
CORBIÈRE (Ph.). La famille de Bourbon Mabauze, 750, III-3. — Une famille noble du Languedoc, 749. — Poésies religieuses, 219. — Histoire de l'Église réformée de Montpellier, 748. — His-

toire de l'Église réformée de Cette, 721. — De la réorganisation de la Société par le rétablissement des idées morales, 1212.

CORDIER (Eug.). Équilibre stable des charpentes, 1754.

CORNEILLE (Pierre et Thomas). Théâtre, 313.

CORNEILLE (Pierre). OEuvres, 315. — Chefs-d'œuvre, 314. — Théâtre, 316.

CORNELIUS NEPOS. Vie des grands capitaines, 38.

CORTÈS (D.). Essai sur le catholicisme et le socialisme, 1071, IV-3.

COSTE (abbé). Vie de F.-X. Coustou, vicaire-général, 927.

COTTIN (Mme). Élisabeth, Mathilde, Amélie, 404.

COULIER. Manuel de Microscopie, 1544. — Description générale des phares et fanaux, 1807. — Tables des principales positions géonomiques du globe, 1396.

COURCELLE (H. de). De l'abolition des octrois en France, 1238.

COURIER (Paul-Louis). OEuvres, 16.

COURTOIS (fils). Des opérations de Bourse, 1072.

COUSIN (Victor). OEuvres complètes, 1133. — Etudes sur les femmes illustres, 928.

CRÉBILLON. OEuvres, 317.

CROSSE et FISCHER. Journal de Conchyliologie, 1426.

CROZAT (E.). La Politique à la portée de tout le monde, 1239.

CUISIN. Les Barricades, ou 3 journées de juillet 1830, 752.

CUVIER. Discours sur les révolutions du globe, 1427.

CUVILLER-FLEURY. Voyages et voyageurs, 1019. — Etudes critiques, 83.

CZATI. Powstanca, 153.

D

DABADIE (F.). Récits américains, 405.

DABRY DE TIERSANT. La piété filiale en Chine, 1213.

DACIER. Rapport sur l'histoire et la littérature, 17.

DÆNDLIKER. Histoire du peuple Suisse, 753.

DAGUIN (P.-A.). Traité de Physique, 1366.

DAMAS (Hinard). La Fontaine et Buffon, 680.

DANTE. Les pénalités de l'Enfer, 84. — L'Enfer, le Paradis, le Purgatoire, 220.

DARGAUD. Voyage aux Alpes, 1020.

DARNIM (A.). Contes bizarres, 619.

DARRAS (J.-E.). Histoire de l'Église, 754, IV-2.

DARWIN (Ch.). Expression des émotions, 1429. — La descendance de l'homme, 1430. — Étude sur le Transformisme, 1431. — L'origine des espèces, 1428.

DASH (Comtesse). Les bals masqués, 406.

DASSOUCY. Aventures burlesques, 407.

DAUBENTON. Instruction pour les bergers, 1787.

DAUDET (A.). Numa Roumestan, 408.

DAVANNE (A.). Les progrès de la Photographie, 1716.

DAVID. Les Psaumes, 221, IV-2.

DAVIOUD. Le bois de Boulogne, 1891.

DEBANS La peau du mort, 409.

DEBAY (A.). Hygiène des plaisirs, 1545.

DÉCEMBRE (Alonnier). Dictionnaire de la Révolution, 18.

DÉCHAMPS. La franc-maçonnerie, 1849.

DÉCLAT. Nouvelles applications de l'acide phénique, 1546.

DEGEN. Constructions en briques, 1755. — Constructions en bois, 1755.

DÉGERENDO. De l'art de penser, 1134.

DÉHARME (E.). Les merveilles de la Locomotion, 1717.

DÉHERRYPON. Les merveilles de la Chimie, 1384.

— 217 —

DELAMBRE. Rapport sur le progrès des sciences, 1331.
DELAMONT (E.). Notice historique sur la poste, 681, 1688.
DELAUNAY (Ch.). Cours de Mécanique, 1332.
DELAVIGNE (A.). Manuel du baccalauréat, 3.
DELAVIGNE (C.). OEuvres complètes, 222. — Théâtre, 318. — Poésies, 222.
DELBOEUF. La Psychologie, 1135.
DELESSERT. Voyage aux villes maudites, 1021.
DELEUZE (J.). Du Magnétisme animal, 1547.
DELEVEAU (P.). La matière et ses transformations, 1718.
DELIGNY (Général). Armée de Metz, 682, VIII-7.
DELILLE. L'Homme des champs, 223. — La Gastronomie, 224. — OEuvres choisies, 225. — OEuvres complètes, 226.
DELMAS (E.). De Fræschviller à Paris, 1833.
DELORD (Taxile). Histoire du second empire, 755.
DELPECH (J.). Maladies chirurgicales, 1548
DELVAU. Du Pont des Arts, 410.
DEMERSAY. Histoire du Paraguay, 756.
DÉMOSTHÈNE et ESCHINE. Chefs-d'œuvre, 184.
DEMOUTIER (A.). Lettres à Émilie, 646.
DEPPING (B.). Les jeunes voyageurs en France, 1022. — Merveilles de la Force, 1850.
DESBAROLLES. Les mystères de la main, 1851.
DESBORDES-VALMORE et autres. La Couronne de Flore, 19.
DESCARTES. OEuvres choisies, 1136. — Discours sur la Méthode, 1137.
DESCHANEL (E.). A pied et en wagon, 411. — La question du Tonkin, 683. — Physiologie des écrivains, 85.
Description de l'Egypte, 684.
DES ESSARTS. La femme sans Dieu, 412.

DESGOUSÉE (A.-L.). Guide du Sondeur, 1432.
DESGROUAIS. Les Gasconismes, 154.
DESPALLIÈRES. Orléans, 757.
DESPERRIÈRES. Traité des maladies des gens de mer, 1549.
DESSAIX et FOLLIET (A.). Général Dessaix, 758.
DEVANNOZ. (Mme de). Epîtres à une femme, 227.
DEVIC et dom VAISSETTE. Histoire générale du Languedoc, 759.
DEZOBRY (Ch.). Rome au siècle d'Auguste, 1023.
DHORMOYS (P.). Sous les Tropiques, 413.
Diable à Paris, 414.
Dialogues extravagants, 620.
DICKENS (Ch.). Les temps difficiles, 415.
Dictionnaire néologique, 20, II-1.
Dictionnaire français-italien, 87.
Dictionnaire des Rimes, 228.
Dictionnaire des Sciences médicales, 1551.
Dictionnaire de Médecine et de Chirurgie, 1550.
Dictionnaire encyclopédique des Sciences médicales, 1552.
Dictionnaire du Commerce, 1689.
Dictionnaire de la Conversation, 86.
DIDEROT. OEuvres choisies, 416.
DIDRON. Iconographie chrétienne, 1104.
DIGUET (Ch.). Trois femmes martyres, 417.
DIEULAFAIT. Diamants et pierreries, 1433.
DIOULOUFET. Le Don Quichotte philosophe, 418.
Discussion de l'adresse, 1073.
DISLERÈ. La guerre d'escadre, 1808.
DODD (W.). Beauties of Sakspeare, 229.
DOLENT (J.). Une volée de Merles, 88.
DOLLE (F.). Souvenirs de voyage, 1024.
DOLÆI (J.). Encyclopædia medicinæ, 1553.
DOMENGUET. Du mandat de la Commission, 1313.
DOMENY et RIENZY. Dictionnaire usuel et géographique, 21, II-1, III-1.
DONIZETTI. Don Pasquale, 1904.
DORAT. OEuvres complètes, 230.

C 15

— 218 —

Dortous de Mairan. Dissertation sur la glace, 1367.
Double (F.-J.). Seméiologie générale, 1554.
Douliot (J.-P.). Traité de la coupe des pierres, 1756.
Dubreuil (J.). Observations et réflexions sur les anévrismes, 1555.
Ducamp (M.). Les Convictions, 231. — Les Buveurs de cendres, 419.
Duchesne. Manuel commercial, 1809.
Duclaux (E.). Ferments et maladies, 1434.
Duclos (Ch.). Considérations sur les mœurs, 1138.
Ducons (P.). Observations nautiques, 1810.
Ducournau (J.). Analyse des ciments, 1757.
Ducrot (Général). La journée de Sédan, 760, VIII-7,
Dufour (L.-P.). Journal des journaux, 420.
Dufrenoy (Mme). Cabinet du petit naturaliste, 1435.
Dugès (Ant.). Traité des Accouchements, 1556.
Duguiés (H.). Mon Carnet de voyage, 1025.
Dumarchais. Des Tropes, 185.
Dumas (A.). Impressions de voyage, 421, III-6. — Romans divers, 422. — Les Mohicans de Paris, 425. — Souvenirs d'Autony, 426. — Italiens et Flamands. 423. — Dieu dispose, 424.
Dumas (fils). OEuvres, 319, 427. — Affaire Clémenceau, 427.
Dumas (Ch.-L.). Doctrine des maladies chroniques, 1557. — Principes de Physiologie, 1558.
Duméril (C.). Éléments des Sciences naturelles, 1436.
Du Moncel (Th.). Exposé des applications de l'électricité, 1719. — Le Téléphone, 1720.
Dumont (A.). Les eaux de Nîmes, 1758.
Dumont (J.-H.). Connaissances mathématiques, 1333.
Dumont (L.). Théorie de la Sensibilité, 1139.
Dunglas (D.). Révélations sur ma vie, 1852.
Dunoyer (Mme). Lettres historiques, 647.
Dupain (M.). Les Amusements militaires, 1834.
Dupaty. Lettres sur l'Italie, 648.
Duplessis (Ph.). OEuvres posthumes, 232. — Les Boucaniers, 428.
Duplessis (G.). Les merveilles de la Gravure, 1878.
Dupotet. Le Magnétisme opposé à la Médecine, 1559. — Du Magnétisme, 1560. — Manuel du Magnétisme, 1561. Journal du Magnétisme, 1562.
Duprat (J.). Rapport sur le chemin de fer de Bordeaux à Cette, 1759.
Dupray de la Maherie. Le livre rouge, 929.
Dupuis (J.). Tables des logarithmes, 1334.
Dupuis (L.). Manuel d'Hygiène, 1563.
Dupuit. Traité de la conduite et de la distribution des eaux, 1760.
Dupuy de la Serre. L'art des lettres de change, 1240.
Durand et Gayarin. Physiologie du Provençal, 429.
Durand de Nancy. Guide des Maires, 1314.
Durantin (A.). Le Carnet d'un libertin, 430.
Duruy (V.). Histoire des Romains, 762. — Des Grecs, 761.
Duval (Jules). Les Colonies, 765, III-5.
Duval-Jouve. Histoire de Montpellier, 764. — Les noms des rues de Montpellier, 763, III-4.
Duverger. Dictionnaire de Droit français, 1289.
Duvotenay (Th.). Atlas de l'histoire, 985.
Dyon-Cassius. Histoire Romaine, 796.

E

Eaux minérales, 1437, 1438.
ECHARD (L.). Histoire Romaine, 767.
Écho des feuilletons, 431.
Écoliers (les) en vacances, 1322.
EGGER. Latini sermonis, 39. — La parole intérieure, 1140.
ÉLIE (A. et Ch.). Fastes des Gardes nationales, 768.
Élite de poésies fugitives, 233.
ÉMÉRIGON (B.). Traité des assurances, 1315.
ÉMY (A.-R.). Traité de la Charpenterie, 1761, 1762.
Encyclopédie des sciences médicales, 1564, 1565. — Encyclopédie du génie industriel, 1690. — Encyclopédie des jeux familiers, 4.
ERASME. Éloge de la folie, 1141.
ERCILLA (A. de J.) ZUNIGA. L'Araucana, 284.
ERCKMANN CHATRIAN. OEuvres, 432, II-7.

ESCHYLE. Tragédies, 320.
ESCUDIER (Frères). Dictionnaire de Musique, 1905.
ESPINAS (A.). Philosophie expérimentale, 1142. — Des Sociétés animales, 1143.
ESQUIROS. Histoire des montagnards, 769. — Paris ou les sciences, 1074.
Essai sur la nature du commerce d'Angleterre, 1259.
Essais sur la marine, 1811.
Essai sur l'état du commerce, 1260.
Etrangers (les) à Paris, 89.
EURIPIDE. Théâtre, 321.
EUTROPE. Histoire Romaine, 38.
Explorateur, journal géographique, 22, III-1.
Exploration, journal des conquêtes, 23, III-1.
Exposition universelle de 1878, 24.
EYMA. OEuvres, 433.

F

FABRE. Dictionnaire des Dictionnaires de médecine, 1566.
FABRE (A.). Histoires diverses, 770.
FABRE (L.). Le bon Magnanier, 1788.
FAIDHERBE. Campagne de l'armée du Nord, 771, VIII-7.
FATH. Un drôle de voyage, 434.
FAUCON. Instruction sur la submersion, 1789.
FAUCONNEAU-DUFRESNE. De l'affection du foie, 1567.
FAVRE (J.). Gouvernement de la défense nationale, 772, VIII-7.
FAVRE (M.). Obras patouésas, 235.
FAVRE (P.). Dictionnaire Malais, 90, II-2. — Grammaire Malaise, 90, II-2.
FAYE (H.). Cours d'Astronomie nautique, etc., 1397.

FÉNELON. OEuvres complètes, IV-5, 186, II-7, II-8, IV-2, IV-3. — Les aventures de Télémaque, 435.
FÉRÉ (O.). Les amoureux des quatre filles d'honneur, 436.
FERRARI et GACCIA. Dictionnaire italien-français, 91.
FERRER. Mémoires sur l'Orient, 685.
FERRIER (D.). Les fonctions du cerveau, 1439.
FERRIER. Manuel des receveurs municipaux, 1290, V-3.
FERRY (G.). Romans divers, 437.
FÉTIS. De la Musique, 1906.
FEUILLET (O.). OEuvres, 322, II-6.
FÉVAL (P.). OEuvres, 438.
FEYDAU (E.). Les quatre Saisons, 439.
FIÉVÉE (J.). OEuvres, 440.

— 220 —

Figuier (L.). Le lendemain de la mort, 1075, IV-3. — Les Merveilles de la Science et de l'Industrie, 1691. — Histoire du Merveilleux, de l'Athéisme, 1854. — Grandes inventions modernes, 1693. — L'Alchimie et les Alchimistes, 1853.
Filassier (J.-J.). Eraste, ou l'ami de la jeunesse, 1230.
Fillau. De l'engagement des équipages, 1291.
Fischer (A.). Der Haufmann, 441.
Flammarion. Œuvres, 1398, 1399, 1400. — Dieu dans la nature, 1144.
Flandin (E.). Voyages en Perse, 1026.
Flandin et Coste. Voyages en Perse, 1027.
Flaubert (G.). Trois contes, 442.
Flavius Vapiscus, 38.
Fleming et Tibbins. Dictionnaire français-anglais, 92.
Fleury. Bibliothèque de Brest, 667.
Fleury (prêtre). Mœurs des Israélites, 773.
Fleury (L.). Journal des sciences médicales, 1368.
Florian (H.). Mélanges de littérature, 93.
Florus. Histoire Romaine, 38.
Flotow. Martha, opéra, 1907.
Flottes (abbé). Études sur Huet, 1145.
Flourens. De la vie et de l'intelligence, 1146.
Foissac (M.-P.). Le Magnétisme animal, 1569.
Fonssagrives (J.-M.). Hygiène des villes. Étude d'Hygiène, 1763. — Dictionnaire de la santé, 1570.
Fontane (M.). Confidences de la 20e année, 443.
Fontenelle (Julia de). Recherches sur les signes de la mort, 1571.
Fonvieille (V. de). Les Merveilles du monde, éclairs et tonnerres, 1368, 1440.

Forbonais. Recherches sur les finances, 1261.
Fortunatus. Le Procuste, 94.
Fortune (Robert). Aventures, 444.
Fossati (J.). Manuel de Phrénologie, 1441, 1572.
Foucaud (E.). Les Artisans illustres, 1694.
Fouillée (A.-L.). Idée du droit, 1292.
Foulon. Étude sur les octrois, 1262.
Fourcade (Ernest). Maladies nerveuses, 1573.
Fourcault (A.). Lois de l'organisme, 1442. — Les animaux historiques, 686.
Fournier (E.). L'Esprit des autres — dans l'histoire, 40, 41.
Foy (Général). Discours, 187.
Foy (F.). Formulaire des médecins, 1574.
Français (les) peints par eux-mêmes, 42.
France, roi, cour et gouvernement, 774, 1241.
France pittoresque, 986.
Franck (A.). Dictionnaire des sciences philosophiques. 1076.
Franck (J.). Encyclopédie des sciences médicales, 1576.
Franck (P.). Traité de Médecine, 1575.
Franklin. Mémoires. 930.
Frayssinous (Eug.). Défense du Christianisme, 1105.
Frédéric II. Résumé de ses œuvres, 25.
Frédéric II et Suhn. Correspondance, 649.
Fréminville (de). Cours de machines à vapeur, 1704.
Fremy (A.). Les Maîtresses parisiennes, 445.
Frenet (F.). Recueil d'exercices, 1335.
Fresenius (A.). Traité d'analyse chimique, 1985.
Freidel (L.). Lettres à Sophie, 650.
Fromentin (Eug.). Un été dans le Sahara, 446.
Frontin. Des aqueducs de Rome, 38. — Stratagèmes, 38.
Fucus. Les Volcans, 1443.
Fuster (Charles). Essais de critique, 95.

G

Gaboriau (E.). L'ancien Figaro, 43. — Le petit Vieux des Batignolles, 447.
Gacon-Dufour (Mme). Manuel des habitants de la campagne, 1790. — Manuel de la Maîtresse de Maison, 1791. — La Cour de Catherine de Médicis, de Henri III et de Henri IV, 775.
Gaffarel (Paul). Les colonies françaises, 987.
Gaillard. L'Homéopathie vengée, 1577.
Galeries historiques du palais de Versailles, 1879.
Galland. Cours complet d'instruction de demoiselles, 1231.
Gallus. Elégie et fragments, 38.
Gandon. Les 32 duels de Jean Gigon, 448.
Garcet (H.). Leçons de Cosmographie, 1401.
Garello (Fr.). Trattato generale di commercio, 1263.
Garnier (E.). Voyages dans l'Asie méridionale, 1028.
Garnier (J.). Notions d'économie politique, 1264. — Traité d'économie politique, 1264. — Les nains et les géants, 1444. — Le fer, 1721.
Garnier-Pagès. Histoire de la Révolution de 1848, 776.
Garnier de Pont Ste-Maxence. La vie de St-Thomas, 931.
Garonne. Histoire de Montpellier, 777.
Gasparin (Agénor de). Voyage à Constantinople, 1029. — Des tables tournantes, du surnaturel, 1855. — A travers les Espagnes, 1029. — Questions diverses, 1077. — Les horizons prochains, liberté religieuse, 1077. — La Bible, 1106. — Paroles de vérité, 1107. — Discours politiques, 1107, 1242.
Gastineau. Les femmes des Césars, 778. — Les génies de la liberté, 779.
Gauckler. Le beau et son histoire, 1147.

Gaudin (L.). Catalogue de la Bibliothèque de Montpellier, 668.
Gaussen (M.). Matérialisme et socialisme devant le sens commun, 1148.
Gauthier (Abbé). Leçons de Chronologie et d'histoire, 780.
Gauthier (Théophile). Poésies nouvelles, 236. — La belle Jenny, 449. — Tableaux de siège (1870-71), 781. — Constantinople, 449. — Nouvelles, 449.
Gavarni. Masques et visages, 96.
Gazeau (A.). Les Bouffons, 782.
Gazette homéopathique de Bordeaux, 1578.
Gebelin (Comte de). Histoire naturelle de la parole, 155.
Gendrin (V.-A.). Récits historiques de quatre voyages au Brésil, 1030.
Genin (F.). Des variations du langage, 156.
Geoffroy St-Hilaire. Lettres sur les substances alimentaires, 1856.
Germain (A.). Histoire du commerce de Montpellier, 1265.
Geslain. Portraits biographiques littéraires, 97.
Gessner. Œuvres, 157.
Gibbon (Edouard). Histoire de la décadence de l'Empire romain, 783.
Gilbert. Œuvres poétiques, 237.
Girard (J.). Les exploitations sous-marines, 1446. — Les plantes étudiées au microscope, 1447.
Girard (abbé). Les vrais principes de la langue française, 158.
Girardin (E. de). Le Spectre noir, 1293.
Girardin (Mme E. de). Œuvres, 450, II-1, II-4, II-5.
Girodet. Œuvres, posthumes, poésies, 238.
Glade. Du progrès religieux, 1214.
Godet. Notes sur le Golfe du Mexique, 988.

Gœpp (Ed.). Les grands hommes de la France, 932.
Goethe. Œuvres complètes, 99, II.-6. — Faust, suivi du second Faust, 323. — Des hommes célèbres de la France, 98, III-3. — Hermann et Dorothée, 324.
Gogol. Harars Boulba, 451. — Les âmes mortes, 451.
Goncourt (Edmond et Jules de). Charles Demailly, 452. — Idées et sensations, 1149.
Gonjv. Nouveau Voyage sentimental, 453.
Gotschalk. Minéralogie, 1448.
Goudoulin. Le Ramelet moundi, 239.
Gozlan (Léon). Œuvres, 454, II-7. — Le Tapis vert, 454, II-7.
Gozzi. Mémoires, 687.
Graffigny (de). Les moteurs anciens et modernes, 1705.
Grammatica de la lengua Castellana, 159.
Grammont (de). Mémoires, par Hamilton, 688.
Grandveaux. Code pratique des chemins vicinaux, 1316.
Granger (A.). Catalogue des Mollusques du littoral de Cette, 1449.
Granier de Cassagnac. Histoire des causes de la Révolution française, 784.
Gratiolet. De la Physionomie, 1450.
Gratiunesco. Le Peuple Roumain d'après ses chants, 100.
Gresset. Œuvres poétiques, 210.

Greville (H.). Les Koumiassine, 455.
Grimard (Ed.). La goutte de sève, 1451.
Grimaud. Cours complet de fièvres, 1579.
Grimaud, de Caux. Des eaux publiques, 1764.
Grimm. Gazette littéraire, 689.
Guarini. Il Pastor fido, 325.
Güell. Traditions Americas, 621.
Guérin (Léon). Histoire maritime de la France, 785. — Veillées et nouvelles, 456.
Guéroult (C.). Les dames de Chamblas, 457.
Gueyrard. Mélanges homéopathiques, 1580.
Guichard (Ch.). Le Code des femmes, 458, V-3.
Guillemin (A.). La Vapeur, 1722. — Le Monde physique, 1369. — Les Chemins de fer, 1765. — Le Ciel, 1402. — Les Mondes, 1403.
Gui-Patin. Lettres, 651.
Guislain. Lettres médicales sur l'Italie, 1581.
Guizot. Œuvres, 786.
Guyard de Berville. Histoire du chevalier Bayard, 933.
Guyard (Stanislas). Théorie nouvelle de la métrique arabe, 241.
Guyau. Vers d'un Philosophe, 242. — La morale d'Epicure, 1150.
Guy de Rousseau. Traité des matières criminelles, 1317.

H

Habenech. Justice, 459.
Hahnemann. Œuvres, 1582, 1583, 1584.
Haller (Albertus). Œuvres, 1585.
Haller (G.). Vertu, 460. — Le Clou au Couvent, 460.
Hamel (E.). Histoire de Robespierre, 787.
Hardouin de Péréfixe. Histoire de Henri le Grand, 788, III-3.
Harmonville (d'). Dictionnaire des dates, 690.

Hartmann. Thérapeutique, 1586.
Hauréau. Singularités historiques, 101.
Hégel. Esthétique et Poétique, 1151.
Heine (H.). Lutèce, 652, 142. — Tableaux et voyages, 691.
Hélène (H.). La Poudre à canon, 1723. — Les Galeries souterraines, 1766.
Héloïse et Abélard. Lettres, 461, II-8.
Henry-Lauson. The french Gil-Blas, 462.
Hérodote. Histoire, 789.

— 223 —

HERSCHELL. Traité d'Astronomie, 1404.
HERTZEN. Le Monde Russe, 692.
HILAIRE (L.). Nouvelles fantaisistes, 463.
HILDEBRAND. Romans divers, 464.
HIPPOCRATE. Médecine, 1587. — Aphorismes, 1588.
Histoire des Camisards, 793.
Histoires diverses du Languedoc, 791.
Histoire moderne des Chinois, 790.
Histoire de la ville de Montagnac, 794.
Histoire Romaine, 792.
Histoire générale des voyages, 1031.
HOFFMANN. OEuvres (texte allemand), 622. — Contes posthumes, 633.
HOLBACH (baron). Letters, 653.
HOLLERII Opera practica, 1589.
HOMÈRE. Iliade, — Odyssée, 243.
HORACE. OEuvres, 38.
HOSPITAL (M. L'). OEuvres, 188.
HOUSSAYE (A.). OEuvres, 465. — Galeries et portraits, 102, II-6. III-3.
HOUAT. Etudes et sciences spirites, 1857.
HOVELACQUE (A.). Grammaire de la langue Zende, 160. — Linguistique, 161. — Études de linguistique, 162.
HUBLARD (G.). Histoire contemporaine, 795.
HUFFLAND. Manuel de Médecine, 1590.
HUGO (A.). France pittoresque, 989. — Histoire de l'empereur, 796, III-3.
HUGO (V.). OEuvres, 244. — Les Misérables, 244. — Théâtre, 326. — Han d'Islande, 466. — Les Travailleurs de la mer. 467. — Les Misérables, 467. — 93 ou la Terreur, 466. — Notre Dame de Paris, 466. — Théâtre, 327. — Bug. Jargal, 466. — Hugo (V.) raconté par un témoin de sa vie, 934. — Littérature et philosophie, 1078.
HUME (David). Histoire d'Angleterre, 797.
HUME (Huxley). Sa vie, 935.
HUMPHRY (Davy). Les derniers jours d'un philosophe, 1152.

I, J, K

IMBERT DE ST-AMAND. Les femmes de Versailles, 693, III-2.
Intérêts de la France mal entendus, 1266.
JACOB (P.-L.). Les vieux Conteurs français, 624. — Curiosités de l'histoire, 1695. — Curiosités des sciences occultes, 1858.
JACQUEMART (A.). Les merveilles de la Céramique, 1724.
JACQUET. Cours de langue latine, 163.
JAHR (G.). Traitement homéopathique, 1591. — Bulletin de l'art de guérir, 1592. — Nouveau manuel de Médecine, 1593.
JAMIN (J.). Cours de Physique, 1370.
JANET. Les maîtres de la pensée moderne, 1079.
JANIN (Jules). La Poésie et l'Éloquence, 103. — Le Chemin de traverse, 468.
JAUBERT. Voyage en Arménie, 1032.
JAUFFRET (A.). Fables choisies, 245, II-7.
JOBEY (Ch.). L'amour d'un nègre, 469.
JOCO-SERIA. Petites misères de la vie, 470.
JOHANNOT (A.), etc. Voyage où il nous plaira, 625.
JOHNSON. La Comédie politique, 328.
JOLIET (Ch.). Les Pseudonymes, 669.
JOLY (J.-B.). Scènes d'Italie et de Vendée, 471.
JOLY (B.). Tenue des livres, 1859.
JOLY (H.). L'Imagination, 1153.
JOLY (M.). Le Barreau de Paris, 1080.
JORDAN (M.). Cours d'Analyse, 1336.
JORNANDÈS. Histoire des Goths, 38.
JOUFFROY. Nouveaux mélanges philosophiques, 1154. — Cours d'Esthétique, 1155.
Journal des Voyages, 694, III-6.
Journal des Économistes, 1081, 1267.

— 224 —

Journal complémentaire des Sciences médicales, 1599.
Journal des Connaissances médico-chirurgicales, 1598.
Journal de Médecine et de Chirurgie, 1596.
Journal de la Société hahnemannienne de Paris, 1601.
Journal de la Société gallicane de médecine, 1595.
Journal de Médecine de Montpellier, 1597.
Journal de Médecine et de Chirurgie, 1600.
Journal de Médecine homéopathique, 1594.
Journal de Menuiserie, 1767.
Journal de Serrurerie, 1768.
Journal de la Société des naufragés, 1812.
Jousse. Commentaire de l'ordonnance de 1667, 1318.
Julia (H.). Histoire de Béziers, 798.
Julliany (J.). Essai sur le commerce de Marseille, 1268.
Jullien (C.-E.). Traité de la construction des machines, 1706.
Jurien de la Gravière. Souvenirs d'un amiral, 1033. — Guerre maritime, 1813. — La Marine des anciens, 1813. — La Station du Levant, 1033.
Jussieu (A.). Cours élémentaire d'histoire naturelle, 1452.
Justin. Histoire Romaine, 38.
Karolus (L.). Histoire des deux Tamerlan, 472.
Karr (A.). Agathe et Cécile, etc., 473.
Kératry. Brochures diverses, 695.
Kerhallet. Considérations sur l'Océan Atlantique, 1814.
Kioes. Traité élémentaire de Géométrie, 1337.
Klopstocks. Werke, 246.
Kock (P. de). Le petit Bonhomme du coin, 474.
Kosciuszko. Legenda, 475.
Kurzweil (E.). Idée de la République en Pologne, 799.

L

Laboulaye (Ch.). Dictionnaire des arts et manufactures, 1696.
Laboulaye (Ed.). Histoire des États-Unis, 800. — Le prince Caniche, 476. — Paris en Amérique, 476.
Labruéré. Histoire du règne de Charlemagne, 801.
Labruyère. Les Caractères de Théophraste, 1215. — Les Caractères, 1215.
Lachambaudie. Fables, 626.
Lachâtre. Dictionnaire universel, 5.
Lacombe. Le Patriotisme, 1216. — Les Armes et les armures, 1835.
Lacordaire. Vie de St Dominique et mélanges, 936.
Lacour (L.). Annuaire du Bibliophile, 670.
Lacretelle (Ch.). Histoire de France, 802.
Lacroix (F.). Carnet de l'ingénieur, 1697. Éléments d'Algèbre, 1338. — Traité d'Arithmétique, 1338.
Lacroix (E.). Les mystères de la Russie, 803. — Les Mille et un jours, 477, II-7.
Laennec. Traité de l'Auscultation médicale, 1602.
Lafaye (M.). Dictionnaire des Synonimes, 164.
Laffayette (Mme de). La princesse de Clèves, 937.
Lafitte (P.-J.). Symptomatologie homéopathique, 1603.
Lafontaine (J. de). Œuvres complètes, 249, II-7. — Œuvres avec notes, 247, II-7. — Œuvres inédites, 248, II-7.
Lafontaine (Ch.). Mémoires d'un Magnétiseur, 1605. — L'art de Magnétiser, 1604.
Laget de Podio. Traité sur les assurances maritimes, 1294, V-3. — Nouvelle juridiction consulaire de la France à l'étranger, 1249, V-3.

LAHARPE. Histoire générale des Voyages, 1033 *bis*. — Atlas pour servir à l'Histoire des Voyages, 696. — Cours de Littérature ancienne et moderne, 697. — Cours de Littérature ancienne et moderne, 698.
LAJARTE (Th. de). Curiosités de l'Opéra, 1874.
LALANDE (L.). Curiosités des traductions des mœurs et des légendes, 1860.
LALANDE. Des canaux de navigation et du Canal du Midi, 1769.
LA LANDELLE (de). Les Passagères, 478. — Les Épaulettes d'amiral, 478.
LALANNE (L.). Curiosités littéraires et bibliographiques, 104, III-3.
LALANNE (M.). Chez Victor Hugo, 938.
LALLENU. Traité de l'Expropriation, 1319.
LAMARTINE (A. de). Œuvres complètes, 252, III-6. — Voyage en Orient, 1034. — Mémoires politiques, 1244. — La France parlementaire, 189. — J.-J. Rousseau et Mme de Sévigné, 105, 939. — Jeanne d'Arc et le Tasse, 939. — Christophe Colomb et Guttemberg, 939. — Fénelon et Bossuet, 939. — La Chute d'un Ange et les Harmonies, 250. — Histoire des Girondins, 804. — Cromwel ; Guillaume Tell, 805. — Méditations, 251. — Correspondance, 654. — Raphaël, 479. — Geneviève et Graziella, 479.
LAMENNAIS (F.). De la Religion, 1108. — De l'Indifférence en matière de Religion, 1109. — Affaires de Rome, 1244.
LAMPRIDE. Biographie de Commode, 38.
LANÇON. Agriculture et industrie en Vaucluse, 1792.
LANDAIS (N.). Dictionnaire français, 165. — Grammaire générale, 165.
LANDRAIT. Le Musée des jeux, 1861.
LANDRIN (A.). Les Inondations, 699. — Les Plages de France, 1453. — Les Monstres marins, 1454.
LANFREY. Histoire de Napoléon Ier, 807, III-3. — Histoire politique des Papes, 806, 1245. — L'Église et les philosophes au XVIIIe siècle, 1156. — Études et portraits, 940.
LANGLÈS (L.). Voyages de l'Inde, 1035.
LANOYE (F. de). L'homme sauvage, 1455.
Lanterne magique. Journal des choses curieuses, 1862.
LAPÉROUSE et BRUCE. Voyages, 1036.
LAPPARANT (A. de). Traité de Géologie, 1456.
LAPRIMANDAIE (de). Commerce et navigation de l'Algérie, 1815.
LARCHEY (Lorédan). Les Joueurs de mots, 44.
LARDIER, CHASTAN, etc. Épisodes de la Révolution, 808.
LA ROCHEFOUCAULD (de). Maximes et réflexions, 1157, 1218.
LAROMIGUIÈRE. Leçons de Philosophie, 1158.
LA RONCIÈRE LE NOURY. La Marine au siège de Paris, 809.
LA ROUNAT (Ch. de). La Comédie de l'amour, 480.
LAROUSSE (Pierre). Grand Dictionnaire universel, 6.
LASALLE (A. de). L'Hôtel des Haricots, 627.
LA SAUSSAYE (de). Histoire du château de Blois, 810.
LASTEYRIE. L'Orfèvrerie depuis les temps les plus reculés jusqu'à nos jours, 1725.
LATOUR (de). La Vie hongroise, 480 *bis*.
LAUGEL (Aug.). Les États-Unis pendant la guerre, 811. — Les problèmes de la nature et de la vie de l'âme, 1159.
LAURENT (H.). Traité de Mécanique rationnelle, 1339.
LAURENT PICHAT. Les Poëtes de combat, 941.
LAVALLÉE (Th.). Histoire des Français depuis les Gaulois jusqu'en 1830, 812. — Histoire des Français jusqu'à nos jours, 813.
LAVATER. L'Art de connaître les hommes d'après les traits de leur physionomie, 1457. — La Physionomie avec planches, 1458.

C 16

— 226 —

Lavaux. Manuel des Tribunaux de commerce, 1295, V-3.
Laveaux (J.-Ch.). Dictionnaire synonymique de la langue française, 166.
Le Bailly-Laroque. Histoires et chants d'amour, 481.
Leblant. Inscriptions chrétiennes de la Gaule, 968.
Lebon. Physiologie humaine, 1606.
Lebrethon. Petite Somme théologique, 1110.
Leçons de Littérature et de Morale, 106, IV-1.
Ledbuy (C.). Le Capitaine d'aventures, 482.
Ledru-Rollin. De la décadence de l'Angleterre, 814.
Lefebvre (Laboulaye). Paris en Amérique, 483.
Lefèvre (A.). Le sel, 1863. — Les merveilles de l'Architecture, 1892. — Les parcs et les jardins, 1892.
Lefrançais. Mystères des vieux châteaux, 484.
Leger (L.). Etudes Slaves. Voyages et littérature, 1037.
Legras. Album des pavillons, 1816.
Lemaire. Astronomie, 1405.
Lemale. Monnaies, poids et mesures, 1269.
Lemer (J.). Les poètes de l'amour, 253.
Lemétheyer. Dictionnaire des termes de marine, 1817.
Lemoine (A.). L'aliéné devant la philosophie, 1082.
Lemoine John. Etudes critiques, 1083.
Lennep. Aventures de Ferdinand Huyck, 485.
Lennier (G.). L'Estuaire de la Seine, 990.
Lenthéric (Ch.). Les villes mortes du golfe de Lyon, 815. — La Grèce et l'Orient en Provence, 815. — La Provence maritime, 815. — La région du Rhône, 815.
Léonard (J.). Début poétique, 254.
Léopardi (G.). Opuscules et pensées, 1160.

Lepic. (Comte). Comment je devins graveur, 1880.
Le Pileur (A.). Les Merveilles du corps humain, 1459.
Leprince (D.). Le Commerce de Cette et le Canal des deux mers, 1770.
Leroux de Lincy. Recueil de chants historiques français, 45. — Livre des Proverbes, 46, IV-3.
Leroy. Traité de Géométrie descriptive, 1340.
Lesage. OEuvres complètes, 190, II-5, — 486. Histoire de Gil-Blas de Santillane, 487. — Adventures (texte anglais), 488. — Atlas historique, 991.
Lesbazeilles. Les Colosses anciens et modernes, 969. — Les Merveilles du Monde polaire, 992. — Les Forêts, 1460.
Letourneau (Ch.). Physiologie des passions, 1161.
Leuret (F.). Fragments psychologiques sur la folie, 1607.
Levasseur. Histoire des classes ouvrières, 816. — Manuel des Justices de Paix, 1296, V-3.
Levée (J.-B.). Dictionnaire des épithètes françaises, 167.
Leveque (Ch.). Les Harmonies providentielles, 1162.
Levy (M.). Statique graphique et son application, 1707, VIII-4.
Leynadier et Clausel. Histoire de l'Algérie française, 817.
Liais (E.). Hydrographie du Haut San-Francisco, 993. — Traité d'Astronomie, 1406.
Liard. Les Logiciens anglais contemporains, 1163. — La science positive et métaphysique, 1164.
Lieutaud. Médecine pratique, 1608.
Littérateur universel, par une Société de gens de lettres, 107.
Littré. Histoire de la langue française, 168. — Dictionnaire de la langue française, 108.
Littré et Robin. Dictionnaire de Médecine, 1494.

Livet (L.). La Grammaire française et les grammairiens du XVIe siècle, 169.
Livre mignard ou fleurs de flabiaux, 47.
Logique ou art de penser, 1165.
Lois municipales économiques du Languedoc, 1270, V-I, V-3.
Loizerolles. La mort de Loizerolles, poème, 255.
Lonchampt (A.). Recueil de problèmes, 1341.
Lonlay (de). Nouvelles choisies du Comte Sollohoul, 489.
Lordat. Leçons de Physiolosie, 1461. — Preuves de l'insénescence du sens intime de l'homme, 1166.
Loret et Barandon. Flore de Montpellier, 1462.
Louis XIV. Résumé des œuvres de Louis XIV, 818.
Louvois. Testament politique, 1246.
Lublock. Les origines de la civilisation, 1084. — L'homme préhistorique, 1085.
Lubomirski. Les viveurs d'hier, 490. — Souvenirs d'un page du Czard Nicolas, 491.
Luc (de). Recherches sur les modifications de l'atmosphère, 1371.
Lucain. OEuvres, 38.
Lucien de Samosate. OEuvres, 26.
Lucrèce. De naturæ rerum, 38.
Lyell (Ch.). Éléments de Géologie, 1463.

M

Mably (de). OEuvre littéraires, 1086.
Machiavel. OEuvres littéraires, 329.
Macquart (M.). Des propriétés de l'eau, 1609.
Macrobe. OEuvres, 48.
Magalon. Fauvettes et Hiboux, 492.
Magalon (J.-D). Histoire du Languedoc, 819.
Magasin pittoresque, 493.
Magasin religieux, 494.
Magasin théâtral, 330.
Magasin universel, 495.
Magen. Les Galions de Vigo, 1818.
Magnac (de) et Villarceau. Navigation astronomique, 1726.
Magnétisme et Somnambulisme, 1611.
Magnétisme animal, 1610.
Magy (F.). De la Science, 1167.
Mahalin (P.). Les Monstres de Paris, 496.
Maïmoun, dit Maïmonide. Le Guide des égarés, 1111.
Mairet et autres. Chefs-d'œuvre poétiques, 256, II-5.
Maistre (J.). Du Pape, 1247.
Maistre (X. de). OEuvres, 628.
Maladies vénériennes, 1612.
Malaise (L.). Clinique, 1613.
Malherbe (F.). Poésies, 257.
Mallefille (L.). Leçons de langue espagnole, 170.
Malte-Brun. Géographie, 994.
Mandav. Études d'Architecture, 1771, 1893.
Manilius Marcus. Astronomiques, 38.
Mammeim (A.). Géométrie descriptive, 1342.
Manuel lexique des mots français, 109.
Manuel du Canonnier marin, 1819.
Manzoni. Les Fiancés, 497.
Maquet (Ch.). Les Orages de la vie, 498.
Marco de Saint-Hilaire. Histoire des Conspirations, 820. — Souvenirs intimes du temps de l'Empire, 821.
Marcoy (P.). Scènes et paysages, 499.
Marcus. Lakanal, 942.
Marechal (Sylvain). Bibliothèque des amants, 258.
Maréchal (le) de poche, ou traitement des chevaux, 1495.
Margollé et Zurcher. Les Ascensions, 1038. — Les Naufrages, 1039. — L'énergie morale, 1168. — Les Glaciers, 1372. — Les Météores, 1372.

MARIÉ-DAVY. Météorologie, 1373.
MARIETTE-BEY. Galerie de l'Égypte, 1881.
MARION (F.). Les Ballons, 1727. — L'Optique, 1374. — Merveilles de la végétation, 1464.
MARION (M.). Essai sur la Critique, 110.
MARMIER (X.). Au bord de la Néva, 629. — Lettres sur l'Islande, 995. — Les Drames intimes, 629. — Histoires allemandes et scandinaves, 629.
MARMONTEL. Éléments de Littérature, 111. — Mémoires, 943.
MAROT. Les Psaumes de David. Voir David, N° 221.
MARRYAT. Pierre Simple, 500.
MARTHA (C.). Les Moralistes, 112.
MARTIAL. OEuvres, 38.
MARTIN et LARCHER. Les femmes jugées, 49, 1217.
MARTIN DES PALLIÈRES. Orléans, — Campagne de 1870, 822.
MARTIN (H.). Histoire de France, 824. — Daniel Manin, 823, III-3.
MARTINET. Platon polichinelle, 113.
MARTINET (L.). Clinique médicale, 1614.
MARY-LAFON. Tableau de la langue, 171. — La Bande mystérieuse, 501. — Histoire du Midi de la France, 825.
MARY (J.). L'aventure d'une fille, 502.
MARZY. L'Hydraulique, 1728.
MASCART. Éléments de Mécanique, 1343.
MASQUELEZ. Établissement de l'eau à Lille, 1771 bis.
MASSILLON. OEuvres, 1112.
MASSON (M.). Le Dévouement, 1219.
MASTAINC (L.). Cours de Mécanique, 1708.
MATHEY (A.). Drame de la Croix Rouge, 503.
MATHIEU (H.). La Turquie, 700, III-5.
MATHIEU. Projet de Canaux maritimes, 1772.
Matière médicale pure et spécifique, 1615, 1616.
MATINES. Manuscrit sur parchemin, 1113.
MAUBREUIL. Histoire du soufflet donné à Talleyrand, 826.
MAUDSLEY (H.). Physiologie de l'esprit, 1169. — Le Crime et la Folie, 1617. — Pathologie de l'esprit, 1169, 1618.
Maudit (le), 504.
MAUGER (J.). Code, 1297.
MAURETTE (Omer). Heures de l'homme sage, 1220.
MAURY (F.). De l'art du dentiste, 1619.
MAXIMIEN. Élégies, 38.
MAYNARD (F.). Voyages au Chili, 505. — Souvenirs d'un Zouave, 505.
MAYNE-REID. A la mer, 506. — Le Chasseur de plantes, 506. — La Quarteronne, 506.
MAZADE (Ch.). L'Espagne moderne, 701.
Médecine homéopathique, 1620.
MEIGNAN. Les Évangiles, 1170.
Memento du baccalauréat, 50.
MÉNARD (Aug.). OEuvres inédites de Bossuet, 114.
MENAULT. L'intelligence des animaux, 1465. — L'amour maternel, 1466.
MENIER. Pulvérisateur des engrais, 1793.
Ménippée (Satire), 827, IV-1, IV-6.
MERCIER. Tableau de Paris, 115.
MERCOEUR. Poèmes, 259.
Mercure de France, journal, 27.
MÉRIMÉE (P.). Théâtre de Clara Gazul, 331. — Chroniques du règne de Charles IX, 507. — Colomba, 507, II-7. — Lettres à une inconnue, 655. — Étude sur les arts, 1875.
MERLIN-COCCAIE. Histoire macaronique, 508.
MÉRY. OEuvres, 509.
MEUNIER (Mme Stanislas). L'écorce terrestre, 1467.
MEUNIER (V.). Les grandes Chasses, 1864. — Les Pêches, 1865.
MEURICE (F.). Scènes du foyer, 510.
MEYRANX (P.). Observations médicales, 1621.
MEYERBEER. Li Ugonelti, 1908.
MIALBE. Pharmacologie, 1622.
MICHAUDET-NODIER. Veillées de famille, 630.
MICHELET. Histoire de France, 831. — Histoire de France, 828. — Les Soldats

de la Révolution, 829. — Histoire Romaine, 830. — Histoire de la Révolution française, 832. — La France devant l'Europe, 833. — Histoire du xixe siècle, 834. — OEuvres diverses, — 1087.
MICHELET et QUINET. Des Jésuites, 835.
MIGEON. Atlas historique, 996.
MILL (John-Stuart). Philosophie de Hamilton, 1171. — Principes d'économie politique, 1271.
MILLAUVOYE et ETIÉVANT. Les Coquines, 511.
MILLEROT. Histoire de Lunel, 836.
MILLET (C.). Les merveilles des fleuves, 1468.
MILLEVOYE. OEuvres, 260.
MILNE, JUSSIEU et BEUDANT. Cours d'Histoire naturelle, 1470.
MILNE (E.). Zoologie, 1469.
MILSAND (J.). L'Esthétique anglaise, 1172.
Ministère de l'Agriculture. Enquête agricole, 1794.
Ministère du Commerce. Des phares et fanaux, 1820.
Ministère de l'Instruction publique. Collection de monuments, 970, IX-2.
Ministère de la Marine. Manuel du Gabier, 1821. — Tableaux des populations, 1824.
Ministère des Travaux publics. Phares et balises, 1825. — Atlas des ports étrangers, 1822.
Ministère de l'Égypte, Statistique de l'Égypte, 1823.
MIRECOURT (de). Lettres à Proudhon, 656.
MIRVILLE (de). Pneumatologie, 1866.
MISTRAL. Miréio, 261.
MODESTUS. Termes de la milice, 38.
MOITESSIER (A.). L'air, la lumière, 1375.
MOLÉ. Catherine II, 512.
MOLÉRI. Petits drames bourgeois, 513.
MOLIÈRE. OEuvres, 332. — 333.
MONDOT (A.). Histoire des Indiens, 837.
Moniteur des Architectes, 1773, IX-3.
MOUNIER (H.). Mémoires de Joseph Prudhomme, 514.
MONSELET (Ch.). De Montmartre à Séville, 515. — Portraits après décès, 944. — Les frères Chantemesse, 516. — Les Originaux du siècle dernier, 945.
MONTAGNAC (A. de). Chevaliers de Malte, 838.
MONTAIGNE (M.). Essais, 1173, 1221, — 1174, 1221.
MONTÉPIN (X. de). OEuvres, 517.
MONTESQUIEU. OEuvres, 839, IV-1. — Esprit des lois, 1175.
MONTFORT. Voyage en Chine, 1040.
MONTLOSIER (de). Mémoires sur la Révolution française, 840.
Monuments inédits de l'antiquité, 1883.
Monuments du Languedoc, 1882.
MOOR (Ch. de). Matière médicale pure, 1623.
Moralistes français, 51.
MOREAU (E.). Rêves d'une jeune fille, 262.
MOREAU (Hég.). Le Myosotis, 263.
MOREAU (L.-H.). Physiologie du monde des Coquins, 1088. — Rousseau (J.-J.), 1176.
MORELET (A.). Voyage en Amérique, 1041.
MORGAGNI (B.). Opéra, 1471.
MORIN (A.). Manuel de Chauffage, 1174.
MORIN (prêtre). Mécanisme universel, 1323.
MORIN (avocat). Du Magnétisme, 1867.
MORNAND (P.). La vie de Paris, 518.
MOULIN. Madagascar, 841.
MOYNET (J.). L'envers du théâtre, 1894.
MOYNIER (Cte de). Bohémiens et grands Seigneurs, 519.
MOZART. Le Nozze di Figaro, 1909.
MUEZKOWSKIEGO. Grammatika, 172.
MULLER (Max.). OEuvres, 1177, 1178.
MUNARET. Le médecin des villes, 1624.
MURGER. OEuvres, 520.
Muse virile (la), 264.
Musée des archives départementales, 971.
Musée littéraire, 521.
Musée des deux Mondes, 1884.
MUSSET (A. de). OEuvres, 522, II-5.
MUSSET (Paul de). Puylaurens, 523. — M. le Vent et Mme la Pluie, 334, II-6.
Mythologie comparée avec l'histoire, 702.

N, O

NADAR. Le droit au sol, 1730. — Quand j'étais étudiant, 524. — Mémoires du Géant, 1729.
NARJOUX. Histoire d'un pont, 1775. — Architecture communale, 1775, 1895.
NATALIS DE WAILLY. Paléographie, 972.
NÉGRI CHRISTOFORO. Memorie storico, 703.
NÉMÉSIEN. Cynégétique, 38.
NÉRICAULT-DESTOUCHES. OEuvres dramatiques, 335.
NERVAL (de). Les Illuminés, 525. — Voyage en Orient, 1042.
NETTEMENT. Histoire de la Restauration, 842.
NEWIL (Ch.). Contes excentriques et nouveaux contes, 631.
NIBELLE (P.). Légendes de la vallée, 632.
NICOLAS (Aug.). La divinité de Jésus-Christ, 1179, III-4. — Études sur le Christianisme, 1180, III-5.
NILS ROSEN. Traité des maladies des enfants, 1625.
NINON DE LENCLOS. Mémoires, 946.
NISARD (D.). Littérature française, 116.
NISARD. Curiosités de l'étymologie, 173. — Histoire de Nimes, 843. — Souvenirs de voyage, 1043.
NODIER (Ch.). Romans, 526. — Contes, 633. — Questions de Littérature légale, 1298.

NOEL et LAPLACE. Leçons de Littérature, 117.
NOLEN. La Critique de Kant, 1089, IV-3.
NORIAC. OEuvres, 527.
Nouvelle Revue, 52.
NUS (Eug.). Choses de l'autre monde, 1868.
NYSTEN. Dictionnaire de Médecine, 1496.
OGENSKI. Mémoires sur la Pologne, 844.
OHM (G.). Théorie des courants, 1376.
OLIVIER. Arithmétique, 1344. — Traité du Typhus, 1626.
OPPERMANN. Annales de la Construction, 1776. — Portefeuille des Machines, 1777.
ORBIGNY (d'). Dictionnaire d'Histoire naturelle, 1472.
Ordonnances du Parlement de Toulouse, 1300.
Ordonnances de la marine de 1681, 1299.
Orléans (d'). Histoire des révolutions d'Angleterre, 845.
ORTOLAN. Pénalités de l'enfer. (Voir Dante), 84.
OTT (A.). Manuel d'Histoire, 846.
OUTHIER (J.-J.). Elégance du latin, 174.
OVIDE. OEuvres, 38. — Abrégé des Métamorphoses, 634.
OWEN (Johnes). Grammaire de l'Ornement, IX-3, 1885.

P

PACCINI (Eug.). La Marine, 1826.
PAILLERON. Les faux Ménages, 336.
PAILLOUX (Xavier). Le Magnétisme et le Spiritisme, 1627.
PALIKAO (de, général). Un ministère de la guerre de 24 jours, 1836.
PALLADIUS. De l'Agriculture, 38.
PALLEGEOIX. Dictionarium linguæ Thaï, 118.

PALLUS (L.). Les gens de mer, 528.
PAPON. L'art du poète et de l'orateur, 191.
PARAMELLE. L'art de découvrir les sources, 1473.
PARDESSUS. Collection de lois maritimes, 1301.
PARIS (E.). Catéchisme du marin et du mécanicien à vapeur, 1709.

PARIS (L.). Les manuscrits de la bibliothèque du Louvre, 671.
Paris, Versailles et les provinces au XVIIIe siècle, 847.
Paris guide. Recueil par les principaux écrivains, 52 *bis*.
PARNY. Œuvres poétiques, 265.
PARSEVAL-DESCHÊNES. Les Mystères du hasard, 529.
PASCAL. Pensées, 1181. — Les Provinciales, 657.
PASTEUR. Études sur le vin, 1731.
Pathogénésie des médicaments, 1628.
PAUTHIER. Les livres sacrés de l'Orient, 1116. — Le livre de Marco Polo, citoyen de Venise, 704.
PAUW. Recherches philosophiques sur les Grecs, 1182.
PAVIE (Th.). Récits de terre et de mer, 530.
PAYER (J.-B.). Traité d'Organogénie comparée de la fleur, 1474.
PÉEIFFER (Mme Ida). Mon second voyage autour du monde, 1044.
PEISSE (Louis). La Médecine et les Médecins, 1629.
PELIN (G.). Les phénomènes du Spiritisme dévoilés, 1869.
PELLETAN. La nouvelle Babylone, 532. — Le Pasteur du désert, 531.
PELLICO (Silvio). Des devoirs des hommes, 1222.
PELOUZE et FREMY. Abrégé de Chimie, 1386.
PÈNE (H. de). Paris intime, 119.
PENJON. Étude sur la vie et les œuvres de Berkeley, 947.
PERROCHEL. Les Pyrénées, 997.
PERRON (d'Arc). Les champs d'or de Bendigo, 533.
PERROT (J.-F.). Histoire des antiquités de Nimes, 973.
PERRUSSEL. La vérité en médecine, 1630.
PERRY (G.). Mélanges d'Homéopathie, 1631.
PERSE. Satires, 38.
PESSARD (H.). Yo et les principes de 89, 534.

PESSELIER. La Mascarade du Parnasse, 337.
PETIT (Ernest). Les Sires de Noyers, III-3, 850.
PETIT (J.-H.). Bibliothèque chirurgicale, 1632.
PETIT (Maxime). Les grands Incendies, 848. — Les Sièges célèbres de l'antiquité, 849.
PETRONE. Œuvres, 38.
PEYROT (Claude). Œuvres poétiques, 266.
PEZZANI (André). La pluralité des existences de l'âme, 1183.
PEZZL. Dictionnaire allemand français et français allemand, 173.
PHÈDRE. Fables, 38.
PHILIP (B.). Nouveau Dictionnaire de Théologie, 1117.
PHILIPPE II. Lettres à sa fille, 658.
PHILIPPE, roi de France. Discours, allocutions, 1248.
PICAMILH. Statistique des Basses-Pyrénées, 1795.
PICARD (Paul). Principes de Chimie agricole, 1796.
PICK (Eug.). Les Fastes de la grande armée d'Orient, 851.
Pièces de théâtre, 338.
Pièces de théâtre, 339.
Pièces de théâtre, 340.
PIERRE (J.-J.). Exercices sur la Physique, 1377.
PIGEAIRE (J.). Magnétisme vital, 1633.
PIGEONNEAU. Manuel encyclopédique du Commerce, 1272, V-5.
PIGNOTTI (L.). Favole et Novelle, 635.
PIJARDIÈRE (de la). Les Chroniques du Languedoc, 852.
PINÈDE. Des sociétés de secours mutuels, 1273.
PIOCH (J.). Projet de réorganisation militaire de la France, 1837.
PIRON. Œuvres choisies, II-5, 267.
PLANAT. Cours de construction civile, 1778.
PLANCHE et DUFAUCOMPRET. Dictionnaire français-grec, 120.

PLATON. Œuvres, 1184.
PLAUTE. Œuvres, 38.
PLINE (l'ancien). Œuvres, 38.
PLINE (le jeune). Œuvres, 38. — Lettres, 38.
PLOUVIER. La belle aux cheveux bleus, 535.
PLUCHE (Noël). Histoire du ciel d'après les idées des prêtres et des philosophes, 1870.
Plutarque Français (le). Vie des hommes illustres, 949.
PLUTARQUE. Vie des hommes illustres, 948.
POË (Edgard). Nouvelles histoires extraordinaires, 536. — Eureka, 536.
Politique de tous les cabinets de l'Europe, 1249.
POLLION TREBELLIUS. Bibliographie des deux Valériens, 38.
POMME (Pierre). Maladies nerveuses, 1634.
POMPEYO-GENER. La Mort et le Diable, 1185.
PONCELET (J.-V.). Applications d'Analyse et de Géométrie, 1345.
PONSARD. Œuvres, 341. — Galilée ; Le Lion amoureux, 342.
PONSON DU TERRAIL. Le Filleul du Roi, 537. — Aventures du Capitaine Lapalisse, 537.
PONTMARTIN (de). Les nouveaux Samedis, 121. — Contes et nouvelles, 636.
PORGES (G.). Carlsbad, ses eaux thermales, 1475.
PORTA (J.-B.). La Physionomie humaine, 1476.

Portefeuille économique des machines, 1779.
PORT-ROYAL. La Logique, 1186.
Portraits et histoires des hommes utiles, 853.
Ports maritimes de la France, 1780, VIII-6.
POULLEN DE LUMINA. Usages et mœurs des Français, 1090.
POUQUEVILLE. Univers : Grèce, 854, III-6. — Histoire de la régénération de la Grèce, 855.
POUSCHKINE. La Fille du Capitaine, 538.
PRAISSAC (du). Discours et questions militaires, 1838.
PRIVAT (E.). Voyage autour de l'étang de Thau, 1045.
Procès dit de Noé contre Villemessant, 1302.
PROPERSE. Elegies, 38.
PROST. Corneille-Agrippa, sa vie et ses œuvres, 950.
PROUDHON. Du principe de l'art et de sa destination sociale, 1187. — La Révolution sociale, 1187. — Le coup d'État du 2 Décembre, 1251. — La fédération et l'unité en Italie, 1250. — La guerre et la paix, 1187. — Du principe fédératif, 1187. — Des réformes à opérer dans l'exploitation des chemins de fer, 1275.
PROUDHON et BASTIAT. Intérêt principal, 1274.
PULKOWNIK. Powiese, 268.

Q

QUATREFAGES (de). L'espèce humaine, 1477. — Charles Darwin, 1188.
QUATRELLES. Nuits matrimoniales, 539.
QUENTIN. La Pâtissière de la Campagne, 1871.
QUESNOY (E.). Campagne de 1870. 856.
QUICHERAT (L.). Dictionnaire français-latin, 122.

QUICHERAT et DAVELUY. Dictionnaire latin-français, 123.
QUINET (Ed.). Œuvres, III-3, 858. — Siège de Paris, 857. — Le Christianisme et la Révolution, 951.
QUINET (Mme Ed.). Paris, journal de siège, 705, III-2, VI-1.
QUINTE CURCE. Vie d'Alexandre, 38, III-3.
QUINTILIEN. Œuvres, 38.

R

RABBINOWICZ (J.-N.). Principes de prononciation anglaise, 176.
RABELAIS. OEuvres, 540, 541.
RABOU (Ch.). Tribulations de Fabricius, 542.
RACIBORSKI. Précis de diagnostic, 1635.
RACINE. OEuvres, 343, 344.
RADEAU (R.). L'Acoustique, 1378. — Le Magnétisme, 1378.
RADEL (Petit). Institutions de Médecine, 1636.
RADIGUET. Souvenirs de l'Amérique, 1046.
RAMBAUD Histoire de Prusse, 859.
RAOUL-ROCHETTE. Lettres à Schorn, 974.
RAPON (Aug.). Doctrine homéopathique, 1637.
RAU (G.-L.). Mélanges d'Homéopathie, 1638.
RAUDOT. De la décadence de la France, 860.
RAVELET (A.). Code manuel de la Presse, 1303, V-3.
RAYBAUD (L.). Jérôme Paturot, 543.
RAYMOND (X.). Lettres sur la marine, 1827.
RAYNAL (H. de). Correspondants de Joubert, 659.
REBOUL de Nimes. Poésies, 269.
RECLUS (A.). Panama et Darien, 1047.
RECLUS (E.). Nouvelle Géographie universelle, 998. — La Terre, 999. — Voyage à la Sierra Névada, 1048.
RECLUZ (J.-A.). Fablos et Sournetos, 637.
Récolte de céréales et pommes de terre, 1797.
Recueil des ouvrages présentés aux Jeux floraux, 53, II-3.
Recueil de discours prononcés à la Faculté de Médecine, 1640.
Recueil de Thèses de Médecine, 1641.
Recueil de Pronostics dangereux, 1639.
Réforme des Chemins de fer, 1275 bis.
REGIMBEAU. Le Chêne Yeuse, 1798.
Régime administratif et financier, 1276, IV-7.
REGNARD. Poésies, 270, II-5, III-6. — Voyages, 1049.
REGNAUD. Cours de Chimie, 1387.
REGNAULT (Elias). Révolution française, 861.
REGNIER (M.). OEuvres, 271.
REIFFENBERG. Vie de garnison, 544.
Religion Saint-Simonienne, 1277.
RENAN (E.). Histoire des langues sémitiques, 177. — Marc Aurèle, 862. — Saint Paul. Vie de Jésus. Les Apôtres, 951. — L'Antechrist, 1091. — Questions contemporaines. Coliban. L'eau de Jouvence, 1091. — De l'origine du langage, 1189. — Dialogues et fragments, 1189. — Essai de Morale et de Critique, 1189.
RENARD (L.). L'art naval, 1828.
RENAUD (A.). L'Héroïsme, 1223.
RENDU (V.). L'Intelligence des bêtes, 1478. — Les Avocats d'autrefois, 1304.
RENÉ, ou source du bonheur, 545.
REQUIN. Éléments de Pathologie, 1642.
RÉSAL (H.). Traité de Mécanique, 1346, VIII-2. — Traité de Cinématique, 1347.
RESTIF DE LA BRETONNE. Contemporaines, 952.
RÉVOIL (B.). Les harems du Nouveau-Monde. La Syrène de l'enfer, 546.
Revue d'Anthropologie catholique, 55.
Revue générale d'Architecture, 1897.
Revue Homéopathique du Midi, 1643.
Revue Philosophique, 1190.
Revue Pittoresque, 57.
Revue Scientifique, 1324.
Revue des Langues Romanes, 56, II-1.
Revue des deux Mondes, 62.
Revue bleue ou littéraire, 54.
Revue de Toulouse, 58.
Revue de Bordeaux, 59.
Revue de Montpellier, 60.

— 234 —

Revue du Midi, 61.
Reynaud (Jacq.). Portraits contemporains, 953.
Reynaud (Jean). Histoire des minéraux, 1479.
Reynaud (L.). Traité d'Architecture, 1898.
Rialle (de). La Mythologie, 1092.
Ribot (Th.). Maladie de la mémoire, 1191.
— L'hérédité psychologique, 1191. — Maladies de la volonté, 1191.
Ricard (J.-J.). Cours de Magnétisme, 1644.
Ricci. Crispino et la Camara, 1910.
Richard (A.). Eléments de Botanique, 1480.
Richard (Ch.). Philosophie synthésiste, 1192.
Richard. Maladies des enfants, 1645.
Richard (Commandant). Principes de Science, 1193.
Richard O. Monroy. M. Mars et Mme Vénus, 547.
Richebourg (E.). La Nonne amoureuse, 548.
Richelieu. Résumé de ses écrits, 28.
Richepin (L.). Chansons des Gueux, 272.
Richer. Histoire moderne des Chinois, 863. — Vies des hommes célèbres, 954.
Richerand (A.). Nosographie chirurgicale, 1646.
Richter (J.-P.). OEuvres, 124, IV-1.
Riffault (J.). Manuel de Chimie amusante, 1388. — Manuel du Teinturier, 1732.
Rigaud (Aug. et Cyr. Rigaud). Obras complétas, 273.
Rigauld et Maulde. Répertoire d'Administration, 1305.
Robert (A.). Les Proscrits de 1793, 549.
Robert du Tertre. Histoire d'un grain de blé, 1799.
Robert (E.) d'Hurocurt. Atlas de l'éclairage, 1733.
Robert-Macaire. Pensées, 125.
Roberson. Cours de langue anglaise, 178.
— Histoire de Charles Quint, 865. — Histoire de l'Amérique, 864.
Roberty (E. de). La Sociologie, 1194.
Roch (H.). Portofuia de l'ouvrier, 274.

Roger. Noblesse et chevalerie, 866.
Rogron. Codes français expliqués, 1306, V-3.
Roguet. L'officier en campagne, 1839.
Rolland (A.). Les martyrs du foyer, 550.
Rollin. Traité des Études, 126, IV-5. — Histoire des Carthaginois, 867. — OEuvres complètes, 868.
Romans illustrés, 551.
Ronna. Assainissement des villes, VIII-5, 1781.
Ronsard. OEuvres, 275.
Roqueplan (M.). La vie parisienne, 552.
Rosenthal (J.). Les nerfs et les muscles, 1481.
Rossignol (Léon). Nos petits journalistes, 955.
Rossini. La gazza Ladra, 1911. — Le Barbier de Séville, 1912.
Rouché et Comberousse. Géométrie, 1348.
Roucher. Les Mois, 276.
Roucher (V.-J.). Traité de Médecine, 1647.
Rouget (F.). Connaissance des plantes médicinales, 1683 bis.
Rouget. Photographie des esprits, 1872.
Roujoux et Mainguet. Histoire d'Angleterre, 869.
Roumainville. Li Prouvençalo, 277.
Rousseau (J.-B.). OEuvres choisies, 278, 279.
Rousseau (J.-J.). OEuvres complètes, 553. II-4, II-8, IV-8, 555, II-4, II-8, IV-8.
— Ses amis et ses ennemis, 554, II-8.
— Les Confessions, 956. — Lettres de la montagne, 1195.
Rouville (Paul de). Description géologique, 1482.
Roux (de Cette). Le droit au crime, IV-5, 556, 1224. — Brochures diverses, 1648.
Rouxel, etc. Les grands hommes de la France, 957.
Royer-Collard. Sa vie politique, 1252.
Rucco. L'esprit de la Médecine, 1649.
Rude (M.). Roman d'une dame, 557.
Ruffini. Mémoires d'un conspirateur, 870.
Rufus Sextus. Résumé des victoires, 38.
Rutilius Numatien. OEuvres poétiques, 38.

S

Sacher Masoch. Le Cabinet noir de Lemberg, 558.
Saint-Arroman (Raoul de). La Gravure à l'eau forte. (Voir Lepic, 1880.)
Saint-Concile de Trente.(V^r Chanut, 1102.
Sainte-Beuve. OEuvres complètes, 127.
— Portraits contemporains, 958. — Poésies complètes, 280.
Saint-Félix (Jean de). Les nuits de Rome, 560.
Saint-Germain. Recueil d'exercices sur la Mécanique, 1349.
Saintine. Picciola, 559. — Les Métamorphoses de la femme, 559.
Saint-Lambert. Les Saisons, poème, 281.
Saint-Marc Girardin. Cours de Littérature dramatique, 128, II-5.
Saint-Simon. Mémoires, 871. — Mémoires, 872.
Saint-Victor (de). Barbares et bandits, 873.
Salluste. OEuvres, 38, III-2.
Salmon (G.). Traité de Géométrie, 1350.
Salvador. La Marine marchande, 1829.
Sand (G.). Mauprat, 561.—Spiridon, 561.
Sand (Maurice). Callirhoé, 562. — Masques et bouffons, 345.
Satguineti (A.). La Serrurerie au XIXe siècle, 1782.
Sarcey. Le Siège de Paris, 874.
Sardou (V.). Les Ganaches, 346.
Satiriques (les) du XVIIIe et XIXe siècle, 282.
Saunière (Paul). La Meunière du moulin galant, 563. — Le Suret d'or, 563.
Saurel (L.-J). Chirurgie navale, 1650.
— Revue Thérapeutique. Gazette de Montpellier, 1651.
Sausse Villiers. Études historiques sur Dante, III-3, 875.
Saussure (de). Voyage dans les Alpes, 1050.
Sauvages (de). Dictionnaire Languedocien, 129.
Sauran (A.). Traité des actes de l'État civil, 1307, V-3.
Sauzay (A.). La Verrerie, 1734.
Savary (J.). Dictionnaire du commerce, d'histoire naturelle et des arts et métiers, 1278, 1698.
Savoye (J.). Cours de langue allemande, 179.
Say (J.-B.). Cours complet d'Économie politique, 1279.
Scarron. Le Virgile travesti, 283. — Le Roman comique, 564.
Scènes de la vie privée et publique des animaux, 565.
Scheydt (E.). Les bains de mer de Cette, 1652.
Schiller. OEuvres complètes, 347, III-2; IX-1. — OEuvres complètes (texte allemand), 284, II-5. — OEuvres dramatiques, 348.
Scholl (Aurélien). Fleurs d'adultère, 566.
— Les amours de théâtre, 566. — Les gens tarés, 566.
Schopenhauer. Aphorismes sur la sagesse dans la vie, 1185.
Schron (E.). Tables de Logarithmes, 1351.
Schubarth. Lehbuch der theoretischen Chemie, 1389.
Scott (Walter). OEuvres complètes, 373.
— OEuvres diverses, 568. — Les avantures de Nigel, 569. — Redgauntlet, 570. — Quentin Durward, 571. — Quentin Durward, 572. — OEuvres choisies (texte allemand), 567.
Screiber (J.-F.). Almagestum medicum, 1653.
Scribe (Eugène). Piquillo Alliaga, 574. — Théâtre, 349. — OEuvres, 350.
Second. Misères d'un Prix de Rome, 575. — A quoi tient l'amour, 575. — Contes sans prétention, 638.
Sedaine. OEuvres poétiques, 351.
Sedan. La bataille de Sedan, 876.
Ségur (Comte de). Histoire du Bas-Em-

pire, 877. — Histoire de Napoléon et de la Grande Armée, 878.

Séjour des Thons. Les Secrets de la beauté, 1654.

Semanas. Du mal de mer, 1655.

Senancour (de). Obermann, 576.

Semencand. Étude sur le duel, 1225.

Sénèque le tragique. Œuvres, 38.

Sénèque le philosophe. Œuvres, 38.

Sergent (E.). Traité de Mesurages, 1352.

Serre. Éloge de Delpech, 1656. — Traité sur les difformités de la face, 1657.

Serret (J.-A.). Traité d'Arithmétique, 1353. — Traité de Trigonométrie, 1353. — Cours de Calcul différentiel, 1353. — Cours d'Algèbre supérieure, 1353.

Serret (Paul). Théorie nouvelle géométrique, 1354.

Sévigné (Mme de). Lettres, avec les notes de tous les commentateurs, 660.

Shakspeare. Œuvres complètes, 352. — The Beauties of Shakspeare. (V^r Dood, 229.)

Sichel. Traité de l'Ophthalmie, 1658.

Silius Italicus. Œuvres, 38.

Silvestre (Armand). Les Farces de mon ami Jacques, 577.

Simon (Jules). Œuvres, 1197, IV-5. — La Réforme de l'enseignement, 1232.

Simonin (L.). Les Ports de la Grande-Bretagne, VIII-4, VIII-6, 1000. — L'Or et l'Argent, VIII-3, 1735. — Les Merveilles du monde souterrain, 1483.

Simonin (J.-B.). Le mérite des femmes travesti, 285.

Sirven. Les Imbéciles, 578.

Smith. Recherches sur les richesses des nations, 1280.

Société des Bibliophiles languedociens, 63.

Société languedocienne de Géographie, 1001.

Soliman-al-Harairi. Grammaire française traduite en arabe, 180.

Sonnel. Le fond de la mer, 1484.

Sorel (Albert). Histoire diplomatique de la guerre 1870-71, IV-6, 879.

Soulié (Frédéric). Œuvres, 579.

Soumet (A.). Jeanne d'Arc, 286.

Souvestre (Émile). Œuvres, 580, 581.

Spallanzani. De la génération des animaux, 1485.

Spartien (E.). Biographie d'Adrien, 38.

Spencer Herber. Les bases de la morale évolutionniste, 1198. — Classification des sciences, 1198. — Principes de Psychologie, 1198. — Essais de Morale, de Science et d'Esthétique, 1198. — Introduction à la Science sociale, 1198.

Spiers (A.). Dictionnaire anglais-français et français-anglais, 130.

Sprengel Kurt. Essai d'une histoire pragmatique de la Médecine, 1659.

Stace. Œuvres, 38, II-4.

Stael-Holstein (Mme de). Œuvres, 131.

Stahl (G.-L.). Œuvres medico-philosophiques, 1660.

Stapleaux. Le pendu de la forêt noire, 582. — Sergent l'empoisonneur, 582.

Stendhal (de). Le rouge et le noir, 583.

Sterne. Vie et opinions de Tristam Shandy, 661, III-3.

Stieler (A.). Hand Atlas, 1002.

Stirling (W.). Vélasquez et ses œuvres, 1886.

Style général des huissiers, 1308.

Suckau. Dictionnaire allemand-français et français-allemand, 132.

Sue (J.). Henri le chancelier, 584.

Suetone. Œuvres, 38, III-2, III-3. — Les douze Césars, 880.

Sully (James). Les illusions des sens et de l'esprit, 1199. — Le pessimisme, 1199.

Sulpicia. Satires, 38.

Swedenborg. De telluribus — Deliciæ de amore conjugali, 1407. — Regnum animale, 1486.

Swediaur. Des maladies syphilitiques, 1661.

Swetchine (Mme). Nouvelles lettres, 662.

Swieten (Van). Œuvres, 1662.

Swift. Voyages de Gulliver, 585, III-6. — Voyages de Gulliver, 586, III-6.

Sydenham (Th.). Opera medica, 1663.

T

TACITE. OEuvres complètes, 38.
TAINE. Les Écrivains anglais, 134. — Histoire de la Littérature anglaise, 133. — Vie et opinions de Graindorge, 587. — Voyage aux Pyrénées, 1051. — Les Philosophes français, 1200. — Essais de Critique. — Philosophie de l'art en Grèce. — De l'Idéal dans l'art. — Philosophie de l'art en Italie, 1200. — De l'Intelligence, 1200.
TALLEMAND DES REAUX. Mémoires, 881.
TALLON (A.). L'Auberge du Spessart, 588.
TALLON (Eug.). La vie morale et intellectuelle, 1093, IV-5.
TALMAYER et GASSER, L'aventure de Perdita, 589.
TANDON. Fables, 287.
TARDIEU. Atlas de Géographie, 1003. — Atlas des voyages de Laharpe, 1004.
TASSE. La Jérusalem délivrée, 288. — L'Amyntbe, 353.
TAUNAY. La Jérusalem, avec texte italien, 289.
TÉNOT (E.). La Province en décembre, 882, IV-6. — Campagne des armées de l'Empire, 883, VIII-7.
TÉRAUBE. Histoire d'Uzès, 884.
TÉRENCE. Théâtre, 354.
TERQUEM (O.). Manuel de Géométrie, 1355.
TERTULLIEN. Apologétique, 38, IV-2.
TESSIER et autres. L'Art médical, 1665.
TESSIER (J.-V.). Homéopathie, 1664.
TESTE. Le Magnétisme, 1666. — Matière médicale homéopathique, 1667. — Magnétisme expliqué, 1667. — Le Magnétisme animal expliqué, 1667. — Comment on devient homéopathe, 1668. — Manuel du Magnétisme, 1669.
TEULE (J.-B.). Études des mouvements de l'homme, 1487.

TEXIER (E.). Critiques et récits, 135. — Contes et voyages, 639.
TEXIER et LE SENNE. Mademoiselle de Bagnols, 590. — La fin d'une race, 590.
TEYSÈDRE. Notions d'Arithmétique, 1356.
Théâtre Allemand, 64, II-5.
Théâtre Allemand, 65, II-5.
Théâtres contemporains, 355.
Théâtre Espagnol, 66, II-5.
Théâtre Français, 67, II-5.
Théâtre de Madame, 68. II-5,
THIBAULT. Application de la Perspective, 1887.
THIERRY (Amédée). Histoire de la Gaule, 885.
THIERRY (Aug.). Récits des Temps Mérovingiens, 889. — Histoire de la Conquête d'Angleterre, 887. — Histoire du Tiers-État, 886. — Lettres sur l'Histoire de France, 888.
THIERS. Histoire de la Révolution française, 890, 892. — Histoire du Consulat et de l'Empire, 891. — De la Propriété, 1281. — Discours sur l'emprunt, 1282.
THIERS et BAUDIN. Histoire de la Révolution française, 893.
THOMAS (J.-P.). Mémoires sur Montpellier, 894.
THORNTON. Men an Manners in America, 1052.
THOURNON. Poésies diverses, 290.
THUCYDIDE. Histoire de la guerre du Péloponèse, 895.
THURSTON. Histoire de la machine à vapeur, 1710.
TIBULLE. Élégies, 38.
TICHY. OEuvres, 291.
TICIER (M.). Capvern. Ses eaux minérales, 1488.

— 238 —

TIECK. OEuvres (texte allemand), 136.
TILLY (A.). Mémoires, 896.
TIMON. Livre des Orateurs, 959.
TISSANDIER (G.). Histoire de mes Ascensions, 1053, 1737. — L'Eau, 1740. — Les Fossiles, 1489. — Simples notions sur les ballons, 1736. — La Houille, 1738. — La Photographie, 1739.
TISSERAND (F.). Recueil d'exercices, 1357.
TITE-LIVE. OEuvres, 38.
TOCQUEVILLE (de). L'ancien Régime, 897. — Démocratie en Amérique, 1253. — Études économiques, 1283.
TOMBECK (E.). Nouvelles genévoises, 640. — Voyages en Zigzag, 1054.
TORTI (F.). Thérapeuthique, 1670.
TOUCHARD-LAFOSSE. Chroniques, 591.

TOURAUJON. Catalogue de la ville d'Ajacio, 672.
TOURGUENEF (Ivan). Dimitri Roudine, 592. — Scènes de la vie Russe, 592.
TOURTOULON et BRINGUIER. Étude sur la langue d'Oc, 181.
TOUSSEL (A.). Le Monde des Oiseaux, 1490.
TRALLER. Usus opii, 1671.
Trésor du Parnasse, 292.
TROLOPPE. Mœurs des Parisiens (texte anglais), 1094.
TROUSSEAU. Traité de Thérapeuthique, 1672.
TULLIÉ (Mme) MONEUSE. Regina, 593.
TURGAN. Les grandes usines, 1699.
TURNUS. Satires, 38.
TYNDALL (J.). La Chaleur, 1741. — Les Microbes, 1673.

U, V

UCHARD (Marie). Mon oncle Barbassou, 594.
Une pieuse mère, 595.
Union magnétique, 1674.
Univers. Histoire de tous les peuples, 913. III-5.
USSIEUX. Nouvelles françaises, 641.
VALBEZEN (A. de). Récits d'hier, 596.
VALÈRE (M.). Des faits mémorables, 38.
VALERY. La Science de la vie, 1226. — Voyages historiques, 1055.
VALLERY-RADOT. Journal d'un Volontaire, 29, II-6. — L'Etudiant, etc., 597.
VALLÈS (J.). Les Réfractaires, 598.
VELLEIUS PATERCULUS. OEuvres, 38.
VALIN (R.-J.). Commentaire de l'ordonnance, 1309. V-3, VIII-6.
VAPEREAU (G.). L'année littéraire, 137. — Dictionnaire des Contemporains, 960.
VARENNES (de). Contes et historiettes, 642.
VARRON. OEuvres, 38, VIII-5.

VASCONCELLOS (de). Contemporains Portugais, 961.
VAST-RICOUARD. Le Tripot, Séraphin et Cie, 599.
VAUBAN. Défenses des Places, 1840.
VAUDIN (J.-F.). Gazettes et gazettiers, 673.
VAULABELLE. Histoire des deux Restaurations, 898, 899.
VAUVENARGUES. Connaissance de l'esprit humain, 1201.
VÉGÈCE. Institutions militaires, 38.
VELLER. Traité des maladies des yeux, 1675.
VELPEAU. Éléments de Médecine, 1676. — Traité d'Accouchements, 1677.
VERDI. Rigoletto, Traviatta, Ballo in marchero, le Trouvère, 1913.
VERGUET. Histoire d'une Mission, 900.
VERMOREL (A.). Les Hommes de 1851, 901.
VERNE (J.). OEuvres, 600.
VERNET (H.). Voyage en Orient, 1056.

VERNEUIL (V.). Mes Aventures, 601.
VERNOUILLET. Rome agricole, 1800.
VÉRON (L.). Mémoires d'un bourgeois de Paris, 903.
VÉRON. Histoire de l'Allemagne; de Prusse, 902. — L'Esthétique, 1202.
VERTOT. Révolution du Portugal, 904.
VEUILLOT (L.). Les odeurs de Paris, 138. — Satires, 293. — Çà et là, 602. — La vie de J.-C., 962.
VIALON (P.). L'homme au chien muet, 603.
VIARD (Ed.). Explorations africaines, 1057.
VIARDOT. Souvenirs de chasse, 604. — Le libre examen, 1203. — Merveilles de la peinture, de la sculpture, 1888.
VICENTE (Salva). Dictionnaire espagnol, 139.
VICO. La Science nouvelle, 1204.
VIDAL CASSIS (de). Traité de Pathologie, 1678.
VIDART (Paul). Etudes sur l'Hydrothérapie, 1679.
VIENNET. La Franciade; Fables, II-7, 294, 295.
VIGNES (E.). Traité des impôts, 1284, V-3.
VIGNY (A. de). Journal d'un poète, 140. — OEuvres, II-5, II-6, 296, 605.
VILBACK (R. de). Voyages, 1058.
VILBURT (J.). Les Héroïnes, 606.
VILLEBRUNE. Des maladies des enfants, 1680.
VILLEDEUIL (Comte de). Paris à l'envers, 607.
VILLEMAIN OEuvres complètes, II-1, 30. Cours de Littérature française, II-1, 31, 32. — Cours et tableau de Littérature, 33, II-1. — Études de littérature, 34.
VILLEMESSANT (H.). Mémoires, d'un journaliste, 608.
VILLEMOT (E.). Les bêtises du cœur, 609.
VILLIERS (A. de). Le Nouveau Géographe, 1005.

VIMERCATI (C.). Histoire de l'Italie, 905.
VINCENT (C.). Le Tueur de brigands, 610.
VINCENT. Guide du Commandant de navire, 1830.
VINET. Discours, 1095.
VINOY (Général). Siège de Paris. L'armistice, VIII-7, 906, 907.
VIOLLET-LE-DUC. OEuvres diverses, 908. VIII-4, IX-2, IX-3. — Dictionnaire du Mobilier, 1899.
VIREY (J.). Mœurs des animaux. — Histoire naturelle, 1491.
VIRGILE. OEuvres, 38.
VITRUVE. De l'Architecture, 38.
VIVAREL (P.-F.). Dialogue, 35, I-3, II-7.
VIVARÈS (J.-B.). Bureau de Bienfaisance, 1310.
VOGEL (Ch.). Le Portugal, 909, III-5.
VOLCY-BOZE. Les Conventionnels, 910.
VOLNEY. OEuvres complètes, 1205.
VOLTAIRE. OEuvres complètes, 141, IV-1. — OEuvres complètes, 298, II-4, II-5, II-6, II-7, II-8, IV-3. — Histoire de Charles XII, 911. — Mémoires, 912. — Recueil de pièces, 297. — OEuvres choisies, 36.
Voyages dans divers pays, 1059.
VUILLEMIN. La France. Atlas, 1006.
VULCATIUS GALLICANUS. Biographie, 38.
WAILLY (de). Théâtre, 356.
WALLON. OEuvres, 1118.
WALLS. Souvenirs, 1060.
WASHINGTON. Histoire de Christophe Colomb, 1062. — Histoire des voyages et découvertes, 1061.
WHITNEY (D.). La vie du langage, 1206.
WHITEAD. Vies et exploits des voleurs, 963.
WINSLOW. Expositio anatomica, 1492.
WISSEMANN. Discours, 192.
WRAY (Léonard). Manuel du Planteur, 1801.
WURTZ (Ad.). Dictionnaire de Chimie, 1390, 1742, 1802.

X, Y, Z

Xénophon. OEuvres complètes, 914, 1096, IV-1. — Retraite des dix mille, par Claude Seyssel (manuscrit), 1096.
Yanoski. De l'abolition de l'esclavage, IV-7, 1097.
Young. Les Nuits, 299.
Yriarthe (Ch.). Les Célébrités de la rue, 611. — Les Prussiens à Paris, 915.
Yvan. Légendes et récits, 612

Zeller (J.). L'année historique, 706, IV-1.
Zeller (T.). La Philosophie des Grecs, 1207.
Ziwot. Tomaza, 613.
Zola. Nana. Contes à Ninon, 614.
Zurcher et Margollé. Trombes et Cyclones, 1378 bis. — Volcans et Tremblements de terre, 1378 bis.

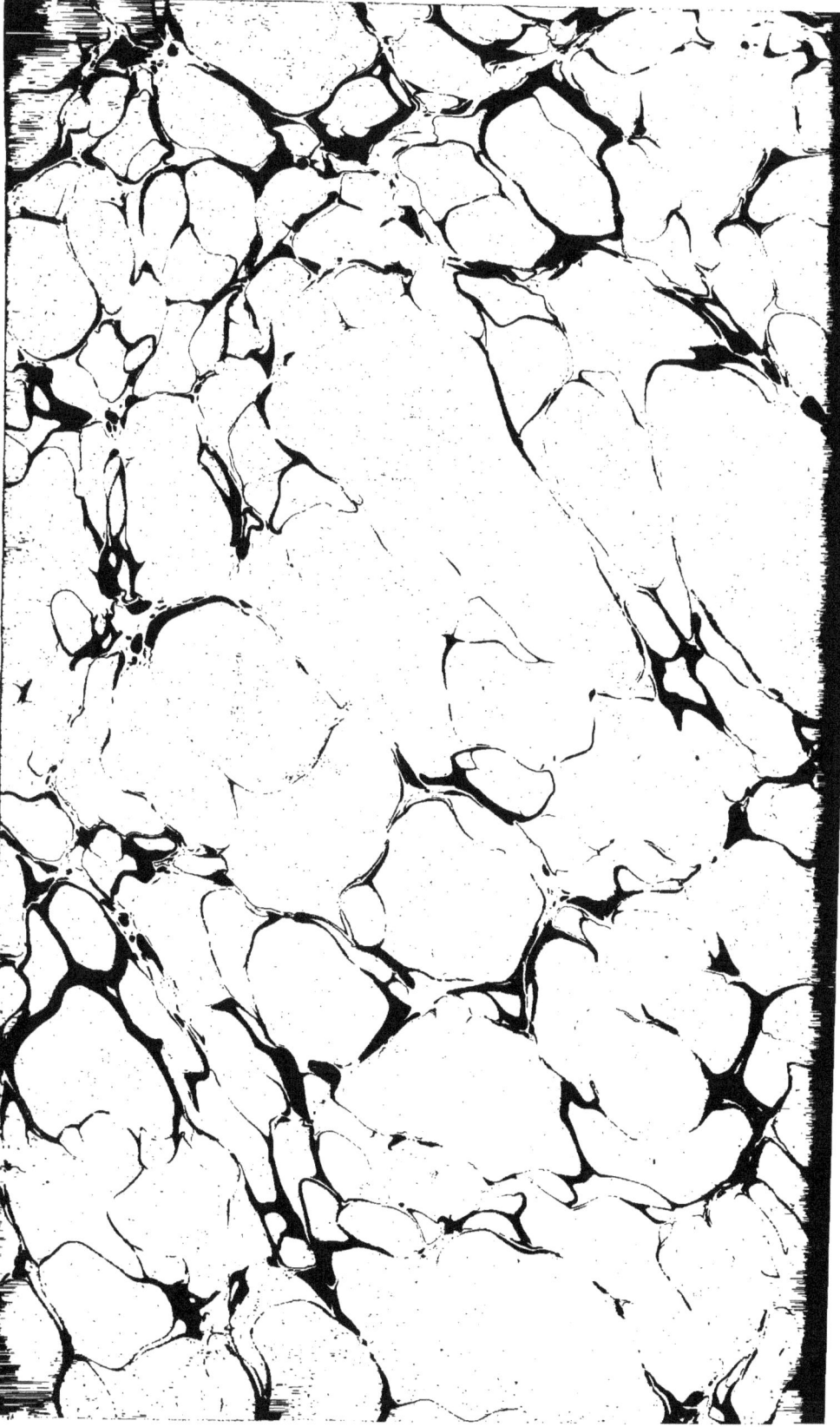

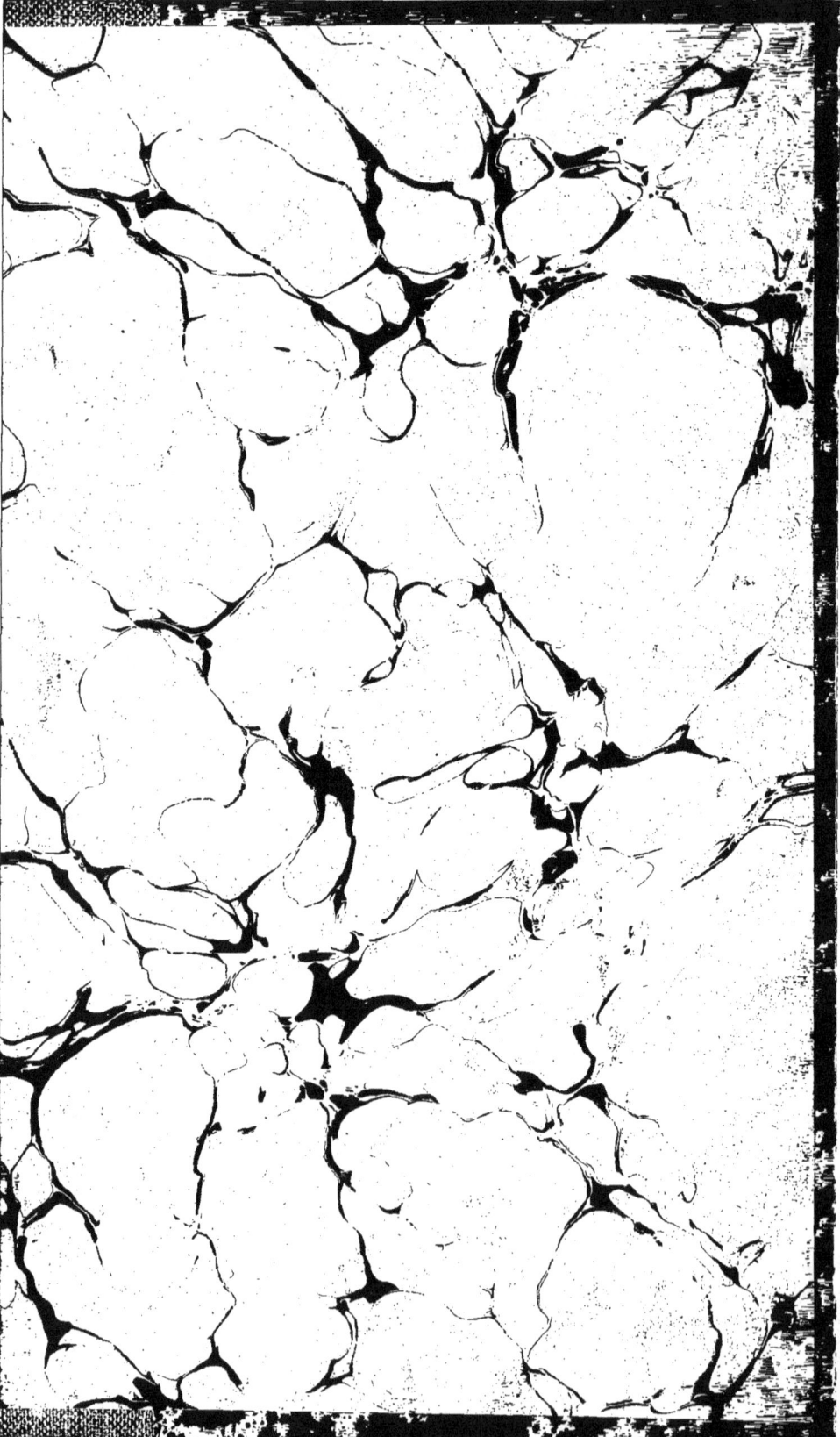

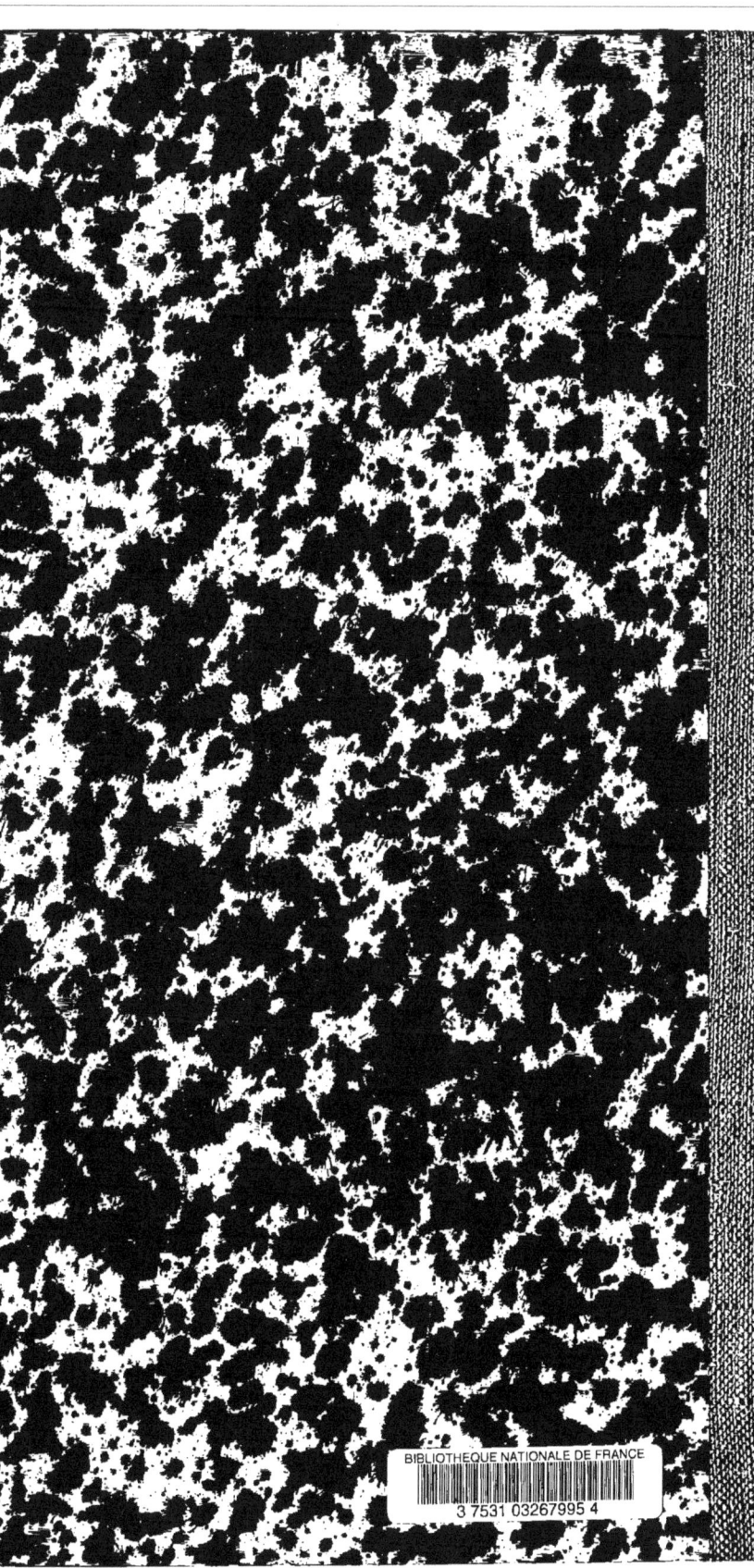

www.ingramcontent.com/pod-product-compliance
Lightning Source LLC
Chambersburg PA
CBHW050330170426
43200CB00009BA/1534